data analysis
for communication
studies

コミュニケーション
研究の
データ解析

田崎勝也 編著 Tasaki Katsuya

ナカニシヤ出版

まえがき

　本書は，学位論文や学術論文の執筆のために，量的な調査や実験を行いたいと思っている大学院生や研究者に向けて書かれた本です。研究対象としては主にコミュニケーション領域を想定していますが，コミュニケーション学は学際的な研究分野ですので，本書でふれる解析法や分析の枠組みは，社会学や政治学などの社会科学，心理学や教育学などの人間科学，さらには言語学や国語学などの人文科学の諸領域の研究に対しても広く適用可能であると思います。

　本書の特長として，理論と実践のバランスを配慮したことが挙げられます。統計学の教科書には理論的な背景のみを解説し，実際のデータ解析についてほとんどふれていないものや，反対に，統計解析ソフトの使用法のみに特化して理論的な背景を軽視したものなど，どちらか一方のみに偏った教科書が多い印象があります。両側面は相補的であり，どちらが欠けてもうまく分析を遂行することはできません。本書ではこうした統計処理における理論と実践のバランスを考慮し，各章とも前半では分析をするに当たって知っておくべき統計学の理論にふれ，後半では実際のデータの解析を通してSPSSやAmosなどの統計解析ソフトの使用法を紹介しています。後半の分析事例で特に重要になるのは結果の解釈です。統計解析ソフトによって出力される結果をどう解釈するのか，結果の解釈は理論と実践が交差するまさに統計処理の最終段階と言えます。

　理論と実践のバランスに関して言えば，統計解析は車の運転に似ていると思います。車を運転するためには，基本的な仕組みや交通のルールを知る必要はありますが，エンジンの構造や機械工学の知識が必要かと言うとそうではありません。同様に，アルゴリズムや数学は，統計処理をするための必要不可欠な知識では必ずしもありません。一方で，標本と母集団の関係などの統計的推測の基本的な原理や，検定の繰り返しを避けるなどの量的研究の基礎的なルールを知ることはやはり重要です。実際に分析をすると，教科書どおりの結果が示されることはまずありません。理論的な知識を手がかりに，変数間の関係を考えながら，様々な角度からデータを眺めて見る応用力や実践力が重要になります。本書の執筆者はいずれも統計の専門家というわけではありません。学位論文や学術論文の執筆を通してデータに向き合い，腐心しながらも統計学を学び，そこから解決策を導いてきたあくまでユーザーとしての統計家です。各章にはデータを解析するにあたって，ちょっとしたテクニックや工夫などがユーザーの視点から述べられています。こうした点もぜひ参考にしてほしいと思います。

　本書で解説する分析法は，統計学のレベルとしては「初級〜中級向け」と言えます。多変量解析として分類される様々な解析法を紹介していますが，分析法自体の特徴や使用するデータの特性から，大きく3つのグループに分類することができます。まずは，線形モデルをベースとする分析法です。重回帰分析およびその派生モデルで

ある2要因分散分析や適性処遇交互作用モデル，実験法で用いられることの多い反復測定の検定，さらにはより精緻な構造方程式モデリングを基盤とするパス解析や共分散構造分析もこの分類に入れることが可能です。第1章から第6章でふれるこうした分析法は，相関関係をもとに，主に変数間の因果関係を見極める仮説の検証に用いられます。

第7章から第12章でふれる内容は，潜在変数の測定の適否を検討する「測定モデル」に関する分析法で，一般的には仮説検証の前段階として行われるものです。コミュニケーション不安や欺瞞など，コミュニケーション研究では実際には観測できない架空の変数を扱います。第7章でふれる探索的因子分析や第8章で扱う確証的因子分析は，こうした潜在変数と質問項目の回答などの観測変数との関係を定める統計手法です。また，潜在変数の数量化に際しては，装置としての測定モデルの性能を吟味する必要があります。第10章では，多特性・多方法行列データの解析を通して，信頼性と妥当性の側面から測定モデルの性能を検討します。第11章や第12章でふれる特異項目機能（DIF）と呼ばれる項目分析は，比較集団間で測定モデルの文化的等価性を確認する検証法として，近年国際・文化比較研究を行う諸領域で関心が高まっています。

第7章から第12章を中心に，測定に関する検証法を多く盛り込んだ点も本書の特長のひとつと言えるかもしれません。海外の研究者と話していると"Garbage In, Garbage Out"という表現をよく耳にします。直訳すれば「ゴミを入れても，ゴミしか出てこない」という意味です。もともとはコンピュータ・サイエンスの用語で，通称"GIGO"と呼ばれるようですが，統計解析においては，問題があるデータをいかに分析しても，意味のある結果は得られないということを意味します。潜在クラス分析やベイズ統計など，近年の統計科学は目覚ましい勢いで進化しています。次々と生まれる新しい分析法はこれまでの方法論の限界を超え，新たな知見をもたらすブレーク・スルーとして期待される一方で，それらの多くが既収のデータへの解析法です。潜在変数の測定を伴う行動科学の研究では，測定それ自体に難しさがあり，コミュニケーション研究でもこうした問題を免れません。コミュニケーションの量的研究に携わる者は"GIGO"を犯さないためにも，仮説検証のためのデータ解析と併行して，測定モデル自体の適否に細心の注意を払う必要があるでしょう。

第13章から第15章は，特に産業界やマーケティング・リサーチの分野から関心が寄せられることの多いテキストデータの解析法に焦点を当てています。インタビューを通して特定の対象者から収集した言説や逐語録にとどまらず，インターネットで閲覧可能なドキュメントや新聞・雑誌などの出版物，コールセンターに寄せられる顧客からのクレームなど，現代社会にはテキストデータが溢れています。近年はこうした大量のデータを「宝の山」ととらえ，文字データから何らかの知見を読み解くテキストマイニングが盛んに行われています。第13章から第15章でふれる分析法は，テキストデータを視覚化し，言説の背後に隠れた関係性を把握するために用いられます。テキストデータへ数量的な処理を施すことから，質的研究と量的研究，双方の特徴をあわせもつことになります。そのため，折衷的なアプローチとして近年注目される「混合研究法」とも親和性の高い分析法です。

最後に，本書の出版にあたってお世話になったナカニシヤ出版の宍倉由高編集長および山本あかね氏に心から感謝の意を表します。宍倉編集長には『コミュニケーション研究法』（編著，ナカニシヤ出版）における第 2 部・量的研究法の続編とも言える本書の企画に対して快諾いただき，また多くの励ましも頂戴しました。また山本氏には，入稿が遅れたにもかかわらず，根気強く激励いただき，また最後まで丁寧な校正をしていただきました。本書の完成に際して，著者を代表して，篤く感謝申し上げます。

編者　田崎　勝也
2015 年 7 月 10 日

目　次

まえがき　*i*

第1章　2要因分散分析 …………………………………… 1

　　1．はじめに　1
　　2．理論的背景　1
　　3．ソフトの使用方法　9
　　4．結果の解釈　11
　　5．おわりに　14

第2章　対応のある*t*検定と分散分析 ……………… 17

　　1．はじめに　17
　　2．理論的背景　17
　　3．分析例とソフトの使用方法　23
　　4．おわりに　33

第3章　相関と回帰分析 ………………………………… 35

　　1．はじめに　35
　　2．理論的背景　35
　　3．分析例　43
　　4．おわりに　46

第4章　重回帰分析 ……………………………………… 49

　　1．はじめに　49
　　2．理論的背景　49
　　3．分析例　58
　　4．おわりに　63

第5章　適性処遇交互作用（ATI） ………………… 65

　　1．はじめに　65

2．適性処遇交互作用（ATI）　65
　　　3．ATI分析の実例　70
　　　4．おわりに　75

第6章　パス解析　77

　　　1．はじめに　77
　　　2．因果関係を探る統計的分析の手法　77
　　　3．パス解析―観測変数のSEM　79
　　　4．パス解析の様々なモデル　82
　　　5．パス解析の実例　83
　　　6．おわりに　89

第7章　探索的因子分析　91

　　　1．因子分析とは　91
　　　2．分析の前に　92
　　　3．アイスクリームの嗜好分析　94
　　　4．下位尺度と因子得点　102
　　　5．おわりに　103

第8章　確証的因子分析　105

　　　1．はじめに　105
　　　2．理論的背景　105
　　　3．確証的因子分析の例　112
　　　4．おわりに　116

第9章　共分散構造分析　117

　　　1．はじめに　117
　　　2．理論的背景　117
　　　3．ソフトの使用方法と分析例　121
　　　4．結果の解釈　125
　　　5．おわりに　127

第10章　確証的因子分析による多特性・多方法行列の検証 …………………… 129

1. はじめに　129
2. 理論的背景　129
3. 分析例　133
4. おわりに　145

第11章　分散分析を用いたDIF分析 ………………… 147

1. はじめに　147
2. DIFの理論的背景　148
3. DIFの統計的分析　153
4. おわりに　160

第12章　多母集団を対象にした因子構造分析 ………………………………………………… 161

1. はじめに　161
2. 理論的背景　161
3. ソフトの使用方法と分析例　166
4. おわりに　173

第13章　クラスター分析 ………………… 175

1. はじめに　175
2. 理論的背景　176
3. 統計ソフトの使用法　180
4. 結果の解釈　181
5. クラスター分析の発展　186
6. おわりに　186

第14章　計量的テキスト分析の基礎 ………… 189

1. はじめに　189
2. テキストマイニングの概要　189
3. テキストマイニングによるデータ分析　191
4. テキストマイニングの実践例—頻出語の自動抽出を中心に　193
5. おわりに　200

第15章　計量的テキスト分析の応用 ……………… 203

1. はじめに　203
2. データとしての既存文書と自由回答　204
3. テキストの多変量解析　205
4. おわりに　215

付　録　217
索　引　227

第1章　2要因分散分析

仲野友子

1　はじめに

　量的分析に挑戦するにあたり，基本的な統計学を学ぶことは避けて通れません。しかし，統計学はたやすく習得できる学問ではなく，Σの記号を見ただけで諦めてしまう人もいるようです。そのため，量的分析に興味がありつつも疎遠になる研究者が少なくないという現状はとても残念なことです。

　高性能の統計ソフトが開発された今では，理論面の知識がまだぼんやりしたレベルであったとしても，ソフトを正確に操作し，その分析結果の読み方をしっかり習得できていれば，ある程度の調査研究の結果を導き出すことができます。自分が興味を抱く事象を対象とした調査研究であれば，知見を得たいという気持ちが強いので，ソフト操作の少々の難関は戸惑うことなく乗り越えられると思います。ソフト操作と結果の解釈を行うなかで，理論面の文献にも繰り返し立ち戻ることで，ぼんやりした知識も徐々に輪郭がしっかりとしてくることに気づくはずです。このように，初めはよく分からなくても，とにかく使いながら身につけていく手法は，外国語の学習に似ていると言えるかもしれません。

　本章では，2要因分散分析の理論的背景，ソフトの使用法，分析結果の解釈という一連の流れを紹介します。また，解説で引用するサンプルデータは，比較的実施しやすい質問紙法で得られたものを活用し，読者のみなさんが「自分もできそうだ」と感じていただくことを目指します。

2　理論的背景

　2要因分散分析を理解するには，基本概念として「分散分析」「主効果」「交互作用」「単純主効果検定」「多重比較」「第1種の誤り」などを理解する必要があります。

2-1　分散分析と2要因分散分析

　分散分析の創始者は，イギリス人のロナルド・エルマー・フィッシャー卿（1890-1962）

です。彼は，「厳密な数学者であったばかりでなく，農学，生物学，遺伝学にも精通し，それらの領域へ，『実験計画法』と称して推測統計学を応用した」学者です（山内，2011, p. 134）。分散分析で使用される F 分布の F は彼の姓の頭文字です。

分散分析（analysis of variance: ANOVA）は，データのばらつき（各観測値が平均値からどの程度はなれているか）を手がかりに複数のグループの差を検討するために利用します。なぜなら，グループの特徴の違いがデータのばらつきに影響を与えていると考えるからです。異なるグループの具体的な例としては，性別，国別，学年別，学部別，世代別の他に，LINE を利用している人・利用していない人や，渡航経験のある人・ない人などグループをもつ変数などで，つまり質的変数が挙げられます。次に，「差がある」か「差がない」かは，仮説検定という手順にそって検討されます[1]。「差がある」か「差がない」かの当否は，分散分析の場合は，帰無仮説が正しいという仮定の下で，データから計算された F 値と，F 分布の臨界値[2]との比較によってなされます。つまり，F 値が，臨界値より大きければ，帰無仮説（「差がない」とする仮説）が棄却され，対立仮説（「差がある」とする仮説）が採択されます。

さて，2要因分散分析はどのような目的で使用されるのでしょうか。それは，関心のある変数が，複数のグループの間で差があるのかどうか，その差に影響を与えていると仮定する2つの要因（質的変数を要因とも呼びます）が，本当に影響を与えているのか，あるいは，2つの要因が複雑に絡み合った影響を与えているのかどうかを検証することです。言い換えれば，これらは2要因のそれぞれの主効果と交互作用を検証することと同義になります。主効果とは，要因が単独の効果として与える影響であり，交互作用とは，2つの要因が複合的な影響を与えることです。

まず，2要因分散分析における全体の分散は以下の式で表すことができます。

全体の分散 = 要因（A）により生じた分散 + 要因（B）により生じた分散
　　　　　　 + A と B の交互作用により生じた分散 + それ以外の要因により生じた分散

また，これら3つの効果を検証するためには F 検定を3回行います。では，架空のデータ（図1-1）を使いながら詳しく説明をしていきます。

「コミュニケーション不安は文化や性別の影響を受けるのか」という問いの下に，3か国の男女を対象にコミュニケーション不安を測る質問紙調査を行いました。コミュニケーション不安は影響を受ける変数ですから従属変数です。国別と性別は影響を与える変数ですので独立変数です。また，独立変数は要因とも呼ばれるので，この2つの独立変数を，ここでは国別要因（country）と性別要因（sex）と呼ぶことにします。国別要因（A）は韓国（Korea），米国（US），日本（Japan）の3水準です。性別要因（B）は男性（Male）と女性（Female）の2水準です。「コミュニケーション不安」は6件法のリカート尺度によって測定した変数で，最小値は1，最大値は6です。このような2水準と3水準の2要因分散分析は 2×3 ANOVA と表記されま

---

1) 田崎（2011, pp. 108-128）や吉田（2010, pp. 147-166）を参考にしてください。
2) 帰無仮説を棄却するか否かを決める境界的な値。

す。

　さて，それぞれの国の男女5名ずつ，合計30名の回答を得ました。各回答者の「コミュニケーション不安」の測定値などの統計数値を図1-1にまとめました。これらの数値をもとに，検定統計量[3]を手計算で算出する手順を図1-3で解説しています。ここでは，ソフトの分析結果を見ながら2要因分散分析の特徴を説明しますが，分散の概念を体で覚えるためにも手計算に挑戦してみてください。

	韓国 A_1	米国 A_2	日本 A_3	
男性 B_1	2 1 3 1 2	1 2 1 2 1	3 4 2 2 3	B_1 Total = 30 B_1 Mean = 2.0
女性 B_2	2 3 3 4 2	2 2 1 2 3	4 3 5 4 5	B_2 Total = 45 B_2 Mean = 3.0

A_1 Total = 23　A_2 Total = 17　A_3 Total = 35
A_1 Mean = 2.3　A_2 Mean = 1.7　A_3 Mean = 3.5

回答者数（N）= 30　各グループの人数（n）= 5
全回答者：測定値の総和（G）= 75　測定値の2乗和（ΣX^2）= 227

	韓国 A_1	米国 A_2	日本 A_3
男性 B_1	Mean = 1.8 Total = 9 SS = 2.8	Mean = 1.4 Total = 7 SS = 1.2	Mean = 2.8 Total = 14 SS = 2.8
女性 B_2	Mean = 2.8 Total = 14 SS = 2.8	Mean = 2.0 Total = 10 SS = 2.0	Mean = 4.2 Total = 21 SS = 2.8

平均値（Mean）
測定値の総和（Total）
平方和（SS）

図1-1　コミュニケーション不安の質問紙調査結果

　それでは，SPSSによる分析結果（図1-2）を見てください。まず，「タイプⅢ平方和」から数値を拾ってみると，以下のように全体の分散，つまり全平方和は「国別要因により生じた分散」「性別要因により生じた分散」「国別と性別要因の交互作用により生じた分散」「それ以外の要因により生じた分散」の合計であることが分かります。なお，本図では，全平方和は「修正総和」，「それ以外の要因により生じた分散」は「エラー」と称されています。

　　修正総和 = country + sex + country * sex + エラー

---

[3] 差が統計的に有意であるか否かを吟味するために用いられるデータから算出された数値。

$$39.5 = 16.8+7.5+0.8+14.4$$

では，3つの効果の検定結果を見てみましょう．平均平方は平方和をそれぞれ対応する自由度（df）で割った値です．そしてF値は「「各要因の平均平方」÷「エラーの平均平方」」によって算出します．このことから，要因の平均平方が大きいほど，要因によって生まれた分散も大きくなり，F値が大きくなることが分かります．次に，各F値の有意確率を見てみましょう．まず，交互作用から見ます．交互作用には有意性は認められませんでした（$F(2, 24) = .67, n.s.$）．次に主効果を見てみましょう．国別と性別要因の両方の主効果が有意であることが認められました（国別：$F(2, 24) = 14.00, p < .001$；性別：$F(1, 24) = 12.50, p < .01$）．

性別要因は男女の2水準です．国別要因は3つの異なる国の水準をもちます．分散分析が用いるこのF検定では，水準が3以上の場合には，どのグループ間に平均値差があるのかまでは明らかになりません．よって，これを特定するために事後検定を行う必要があります．そして，この事後検定には多重比較という手法が用いられます．これについては，次節で説明します．

従属変数：コミュニケーション不安

ソース	タイプⅢ平方和	df	平均平方	F	有意確率
修正モデル	25.100[a]	5	5.020	8.367	.000
切片	187.500	1	187.500	312.500	.000
country	16.800	2	8.400	14.000	.000
sex	7.500	1	7.500	12.500	.002
country * sex	.800	2	.400	.667	.523
エラー	14.400	24	.600		
合計	227.000	30			
修正総和	39.500	29			

[a] $R^2 = .635$（調整済み $R^2 = .559$）

図 1-2　SPSS による分析結果

1）分散とは，個々の測定値（X）と平均値（$\overline{X}$）との距離（偏差）を2乗し，その総和の平均値をとった値です．また，この総和は平方和（Sum of Squares: SS）と呼ばれます．

　データ全体のばらつきの大きさを示す全平方和（SS_{total}）は，グループの要因によって生じたばらつきを示す群間平方和（$SS_{between}$）と，それ以外の要因によって生じた誤差に相当する群内平方和（SS_{within}）に分割されます．本データでは，群間平方和は，国別要因（country）により生じた平方和（$SS_{country}$）と性別要因（sex）により生じた平方和（SS_{sex}），国別と性別要因の交互作用により生じた平方和（$SS_{country*sex}$）に分割されるので，以下の式が成り立ちます．

$$SS_{total} = SS_{country} + SS_{sex} + SS_{country*sex} + SS_{within} \quad (1)$$

　それでは，各平方和を導く計算式を見ていきましょう．p は国別要因

図 1-3　2要因分散分析の計算式-1

(A) の水準の数 ($p=3$),q は性別要因 (B) の水準の数 ($q=2$) を示します。その他の統計数値は図 1-1 を参照してください。以下の式は,服部 (2000, pp.57-61) と桐木 (2000, pp.94-96) によります。

$$SS_{total} = \sum X^2 - \frac{G^2}{npq} = 227 - \frac{75^2}{30} = 39.5 \tag{2}$$

$$SS_{country} = \sum \frac{A^2}{nq} - \frac{G^2}{npq} = \left(\frac{23^2}{5\times 2} + \frac{17^2}{5\times 2} + \frac{35^2}{5\times 2}\right) - \frac{75^2}{30} = 16.8 \tag{3}$$

$$SS_{sex} = \sum \frac{B^2}{np} - \frac{G^2}{npq} = \left(\frac{30^2}{5\times 3} + \frac{45^2}{5\times 3}\right) - \frac{75^2}{30} = 7.5 \tag{4}$$

$$SS_{country*sex} = \sum \frac{AB^2}{n} - \frac{G^2}{npq} - (SS_{country} + SS_{sex})$$
$$= \left(\frac{9^2}{5} + \frac{14^2}{5} + \frac{7^2}{5} + \frac{10^2}{5} + \frac{14^2}{5} + \frac{21^2}{5}\right) - \frac{75^2}{30} - (16.8 + 7.5) = 0.8 \tag{5}$$

$$SS_{within} = SS_{total} - SS_{country} - SS_{sex} - SS_{country*sex}$$
$$= 39.5 - 16.8 - 7.5 - 0.8 = 14.4 \tag{6}$$

$$SS_{between} = SS_{total} - SS_{within} = 39.5 - 14.4 = 25.1 \tag{7}$$

2) それぞれの自由度 (degrees of freedom: df) は次の計算式で導かれます。
$$df_{total} = npq - 1 = 5\times 3\times 2 - 1 = 29$$
$$df_{within} = pq(n-1) = 3\times 2\times 5 - 3\times 2 = 24$$
$$df_{country} = p - 1 = 3 - 1 = 2$$
$$df_{sex} = q - 1 = 2 - 1 = 1$$
$$df_{country*sex} = df_{country} \times df_{sex} = 2\times 1 = 2$$

3) それぞれの平均平方 (mean square: MS) は次の計算式で算出されます。
$$MS_{country} = \frac{SS_{country}}{df_{country}} = \frac{16.8}{2} = 8.4$$
$$MS_{sex} = \frac{SS_{sex}}{df_{sex}} = \frac{7.5}{1} = 7.5$$
$$MS_{country*sex} = \frac{SS_{country*sex}}{df_{country*sex}} = \frac{0.8}{2} = 0.4$$
$$MS_{within} = \frac{SS_{within}}{df_{within}} = \frac{14.4}{24} = 0.6$$

4) 最後に F 値を次の式で計算します。
$$F_{country} = \frac{MS_{country}}{MS_{within}} = \frac{8.4}{0.6} = 14 \tag{8}$$

$$F_{sex} = \frac{MS_{sex}}{MS_{within}} = \frac{7.5}{0.6} = 12.5 \tag{9}$$

図 1-3　2 要因分散分析の計算式- 2

$$F_{country*sex} = \frac{MS_{country*sex}}{MS_{within}} = \frac{0.4}{0.6} = 0.667 \tag{10}$$

5）有意性の判定

〈国別要因の主効果〉

分子の自由度 2（$df_{country}$），分母の自由度 24（df_{within}）の F の臨界値は付表から 3.40 になります。国別要因の F 値 14 はこれより大きいので，国別要因の主効果は有意と認められます。

〈性別要因の主効果〉

分子の自由度 1（df_{sex}），分母の自由度 24（df_{within}）の F の臨界値は付表から 4.26 になります。性別要因の F 値 12.5 はこれより大きいので，性別要因の主効果は有意と認められます。

〈交互作用〉

分子の自由度 2（$df_{country}$），分母の自由度 24（df_{within}）の F の臨界値は付表から 3.40 になります。交互作用の F 値 0.667 はこれより小さいので，交互作用は有意とは認められません。

図 1-3　2 要因分散分析の計算式-3

2-2　多重比較（multiple comparison）

前節で示した架空のデータから，国別要因に有意な差が示されました。しかし，どの国の間でコミュニケーション不安に有意な差があるのかは分かりません。そこで，事後検定である多重比較を行います。多重比較の検定法のひとつにテューキー法があります（テューキー法の計算式は吉田（2010, pp. 205-207）を参照してください）。

ここでは SPSS による分析結果（図 1-4）をもとに，どこに有意な差があるのか特定します。有意確率が 5％以下の組み合わせは，韓国と日本，アメリカと日本であり，この組み合わせに有意な差があることが示されました。

従属変数：コミュニケーション不安
Tukey HSD

(I) country		平均値の差 (I-J)	標準誤差	有意確率	95%信頼区間 下限	95%信頼区間 上限
Korea	US	.60	.346	.214	-.27	1.47
	Japan	-1.20*	.346	.006	-2.07	-.33
US	Korea	-.60	.346	.214	-1.47	.27
	Japan	-1.80*	.346	.000	-2.67	-.93
Japan	Korea	1.20*	.346	.006	.33	2.07
	US	1.80*	.346	.000	.93	2.67

観測平均値にもとづいています。
誤差項は平均平方（誤差）=.600 です。
＊ 平均値の差は .05 水準で有意です。

図 1-4　多重比較の結果

2-3 主効果と交互作用（main effect and interaction）

　架空のデータでは交互作用は有意と認められませんでした。次節の「ソフトの使用法」では，交互作用が認められるサンプル論文のデータを取り上げますので，本節で交互作用について架空の例にもとづき解説をしておきます。

　自尊感情について，G国（country G）とH国（country H）の大学生男女を対象に調査したとしましょう。この場合の従属変数は自尊感情で独立変数は国別と性別です。それぞれ2水準ですから2×2 ANOVAで4グループが存在します。それぞれの平

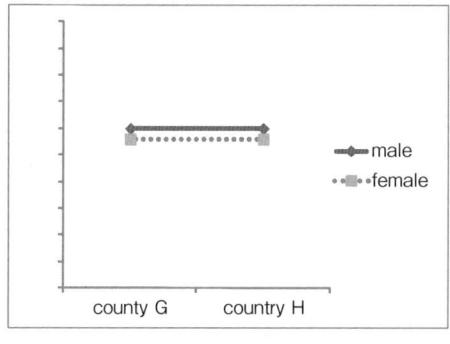

（A）国別と性別の主効果も交互作用も認められない

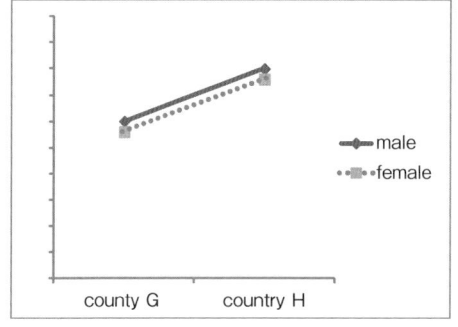

（B）国別の主効果あり
　　 H国の方が男女ともに自尊心が高い

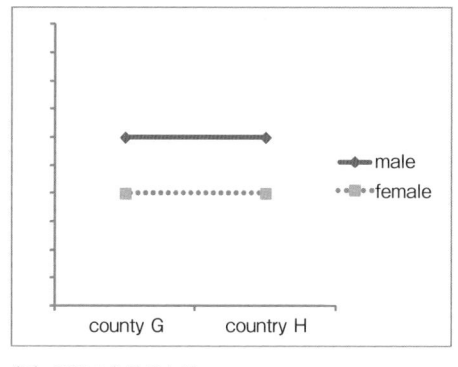

（C）性別の主効果あり
　　 G国とH国ともに男子学生の方が自尊感情が高い

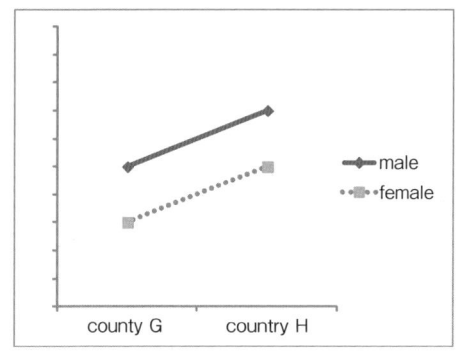

（D）国別と性別の主効果あり
　　 男女ともにH国の方が自尊感情が高い

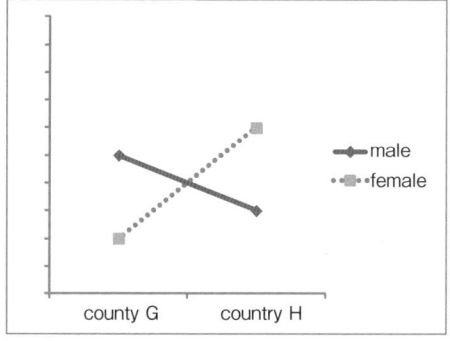

（E）逆方向の交互作用あり
　　 G国では男子学生の方が自尊感情が高い
　　 H国では女子学生の方が自尊感情が高い

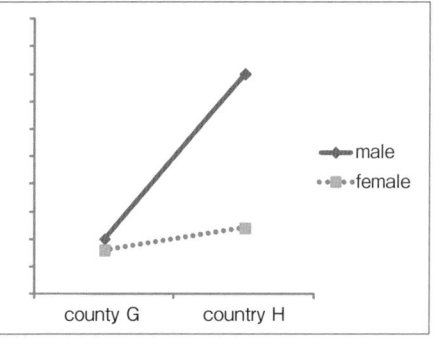

（F）順方向の交互作用あり
　　 G国では自尊感情に男女の差は認められない
　　 H国では男子学生の方が自尊感情が高い

図1-5　2×2 ANOVAの分析結果の例

均値を線グラフで図示し，予想される分析結果を6種類まとめました（図1-5）。主効果が認められる場合はグラフの2本の直線がパラレル（平行）になり，交互作用がある場合にはノンパラレル（非平行）になることに気づかれたでしょうか。このようにグラフは主効果と交互作用の判定に役立つのですが，効果が有意であるか否かは検定統計量で確認する必要があります。

主効果はその変数独自の影響を示し，他の要因が関連したものではないものとしています。しかし，私たちの生活の出来事や自然界の現象は無数の要因の影響を複合的に受けています。交互作用の視点はまさしくここにあります。一方の要因の水準ごとに他方の要因への影響が異なることに着目した分析法のひとつが2要因分散分析なのです。ですから，交互作用が認められた場合は，たとえ有意な主効果が認められても，研究者は交互作用が発生した理由を深く掘り下げていきます。

2-4 単純主効果検定（simple main effect test）

交互作用が有意であるか否かで，その後の分析方法が異なります。有意でない場合は，それぞれの要因に主効果があるかどうかを検証します。この手順については2-1節で解説しました。

交互作用が有意になった場合は，単純主効果検定を行います。この検定は，一方の要因の水準ごとに，他方の要因へ及ぼす影響の大きさと方向性を検証する方法です。図1-5の（E）の例で言うと，G国とH国それぞれにおける性別の主効果を個別に分析することを意味します。そして，単純主効果が有意と認められても，水準が3以上の場合は多重比較が必要となります。3水準の要因をもつ2×3 ANOVAにおける単純主効果検定の方法については，第3節「ソフトの使用方法」の分析例で説明します。

2-5 第1種の誤り（Type I error）と第2種の誤り（Type II error）

コミュニケーション不安に関する架空のデータ（図1-1）を思い起こしてください。「3か国の学生の間にはコミュニケーション不安に差がある」が対立仮説です。そして，この対立仮説を否定する「3か国の学生の間に差がない」が帰無仮説です。仮説検定は，この帰無仮説の当否をデータから算出した検定統計量の生起確率をもとに判定します。つまり，「差がない」という事象が，非常に稀にしか起こらないようであれば，帰無仮説を棄却し，対立仮説を採択します。この非常に稀という判断は，社会科学の研究では一般的に5％水準を用います。つまり，100回のうち5回以下の確率でしか起こらないことを稀とみなすということです。一方，生起確率が5％を超えた場合は稀ではないので，帰無仮説を棄却できず対立仮説を採択できなくなります。しかし，このことは裏を返せば1回の検定で帰無仮説が棄却された場合でも本当は帰無仮説が正しいにもかかわらず誤って棄却してしまうことが，5％以内の確率とはいえ存在することを意味します。そして，この危険性は検定を繰り返すことで当然高まります。例えば5％の有意水準では正しい判断ができる確率は95％ですから，3回繰り返すと85.7％（0.95×0.95×0.95＝0.857）に低下し，3回のうちいずれかで誤った判断を招く可能性は14.3％に高まってしまいます。これを第1種の誤り（Type I error）と称します。では，その危険を避けるために有意水準をより厳しい基準に設定したとします（3回検定を繰り返す場合には0.05÷3＝0.017）。すると，今度は，帰無仮説を棄却すべきなのに棄却しない誤りを犯す危険性が増します。これを，第2種の誤り（Type Ⅱ error）と称します。第1種の誤りと第2種の誤りは背反的で，一方が減るともう一方が増えるといったトレードオフの関係にあるため，誤りを犯さないために有意水準をどこに設定するのか，というのはなかなか難しい判断です。

以上で，理論面の解説は終了です。次節から，いよいよサンプル論文を利用して，実践面を学びます。

3 ソフトの使用法

使用するデータは，申・北・田崎（2013）の「議論志向性に関する研究」で収集されたものです。この調査研究の目的は，ディスカッション能力がいかなる要因から決まるかを探ることであり，日本，米国，韓国の3か国の大学生を対象に実施されました。そして，性別，自己意識，コミュニケーション不安をもとに因果モデルの構築を試みています。また，3か国の学生の，当該因果モデルの文化的な差異も検討されています。

ここでは，自分は他者とは異なるユニークな存在と認識する「独立的自己観」を従属変数とし，要因を国別と性別とした2要因分散分析を行います。

3-1　2要因分散分析の手順

SPSSの操作手順については，最小限の説明に留めます。より詳しい解説や分析結果の書き方の例は，竹原（2013）などの専門書を参考にしてください。

① 「分析」→「一般線形モデル」→「1変量」を選びます。
② 左のボックスから，従属変数である「独立的自己観」を選択し「従属変数」に矢印ボタンをクリックして移動させます。同様に「country」「sex」を「固定因子」に移動させます。
③ 「作図」をクリックします。
④ 「因子」ボックスから，「横軸」にどちらの因子をあてがうか選択します。水準が多い方の因子である「country」を横軸にすると見やすい図が作成できます。「sex」を「線の定義変数」に移動させます。
⑤ 「追加」をクリックすると，「作図」に「country*sex」が表示されます。最後に，「続行」をクリックします。
⑥ 最初の画面に戻ります。相互作用が認められず，主効果が有意となり要因が3水準以上の場合は，事後検定が必要となるので「その後の検定」をクリックします。
⑦ 水準が3以上の因子を「その後の検定」のボックスに移動させます。
⑧ 「Tukey」を選択してから，「続行」をクリックします。
⑨ 最初の画面に戻るので，「OK」をクリックします。

3-2 2要因分散分析による出力の見方

図 1-6 の結果を見てみましょう。まず，四角で囲まれた交互作用（country*sex）の結果に着目してください。交互作用（country*sex）は有意であることが認められました（$F(2,737)=3.203, p<.05$）。国ごとに性別の影響が異なることを示しています。そこで，前述のとおり単純主効果検定を行います。この検定ではシンタックスというプログラミングを行います。

従属変数：独立的自己観

ソース	タイプⅢ 平方和	df	平均平方	F	有意確率
修正モデル	126.092[a]	5	25.218	44.914	.000
切片	6501.465	1	6501.465	11579.223	.000
country	97.026	2	48.513	86.403	.000
sex	.567	1	.567	1.010	.315
country*sex	3.597	2	1.798	3.203	.041
エラー	413.808	737	.561		
合計	8710.547	743			
修正総和	539.901	742			

[a] $R^2=.234$（調整済み $R^2=.228$）

図 1-6　SPSS の分析結果

交互作用が有意となったので，この解釈に的を絞るために国別要因と性別要因の主効果の判断は保留にします。もし，交互作用が有意とならなかったのであれば，2つの要因の主効果の検証を行います。

3-3 単純主効果検定の手順（図 1-7）

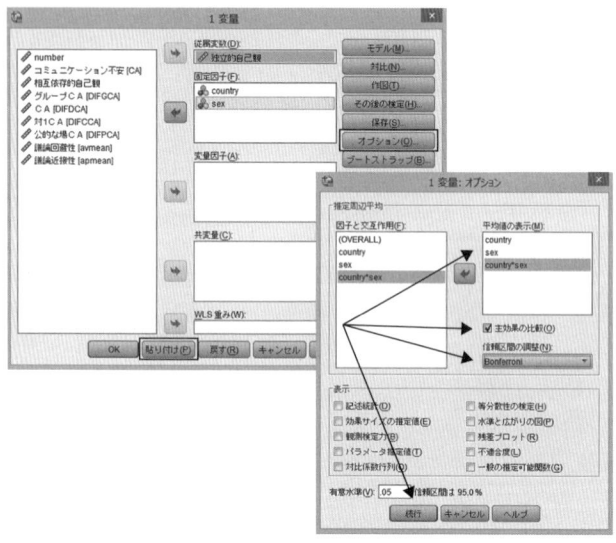

図 1-7　単純主効果検定の画面

① 「分析」→「一般線形モデル」→「1変量」を選びます。
② 「オプション」をクリックします。
③ 「因子と交互作用」から2つの因子と交互作用（country*sex）を「平均値の表示」に移動させます。次に，「主効果の比較」を選択して，さらに「信頼区間の

調整」から「Bonferroni」を選択します。最後に,「続行」をクリックします。
④ 再び,もとの画面に戻るので,「貼り付け」をクリックします。
⑤ シンタックスが表示されます。四角で囲んだ2行のスクリプトを追加します（図1-8）。手入力ではなく,既に表示されているスクリプトをコピー&ペーストして作成すると誤入力を防ぐことができます。
⑥「実行」→「すべて」を選択します。
⑦ 最初の画面に戻るので「OK」をクリックします。

図1-8 シンタックスの画面

4 結果の解釈

　分析結果は平均値や標準偏差などの基本的な統計量から確認していきますが,ここではまず線グラフ（図1-9）を見てみましょう。独立的自己観の平均値は米国の女性が最も高く,韓国の女性が最も低い数値を示しています。次に,2-3節で説明したパラレル,ノンパラレルに着目してみます。区間 m-1 と f-1 は韓国と日本の男女それぞれの独立的自己観の平均値を結ぶ直線です。区間 m-2 と f-2 は日本とアメリカの男女の平均値を結ぶ直線です。区間 m-1 と f-1 はわずかですがノンパラレルで,区間 m-2 と f-2 は交差しています。これは交互作用を意味します。つまり,3か国それぞれにおいて独立的自己観に与える性別の影響が異なることを示しています。つづいて,検定統計量で有意性を検証していきます。

4-1 性別要因の各水準における2国間ごとの独立的自己観の平均値の検定結果

　男性も女性もすべての2国の組み合わせにおいて1%水準で有意な差があることが示されました（図1-10の（A））。

（a）男性：米国＞韓国, 日本＞韓国, 米国＞日本

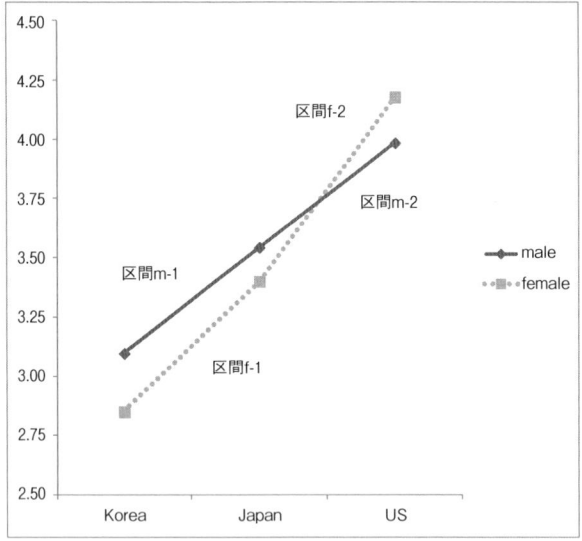

図 1-9 独立的自己観の 3 か国別男女の比較

従属変数：独立的自己観

sex			平均値の差 （I-J）	標準誤差	有意確率[b]	95％平均差信頼区間[b]	
						下限	上限
male	Korea	US	-.886*	.138	.000	-1.218	-.555
		Japan	-.445*	.104	.000	-.696	-.194
	US	Korea	.886*	.138	.000	.555	1.218
		Japan	.441*	.136	.004	.114	.769
	Japan	Korea	.445*	.104	.000	.194	.696
		US	-.441*	.136	.004	-.769	-.114
female	Korea	US	-1.327*	.106	.000	-1.582	-1.072
		Japan	-.550*	.072	.000	-.724	-.377
	US	Korea	1.327*	.106	.000	1.072	1.582
		Japan	.776*	.107	.000	.520	1.033
	Japan	Korea	.550	.072	.000	.377	.724
		US	-.776*	.107	.000	-1.033	-.520

推定周辺平均にもとづいた
* 平均値の差は .05 水準で有意です。
[b] 多重比較の調整：Bonferroni。

（A）性別要因の水準ごとの各国別要因のペアの比較

従属変数：独立的自己観

sex		平方和	df	平均平方	F	有意確率
male	対比	25.169	2	12.584	22.413	.000
	エラー	413.808	737	.561		
female	対比	95.229	2	47.615	84.802	.000
	エラー	413.808	737	.561		

（B）性別要因の単純主効果検定の結果

図 1-10 SPSS の分析結果

（b）女性：米国＞韓国，日本＞韓国，米国＞日本

また，次に出力される結果（図1-10の（B））から，性別の単純主効果が有意であることが示されました（$F(2,737)=22.413, p<.01; F(2,737)=84.802, p<.01$）。

4-2　国別要因の各水準における男女の独立的自己観の平均値の検定結果

　線グラフでは3か国それぞれにおいて独立的自己観に与える性別の影響が異なることが示されました。検定結果（図1-11の（A））から，韓国のみに有意な差があることが明らかになりました。また，次に出力される結果（図1-11の（B））からも，韓国のみに単純主効果が有意であることが示されました（$F(1,737)=7.466, p<.01$）。

　結果をまとめ，解釈をしてみましょう。男女ともに独立的自己観が最も高いのが米国，次が日本，そして韓国でした。また，国ごとに男女の独立的自己観を比較すると，韓国のみに男女に差があり男性の方が高いことが分かりました。このことにより，国ごとの特有な文化が自己概念に影響していると推定できます。では，具体的にどのような特徴が差を生み出しているのでしょうか。データの解釈は，先行研究の知見をもとに行います。例えば，独立的自己観は個人主義社会で共有される自己観であ

従属変数：独立的自己観

country			平均値の差（I−J）	標準誤差	有意確率[b]	95%平均差信頼区間[b] 下限	上限
Korea	male	female	.247*	.091	.006	.070	.425
	female	male	−.247*	.091	.006	−.425	−.070
US	male	female	−.193	.149	.195	−.485	.099
	female	male	.193	.149	.195	−.099	.485
Japan	male	female	.142	.089	.111	−.033	.317
	female	male	−.142	.089	.111	−.317	.033

推定周辺平均にもとづいた
*　平均値の差は.05水準で有意です。
[b]　多重比較の調整：Bonferroni。

（A）国別要因の水準ごとの男女の比較

従属変数：独立的自己観

country		平方和	df	平均平方	F	有意確率
Korea	対比	4.192	1	4.192	7.466	.006
	エラー	413.808	737	.561		
US	対比	.944	1	.944	1.682	.195
	エラー	413.808	737	.561		
Japan	対比	1.429	1	1.429	2.545	.111
	エラー	413.808	737	.561		

F値はsexの多変量効果を検定します。このような検定は推定周辺平均間で線型に独立したペアごとの比較にもとづいています。

（B）国別要因の単純主効果検定
図1-11　SPSSの分析結果

り，欧米は個人主義が主流であると述べる先行研究を支持する結果が得られたと言えます。また，日本はアジア諸国の中では早くから欧米化が進んだため韓国より独立的自己観が優勢になっていると解釈することができます。一方，男女間に関しては，米国においては，有意な差はないものの女性の平均値が男性より高くなっています。これは，本データがハワイのアジア系アメリカ人を対象としていることが要因であると推察できるので，関連した先行研究を調べることで解釈ができるかもしれません。日韓ではともに男性の平均値が高くなっていますが，有意な差は韓国のみに認められました。日本の女性の就労率が60.7%なのに対して，韓国では53.5%と女性の社会進出や自立が日本より低いことや（OECD, 2013），「男性は仕事，女性は家庭」という伝統的な性役割観が日本よりも根強く社会を支配していることが示唆されていると言えます。こうした議論を尽くした後に，さらなる課題に対して仮説を立てて調査を行い，3要因分散分析，重回帰分析（第4章）や共分散構造分析（第9章）などを使用して詳しく検証する方法をとることになります。

5 おわりに

　本章では2要因分散分析の理論的背景を解説しました。そして，サンプルデータを国別と性別という2つの要因で分類し，それぞれのグループの平均値に有意な差があるか否かを検証するためのソフトの使用法と，分析結果の解釈の仕方を説明しました。また，2要因分散分析の特徴である交互作用についても解説しました。

　国家間の相互依存が深まり，人々の流動が増加する社会において，仕事のみならず日常生活や教育の場でも，文化やことばが異なる人々と交流する機会は今後も増えていくと予測されます。本章で取り上げたデータからも，韓国，米国，日本の間で独立的自己観に差があることが示されました。ともすればこの差は，「米国人は独立的自己観が高い」というステレオタイプ的な思い込みを生みかねません。しかし，みなさんは本章で分散の概念を学んだことで，一国の中でも一人ひとりの特徴は様々であることが理解できたはずです。ですから，これらの結果は「傾向」としてとらえることに留め，個人との交流においては先入観をもたずに接することが，コミュニケーションを図る上で重要であることがお分かりいただけるでしょう。

引用文献

服部 環（2000）．被験者間2要因計画　後藤 宗理・大野木 裕明・中澤 潤（編著）　心理学マニュアル要因計画法（pp. 54-80）　北大路書房

桐木 建始（2000）．分散分析による平均値の差の検定法　森 敏昭・吉田 寿夫（編著）　心理学のためのデータ解析テクニカルブック（pp. 85-175）　北大路書房

OECD (2013). Employment rate of women. *Employment and Labour Markets: Key Tables from OECD*, No. 5. DoI: 10.1787/emp-fe-table-2013-1-en

申 知元・北 琢磨・田崎 勝也（2013）．議論志向性の文化的要因　日本社会心理学会第54回大会発表

竹原 卓真（2013）．増補改訂SPSSのススメ1　北大路書房

田崎 勝也（2011）．統計的推測と仮説検定　末田 清子・抱井 尚子・田崎 勝也・猿橋 順子（編

著）コミュニケーション研究法（pp. 108-128）ナカニシヤ出版
山内　光哉（2011）．心理学・教育のための統計法　第3版　サイエンス社
吉田　寿夫（2010）．本当にわかりやすいすごく大切なことが書いてあるごく初歩の統計の本　北大
　　路書房

第2章 対応のある t 検定と分散分析

石井英里子

1 はじめに

　本章では，対応のある t 検定（repeated-measures t-test[1]）と対応のある分散分析（repeated-measures ANOVA[2]）を紹介し，これらの手法を正しく用いるために理解すべき理論的背景や検定手順，統計ソフトの使用方法，解釈の方法について解説していきます。

　対応のある t 検定と対応のある分散分析は，相互に関連のあるデータの平均値の有意差を検証する方法です。2つの平均値の差の検定には t 検定を，3つ以上の平均値の差の検定には分散分析を使います[3]。対応のある t 検定と分散分析を使って検証するデータは，同じ研究対象者に繰り返し測定する場合の他に，事前に測定した値が似ている研究対象者同士をペアやグループにして各条件に割り当てて測定する場合があります。後者をマッチング法（matched pair design）と呼びます。このようにして測定されたデータは相互に関連があるので，対応のないデータの平均値の差の検定とは異なる方法を用います。

2 理論的背景

　本節では，対応のある t 検定と対応のある分散分析で検証するデータを収集するための研究デザインや，前提条件，留意すべき事項について解説していきます。

---

1) 対応のある t 検定の英語表記は他に within-group t-test, repeated samples t-test, paired samples t-test, related t-test などがあります。これに対して，対応のない t 検定は，independent measures t-test, independent samples t-test, between-groups t-test, unrelated t-test などがあります。
2) これに対して，対応のない分散分析は independent ANOVA や between-groups ANOVA などと英語で表記されます。
3) 2群の差は，対応のある t 検定の代わりに対応のある分散分析でも検証可能です。

2-1 研究デザイン
（1）被験者間計画と被験者内計画

　研究デザインは，研究対象者の各条件への配置方法によって大きく2つに分類することができます（田中・山際，2005）。1つは被験者間計画（between-group design）と言い，要因の各水準にそれぞれ異なる研究対象者を割り当てます。この被験者間計画で測定されるデータを対応のないデータ（または独立したデータ）と呼びます。例えば，ある期末テストの結果に関して男子学生と女子学生の差の検証をする研究デザインは，男子学生と女子学生それぞれ別々の学生のグループ間の対応のないデータを検証するので被験者間計画です。また，第1章「2要因分散分析」で紹介した，3か国の男女を対象にコミュニケーション不安を測る質問紙調査の例も，各条件には異なる研究対象者を割り当てますので（例えば日本人の男性，韓国人の男性など）対応のないデータを検証することになり被験者間計画になります。

　一方，要因のすべての水準に同じ研究対象者が繰り返し割り当てられる配置方法を被験者内計画（within-group design）と言い，測定されるデータは対応のあるデータと呼ばれます。被験者内計画は，同じ研究対象者に反復測定するので反復測定デザイン（repeated-measures design）とも呼ばれます。例えば，新しく開発した教授法の学習効果を測定するために，同じ研究対象者に授業前と授業後に実施したテストの得点の差を検証する実験法や，同じ研究対象者に対して同一の質問紙を繰り返し実施し，その結果得られる縦断的なデータも「対応のあるデータ」となるため，被験者内計画に分類されることになります[4]。同じ対象者に同じ条件（例えば同じテストや質問紙）を繰り返すことによって生じる問題に関しては次の「（2）被験者内計画のメリットとデメリット」を参照してください。実験法では，上述したマッチング法を使って各条件に割り当てれば，同一の参加者ではなくても被験者内計画と言うことができますので覚えておきましょう。そして，必然的に条件に割り当てられる研究対象者の数が同じ数になるというのも被験者内計画の特徴です。

　すでにお気づきのように，本章で解説する対応のあるt検定と分散分析で検証するのは，被験者内計画で測定する対応のあるデータです。被験者内計画は経時的にデータを反復測定する縦断的研究や，上述した例のようなある介入条件の効果検証，そして異なる条件によって生じる態度や意見などの反応の違いの検証など様々な目的で用いられます。

（2）被験者内計画のメリットとデメリット

　それでは，どのような場合に被験者内計画を用いて対応のあるデータを取るのでしょうか。まず被験者内計画の長所と短所を整理したいと思います。被験者内計画では同一の研究対象者を複数の条件に割り当てるので，個人差の影響をできる限り統制する必要があるときに用いられます（吉田，2009）。例えば，2種類の教授法Aと教授法Bの学習効果の比較を試みる実験を被験者間計画で実施すると，学習効果として測定した成績（従属変数）の2群間の差が本当に教授法の効果のために生じたものなの

---

[4] 実験法（experimental method）や質問紙法（questionnaire survey）に関する詳しい説明は，磯（2011）や守﨑（2011）などを参照してください。

か，それとも実験参加者がもともともっていた能力の差のためなのか，のどちらなのかを明らかにすることはできません。一方，被験者内計画ではマッチング法によって2つのグループを等質とみなし，対応するペアの「差」の検証を行うことによって教授法AとBの学習効果の差を明らかにすることが可能になります。マッチング法を使った被験者内計画の手順は，3-1節「対応のあるt検定の分析例」のところで具体的に説明しますのでそちらを参照してください。

また，研究対象者を集めることは，実験法における最大の課題のひとつだと言われています（田中・山際，2005）。被験者内計画は，同じ実験参加者を繰り返し異なる条件に割り当てるので，被験者間計画に比べて参加者の数が少なくてすむというメリットがあります。例えば，3種類の新薬とその服用量（1錠，2錠，3錠）の効果の検証実験の条件の数は9条件になり，被験者間計画を用いて各条件に10名ずつ割り当てるとすると，治験協力者は90名必要になります。一方，同じ実験を被験者内計画で行うと，同じ治験協力者に9回繰り返し測定するので協力者は10名で足りるということになります。

被験者内計画には，このようなメリットがある反面，いくつか留意しておきたい点もあります。被験者内計画では，同じ研究対象者に条件を繰り返し実施するために参加者が疲れてしまう疲労効果や，前の条件の影響を受けてそれと同じ方向に反応してしまう平均化傾向，実験参加者が条件設定の意図に気づいてしまう作為的反応など，データを乱す要因が混入しやすくなります（田中・山際，2005）。先ほどの薬の治験の例では同じ治験協力者に繰り返し薬を投与する場合，先に服用した薬の影響があることも考えられるので条件間に十分な間隔をあける必要があります。さらに，条件を実施する順序が研究対象者の反応に影響を与えてしまう順序効果や，繰り返すことにより対象者の反応がよくなってしまう練習効果などが懸念されます。このような順序効果や練習効果を回避するためには，カウンター・バランス（counterbalancing）と言って，各研究対象者の条件の順序を変えて実験を行う工夫が必要になります。ここでは研究対象者によって条件を実施する順序を変えるという説明に留めておきますので，カウンター・バランスの具体的な方法は磯（2011）などを参照してください。

質問紙法でも実験法でも，ここまでに説明した研究デザインの特徴をよく理解した上で，被験者間計画あるいは被験者内計画の適切な選択をすることが重要です。それでは，実際の分析の手順の説明へ移る前に，対応のあるt検定と分散分析の前提条件や注意事項を以下に整理しておきたいと思います。

2-2　対応のあるt検定

一般的に実験法では分散分析を用いて検証することが多いですが，2つの条件の平均値を比較する場合，t検定（t-test）を使って差の検証をすることができます。これは質問紙法でも同じです。t検定の正式名称は，スチューデントのt検定（Student's t-test）と言い，イギリスの統計学者ウィリアム・ゴセットのペンネームがスチューデント（Student）であったことに由来しています。

対応のあるt検定を用いるにはいくつか前提条件があります。まず，t検定は2つの平均値の差の検定手法ですので，独立変数は2つの異なる条件となります。例え

ば，実験法では，授業前と授業後の英語のテスト得点の差を検証するケース，また，2つの異なる英語教授法の学習効果を検証する場合などがあります。いずれのケースでも研究対象者の特性のうち従属変数に影響を与えることが想定されるものを事前に測定しておくということに留意してください。例えば，ある特定の英語教授法の学習効果に影響を与える研究対象者の特性として考えられるのは，一般的な英語運用能力や英語の学習動機づけなどが考えられます。この特性を共変量として取り除き，教授法の学習効果に個人差の与える影響を検証するのが適性処遇交互作用（aptitude treatment interaction: ATI）や共分散分析（analysis of covariance: ANCOVA）などです。この ATI と ANCOVA に関しては第5章で詳しく取り扱いますので，そちらを参照してください。

　対応のあるデータを検証するにあたって，留意すべきことがもう1点あります。質問紙法で経時的に同じ質問紙を同じ研究対象者に繰り返し実施したり，実験法で授業前と授業後のテスト得点の差の検証をする場合など，測定の反復によって生じる練習効果や，データを乱す要因が混入することが懸念されます。そのため，可能なかぎり同じテストや質問紙を繰り返し使用することは避け，多少準備に手間がかかりますが，難易度の等しい別のテストや同じ内容を別の質問で測定している質問紙を使うことが望ましいでしょう。

　そして，対応のある t 検定で用いられる従属変数は間隔尺度や比率尺度で測定された連続性のある量的データで，正規分布であることが前提条件となります。データが正規分布でなかったり，順序尺度やカテゴリー尺度で測定されたりした場合は，ノンパラメトリック検定であるウィルコクソンの符号化順位検定（Wilcoxon signed-rank test）で検証します。ウィルコクソンの符号化順位検定についてはここでは扱いませんので，山内（2009）や Mayers（2013），Field（2013）などを参照してください。

　それでは計算式の説明をしていきましょう。対応のある t 検定の検定統計量の計算式は式（1）のようになります。n は各条件のデータ数，i は i 番目のデータ，D_i は i 番目の対応する2つのデータの差の値，$\sum_{i=1}^{n} D_i$ は D の総和，$\sum_{i=1}^{n} D_i^2$ は D の2乗和です。以下で紹介する計算式は吉田（2009）と田中・山際（2005）を参考にしています。

$$t = \frac{\left|\frac{\sum_{i=1}^{n} D_i}{n}\right|}{\sqrt{\frac{n\sum_{i=1}^{n} D_i^2 - (\sum_{i=1}^{n} D_i)^2}{n^2(n-1)}}} \tag{1}$$

　式（1）の計算式で t 値を求めた後，出現確率を求めるため自由度（df）（対応のある t 検定の自由度は $n-1$）を求め，「グループ差無し」としたときの t 値を求めます。t 分布に関する確率の計算は，臨界値が掲載されている t 分布表を用いて行います。t 分布表は巻末を参照してください。

　ここでもうひとつ，別の計算式（2）を紹介します。$\overline{X_1}$ と $\overline{X_2}$ は各条件の平均値，SD_1 と SD_2 は各条件の標準偏差，r は両条件のデータの間の相関係数，n は各条件の

データ数です．式（1）と（2）どちらの式で t 値を求めても結果は同じになります．次に，この式（2）を，対応のない t 検定の計算式（3）[5] と比較してみましょう．すると対応のある t 検定の式（2）には相関係数 r が含まれているということに気づかれるかと思います．この相関係数 r の値が正で大きいほど分母が小さくなります．仮に同じデータを用いて対応のある t 検定と対応のない t 検定を行うと，対応のある t 検定の方が t 値は大きくなります．つまり対応のある t 検定の結果の方が有意になりやすいということが分かります．

$$t = \frac{|\overline{X}_1 - \overline{X}_2|}{\sqrt{\frac{SD_1{}^2 + SD_2{}^2 - 2rSD_1SD_2}{n-1}}} \qquad (2)$$

$$t = \frac{|\overline{X}_1 - \overline{X}_2|}{\sqrt{\frac{SD_1{}^2 + SD_2{}^2}{n-1}}} \qquad (3)$$

2-3 対応のある分散分析

 t 検定は2つの平均値の差の検定に使われますが，分散分析（analysis of variance: ANOVA）は3つ以上の平均値の差の検定に用いられます．そして条件の効果を検証するために，F 比を求めて F 検定を行います．第1章でも説明があったように，分散分析ではデータの全分散を条件によって生じる分散と誤差分散に分けて条件の効果の有無を検証します．例えば，1要因分散分析における全体の分散を式に表すと式（4）のようになり，実験によって操作される条件の影響を受けない分散はすべて誤差分散として扱います．

$$\boxed{全体の分散} = \boxed{条件による分散} + \boxed{誤差分散} \qquad (4)$$

一方，対応のある1要因分散分析では，全体の分散は式（5）のようになります．

$$\boxed{全体の分散} = \boxed{条件による分散} + \underbrace{\boxed{個人差による分散} + \boxed{誤差}}_{誤差分散} \qquad (5)$$

式（4）と式（5）を比べると明らかなように，式（4）では誤差分散の一部として扱われていた個人差による分散が，式（5）では誤差分散から取り出され，個人差

---

[5] 式（3）は対応のない t 検定の検定式を簡略化したものです．実際の対応のない t 検定の式は以下のようになります．n_1 と n_2 はそれぞれ各条件のデータ数を示します．

$$t = \frac{|\overline{X}_1 - \overline{X}_2|}{\sqrt{\frac{SD_1{}^2 \cdot n_1 + SD_2{}^2 \cdot n_2}{n_1 + n_2 - 2}\left(\frac{1}{n_1} + \frac{1}{n_2}\right)}}$$

この式の各条件のデータ数を等しく n とすると，本文中の式（3）が得られます．

による分散と誤差に分かれています。これが対応のない分散分析と対応のある分散分析の違いです。このように，個人差により生じた分散を誤差分散から取り除き小さくすることができるので，対応のある分散分析では F 値がより大きくなって有意差が出やすくなります（南風原・市川，2001）。

対応のある分散分析の前提条件は，対応のある t 検定の場合とほとんど同じです。独立変数は通常 3 つ以上の条件の質的変数，従属変数は同一の研究対象者から間隔尺度や比率尺度で繰り返し測定された量的変数で正規分布であるということが検定を行う前提になります。もちろん，マッチング法によって同一ではない特性の類似した対象者を 3 群以上に割り当てることも可能です。このような被験者内計画は乱塊法（randomized blocks design）とも呼ばれることもあります。ここで説明した対応のある分散分析の前提条件を満たさない場合，ノンパラメトリック検定であるフリードマンの χ_r^2 検定（Friedman's ANOVA）を用いて順位について有意差の検定を行います。フリードマンの χ_r^2 検定手法については山内（2009）や Mayers（2013），Field（2013）などを参照してください。

もうひとつの対応のある分散分析の前提条件として，被験者間計画の分散分析におけるグループ間の等分散の仮定（assumption of homogeneity）を確認するため，球面性の仮定（assumption of sphericity）という統計量を参照します。球面性の仮定とは，被験者内計画の各水準間の対の差の分散が等しいということです（Field, 2013）。

それでは対応のある 1 要因分散分析の計算式を見ていきましょう。まず，先ほどの（5）の式を数式で表すと（6）のようになります。SS_{total} は全平方和，SS_{factor} は条件平方和，SS_{block} [6]は個人差の平方和，SS_{res} [7]は誤差の平方和を示します。以下の式は，南風原・市川（2001）と田中・山際（2005）によります。

$$SS_{total} = SS_{factor} + SS_{block} + SS_{res} \tag{6}$$

また，条件平方和，個人差の平方和，誤差の平方和は，まず全平均を求めた上で，以下の式で求めることができます。a は比較したい条件の数，n は各条件のデータ数，$\overline{X_i}$ は i 番目の条件群の平均値，S_{ij} は第 i 番目の条件群の第 j 番目の対象者における従属変数の値，SD_i は i 番目の条件群の標準偏差を示しています。

$$全平均 = \frac{\overline{X_1} + \overline{X_2} + \cdots + \overline{X_i}}{a} \tag{7}$$

$$SS_{factor} = (\overline{X_1} - 全平均)^2 \times n + (\overline{X_2} - 全平均)^2 \times n + \cdots + (\overline{X_i} - 全平均)^2 \times n \tag{8}$$

---

[6] 対応する実験参加者のブロックを指すので SS_{block} となっています。
[7] SS_{res} の res は残差 residual の略です。

$$SS_{block} = \frac{S_{11}の合計^2 + S_{12}の合計^2 + \cdots + S_{ij}の合計^2}{a} - \frac{(S_{11}の合計 + S_{12}の合計 + \cdots + S_{ij}の合計)^2}{a \times n} \tag{9}$$

$$SS_{res} = SD_1^2 \times n + SD_2^2 \times n + \cdots + SD_i^2 \times n \tag{10}$$

対応のある分散分析のF検定の計算式は式（11）のように，分子に条件平方和をその自由度（$a-1$）で割った値を，分母に誤差の平方和をその自由度（$n-1$）（$a-1$）で割った値を置き，その比を求めます。つまり条件の平均平方（MS_{factor}）を残差の平均平方（MS_{res}）で割ったものになります。

$$F = \frac{SS_{factor}/(a-1)}{SS_{res}/(n-1)(a-1)} = \frac{MS_{factor}}{MS_{res}} \tag{11}$$

3　分析例とソフトの使用方法

それでは，架空のデータを使って対応のあるt検定と分散分析の手順を説明していきましょう。3-1節「対応のあるt検定の分析例」では，マッチング法を用いた1要因2水準の被験者内計画を使って「英語の教授法Aと教授法Bはどちらの教授法が効果的か」を検証します。3-2節「対応のある分散分析の例」では，1要因3水準の被験者内計画の例を使って「アメリカ留学によってリスニング力は伸びるか」について経時的データを検証していきましょう。両検定とも計算式も示した後にSPSSの操作手順を解説していきます。比較的簡単に手計算が可能ですので，一度計算してみることをおすすめします。

3-1　対応のあるt検定の分析例：「英語の教授法Aと教授法Bはどちらが効果的か？」

英語の教授法Aと教授法Bの学習効果を検証するため，20人の大学生に対し，授業を行う前にテスト行い，英語読解力を測定しました。この結果を得点の順に並べ，上位から2人ずつペアを作り，各ペアから1人ずつ教授法Aと教授法Bに割り当てました（マッチング法）。授業後，授業前のテストと同じ難易度のテストで読解力を測定しました。表2-1は授業後の読解力の得点です。教授法Aと教授法Bの学習効果に差があると言えるでしょうか。

この実験計画では，マッチング法を用いて20名の研究対象者を等質の2群（各群10名）に分け，教授法Aと教授法Bをそれぞれ実施した後に，授業前テストと難易度の等しいテストで学習効果を測定しました。要因（独立変数）は「教授法」，水準は教授法Aと教授法Bの2水準，従属変数は教授法Aの授業後のテスト得点と教授法B

表2-1　授業後の得点

教授法A	34	38	37	57	40	38	26	50	42	29
教授法B	43	50	45	58	49	42	49	49	41	37

の授業後のテスト得点の差得点Dとなります。また図2-1には対応のあるt検定を用いた際の仮説検定の手順について解説していますので参考にしてみてください。

1）帰無仮説と対立仮説を設定します。
   帰無仮説　H_0：母集団における両グループの平均の差は0である。
   対立仮説　H_1：母集団における両グループの平均の差は0ではない。

2）教授法A受講後の得点，教授法B受講後の得点，教授法Aの得点から教授法Bの得点を引いた差得点（D）のそれぞれの平均値と標準偏差（SD），ならびにDの総和と2乗和を求めます（表2-2）。

表2-2　各授業後の得点と差得点，その平均値と標準偏差

教授法A	34	38	37	57	40	38	26	50	42	29
教授法B	43	50	45	58	49	42	49	49	41	37
差得点D	-9	-12	-8	-1	-9	-4	-23	1	1	-8

	平均値	標準偏差
教授法A	39.1	9.16
教授法B	46.3	5.95
差得点D	7.2	7.18

差得点Dの総和$=-7.2\times10=-72$
差得点Dの2乗和$=(-9)^2+(-12)^2+(-8)^2+(-1)^2$
　　　　　　　　$+(-9)^2+(-4)^2+(-23)^2+1^2+1^2+(-8)^2=982$

3）差得点の統計量を式に代入し，t値を計算します。ここでは式（1）を使用します。

$$t=\frac{\left|\frac{\sum_{i=1}^{n}D_i}{n}\right|}{\sqrt{\frac{n\sum_{i=1}^{n}D_i^2-(\sum_{i=1}^{n}D_i)^2}{n^2(n-1)}}}=\frac{\left|\frac{-72}{10}\right|}{\sqrt{\frac{10\times982-(-72)^2}{10^2(10-1)}}}=\frac{7.2}{\sqrt{\frac{4636}{900}}}=\frac{7.2}{\sqrt{5.15}}=\frac{7.2}{2.27}=3.17$$

4）自由度（df）を計算します。
$df=n-1=10-1=9$

5）t値の帰無仮説が正しいと仮定したときの出現確率を調べます。
　　t分布に関する確率計算は，t分布表を用いて行います。自由度9，両側検定の有意水準5％のとき，tの臨界値は2.262です。よって，棄却域は$|t|\geq2.262$となります。検定統計量の3.17はこの棄却域に入るので帰無仮説は棄却されます。

図2-1　対応のあるt検定の分析例

それでは，SPSSによる分析方法を解説していきましょう。データの入力は，図2-2のように授業前と授業後のデータをそれぞれ異なる行に入力します。

3-2　対応のある t 検定の手順

① データエディタのメニューから，「分析」→「平均の比較」→「対応のあるサンプルの t 検定」を順にクリックします（図2-2）。

② 比較したい平均値の変数をペアで指定し，▶ボタンをクリックして右側の「対応のある変数」ボックスに投入し「OK」ボタンをクリックすると分析が実行され結果が表示されます（図2-3）。

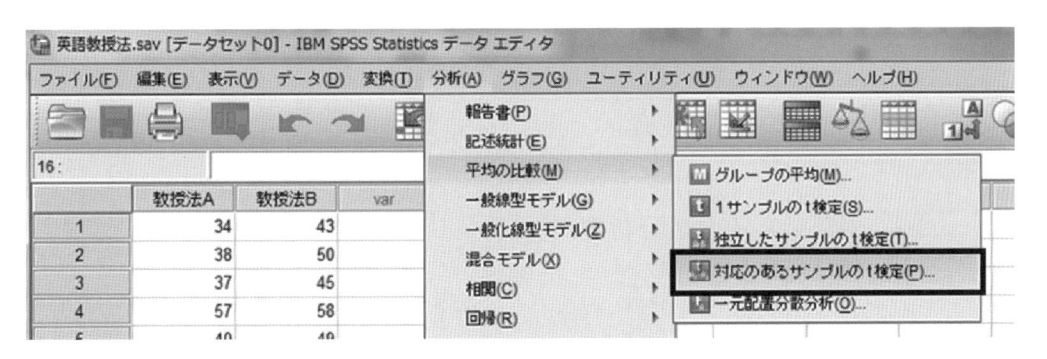

図2-2　手順1：対応のある t 検定

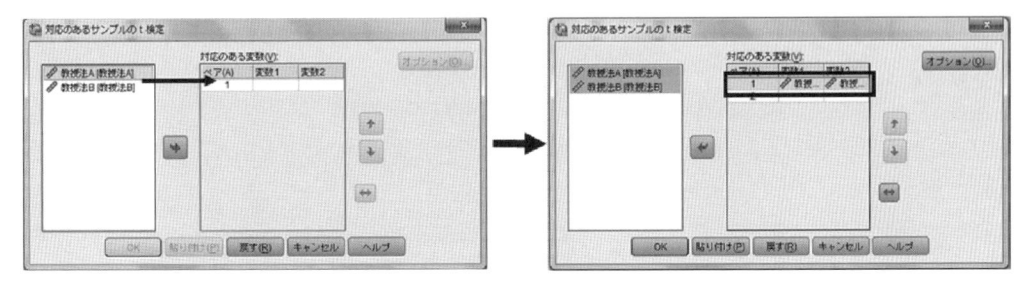

図2-3　手順2：対応のある t 検定

それでは図2-4を参照しながら結果を解釈していきましょう。

対応サンプルの統計量

		平均値	N	標準偏差	平均値の標準誤差
ペア1	教授法A	39.10	10	9.158	2.896
	教授法B	46.30	10	5.945	1.880

対応サンプルの検定

		対応サンプルの差					t値	自由度	有意確率（両側）
		平均値	標準偏差	平均値の標準誤差	差の95%信頼区間 下限	上限			
ペア1	教授法A・教授法B	-7.200	7.177	2.270	-12.334	-2.066	-3.172	9	.011

図2-4　対応サンプルの基本統計量と対応のある t 検定の結果

「対応サンプルの統計量」では，教授法Aの読解力テストの平均値は39.10（SD=9.158）であるのに対して，教授法Bの平均値は46.30（SD=5.945）であることが分かります。次に「対応サンプルの検定」を見ると，「t値」は-3.172，「自由度」は9，「有意確率」は.011であり，平均値の差が5％水準で有意であることが分かりました。したがって，帰無仮説を棄却し「教授法AとBの得点には差がある」と判断できます。教授法Bの読解力テストの平均値の方が教授法Aの平均値よりも高い（$t(9)=3.17, p<.05$），つまり，教授法Bの方が高い学習効果があると結論づけることができます。

検定の結果をまとめると表2-3のようになります。

表2-3　各教授法の読解力テストの平均と標準偏差（点）（$N=10$）

条件	平均値	標準偏差
教授法A	39.1	9.16
教授法B	46.3	5.95

3-3　対応のある分散分析の例：「アメリカ留学によってリスニング力は伸びるか」

4月から3月までの1年間，アメリカへ留学していた8人の大学生を対象に，留学前の「4月」，留学中の「9月」，留学後の「3月」の3回，難易度の等しいテストを用いて英語のリスニング力を測定しました。3回のテストで測定したリスニング得点に差があると言えるでしょうか。表2-4は参加者（S）のデータです。値が高いほどリスニング力が高いことを示しています。

表2-4　各参加者のリスニング得点

参加者	4月	9月	3月
S_1	50	55	65
S_2	45	44	58
S_3	51	60	80
S_4	48	54	66
S_5	55	63	72
S_6	47	52	78
S_7	50	48	63
S_8	52	53	75

この実験計画では，要因（独立変数）は「テストの受験時期」で，4月（X_1），9月（X_2），3月（X_3）の3水準，従属変数は「リスニング得点」です。先ほどと同様に図2-5は対応のある分散分析を用いた際の仮説検定の手順について解説していますので参考にしてみてください。

1) 帰無仮説と対立仮説を設定します。
   帰無仮説　H_0：4月，9月，3月のテスト得点の母平均は等しい。
   　　　　　　　($\mu_1=\mu_2=\mu_3$)
   対立仮説　H_1：H_0ではない。

2) 各条件の平均値，標準偏差（SD），全平均，各研究対象者の得点の和（各S_jの和）とその合計，各研究対象者の得点の2乗和（各S_jの和^2）とその合計を求めます（表2-5）。X_1, X_2, X_3はそれぞれ研究対象者（S_1～S_8）の4月，9月，3月のリスニング得点を示します。

表2-5　リスニングテスト得点のデータ（$N=24$）

対象者	4月 (X_1)	9月 (X_2)	3月 (X_3)	各S_jの和	各S_jの和の2乗
S_1	50	55	65	170	28900
S_2	45	44	58	147	21609
S_3	51	60	80	191	36481
S_4	48	54	66	168	28224
S_5	55	63	72	190	36100
S_6	47	52	78	177	31329
S_7	50	48	63	161	25921
S_8	52	53	75	180	32400
条件平均	49.75	53.63	69.63	合計 1384	合計 240964
SD	3.11	6.07	7.80		
n	8	8	8		
全平均	57.67				

3) 条件による分散を計算します。
   条件による分散
   $= (\overline{X}_1 - 全平均)^2 \times n_1 + (\overline{X}_2 - 全平均)^2 \times n_2 + (\overline{X}_3 - 全平均)^2 \times n_3$
   $= (49.75 - 57.67)^2 \times 8 + (53.63 - 57.67)^2 \times 8 + (69.63 - 57.67)^2 \times 8$
   $= 62.67 \times 8 + 16.34 \times 8 + 143.00 \times 8 = 501.39 + 130.68 + 1144.01$
   $= 1776.08$

4) 誤差分散を計算します。
   誤差分散 $= SD_1^2 \times n_1 + SD_2^2 \times n_2 + SD_3^2 \times n_3$
   $= 3.11^2 \times 8 + 6.07^2 \times 8 + 7.80^2 \times 8 = 9.64 \times 8 + 36.84 \times 8 + 60.64 \times 8$
   $= 77.14 + 294.71 + 486.71 = 858.57$

5) 誤差分散を個人差による分散と誤差に分けます。
   個人差による分散
   $$= \frac{S_1の合計^2 + S_2の合計^2 + \cdots + S_8の合計^2}{1人あたりのデータ数} - \frac{(S_1の合計 + S_2の合計 + \cdots + S_8の合計)^2}{全データ数}$$

図2-5　対応のある分散分析の分析例-1

$$= \frac{170^2 + 147^2 + \cdots + 180^2}{3} - \frac{(170+147+\cdots+180)^2}{24} = \frac{240964}{3} - \frac{1915456}{24}$$
$$= 80321.33 - 79810.67 = 510.67$$

誤差 = 誤差分散 − 個人差による分散 = 858.57 − 510.67 = 347.90

6）各自由度を求めます。
　　条件の自由度 = 水準数 −1 = 3−1 = 2
　　個人差の自由度 = 参加者数 −1 = 8−1 = 7
　　誤差の自由度 = （水準数 −1）×（参加者数 −1）=（3−1）×（8−1）= 2×7 = 14

7）検定統計量 F の実現値を求めるために分散分析表を作成します（表 2-6）。
$$F = \frac{MS_{factor}}{MS_{res}} = \frac{888.04}{24.85} = 51.68$$

表 2-6　分散分析表

要因	平方和	自由度	平均平方	F
条件	1776.08	2	888.04	51.68
個人差	510.67	7	72.95	
誤差	347.90	14	24.85	
	2634.65	23		

8）F 分布表を使って臨界値を求めます。この分析例では，条件の自由度は 2，誤差の自由度は 14 です。有意水準 5 ％のとき，分子の自由度 2 と分母の自由度 14 が交わるところの値，つまり，臨界値は 3.74 となっており，棄却域は $F \geq 3.74$ になります。F 値は 51.68 でしたので棄却域に入り帰無仮説は棄却されます。したがって「テストの受験時期によってリスニング力の平均値には差がある」と判断できます。

9）3 水準以上あり，F 値が有意であったので，ここでは田中・山際（2005）の解説に従って LSD 法（least significant difference）を用いて多重比較を行ってみましょう。LSD 法は有意水準をクリアする最小の幅（LSD）を求めます。まず残差の自由度（df=14）に相当する有意確率 5 ％の t 値を求めます（t=2.14）。残差の平方和は 24.85 です（表 2-6）。それらを以下の式に代入し LSD を求めます。

$$LSD = t \times \sqrt{\frac{2 \times MS_{res}}{1\text{平均あたりのデータ数}}} = 2.14 \times \sqrt{\frac{2 \times 24.85}{8}} = 5.33$$

次に，求めた LSD=5.33 で検定を行います。

図 2-5　対応のある分散分析の分析例−2

$|\overline{X}_1-\overline{X}_2|=|49.75-53.63|=3.88<5.33 \to$ n.s.
$|\overline{X}_2-\overline{X}_3|=|53.63-69.63|=16.00>5.33 \to$ 有意
$|\overline{X}_1-\overline{X}_3|=|49.75-69.63|=19.88>5.33 \to$ 有意

4月と9月の差は有意ではありませんが，4月と3月，9月と3月では，3月の得点の平均値の方が有意に高いということが分かりました。

図2-5 対応のある分散分析の分析例-3

それでは，SPSSによる分析方法を解説していきましょう。データの入力は，図2-6のように「APR」（4月），「SEP」（9月），「MAR」（3月）のデータをそれぞれ異なる行に入力します。

3-4 対応のある分散分析の手順

① データエディタのメニューから，「分析」→「一般線形モデル」→「反復測定」を順にクリックします（図2-6）。
② 「被験者内因子名」の「因子1」を削除して「テスト」と入力します。続いて「水準数」には半角で「3」と入力します。そして「追加」をクリックします（図2-7）。
③ 「定義」をクリックして新しいウィンドウを開きます。左側のボックスに「テスト」要因の水準を示す3変数が表示されていますので，これらすべてを選択し右側の「被験者内変数」ボックスに投入します（図2-8）。
④ 右側にある「オプション」をクリックして，「表示」という領域の中の「記述統計」にチェックを入れます。「主効果の比較」にチェックを入れ「Bonferroni（ボンフェローニ）」を選択し，「続行」をクリックします（図2-9）。
⑤ 最後にグラフの設定を行います（図2-10）。右側にある「作図」をクリックし，左上の「因子」から「リスニング得点」を右側の「横軸」に投入します。「追加」をクリックして「作図」に投入し，「続行」をクリックします。「OK」をクリックすると分析結果が表示されます。

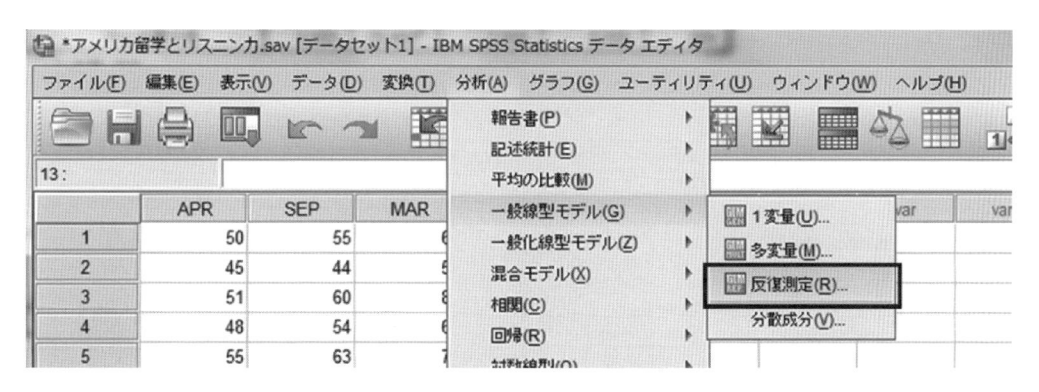

図2-6 手順1：対応のある分散分析

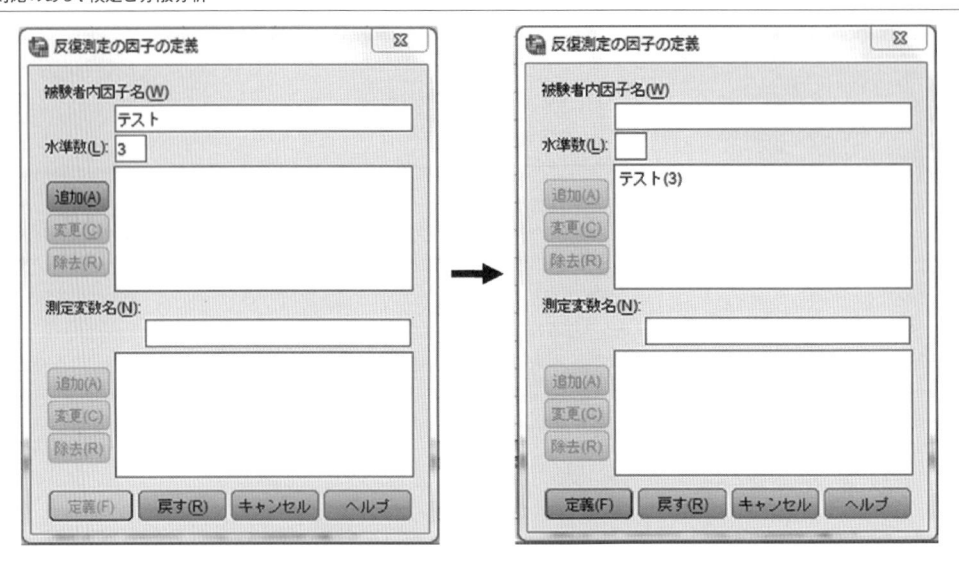

第 2 章　対応のある t 検定と分散分析

図 2-7　手順 2：対応のある分散分析

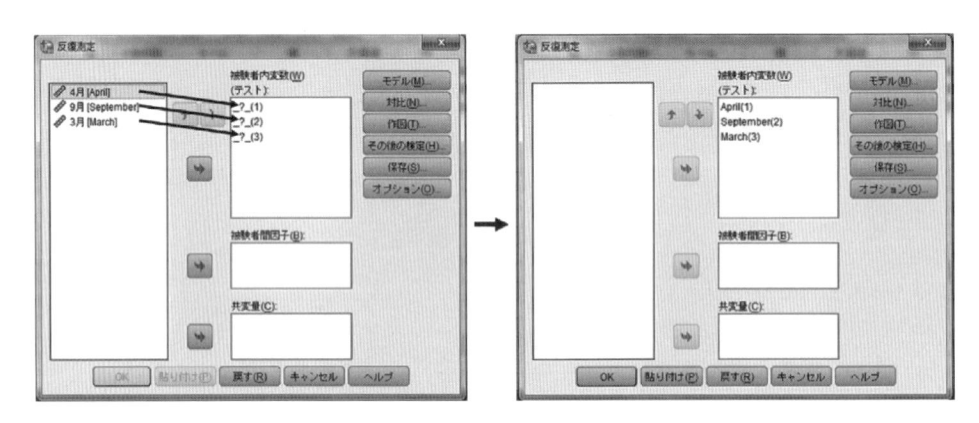

図 2-8　手順 3：対応のある分散分析

図 2-9　手順 4：対応のある分散分析

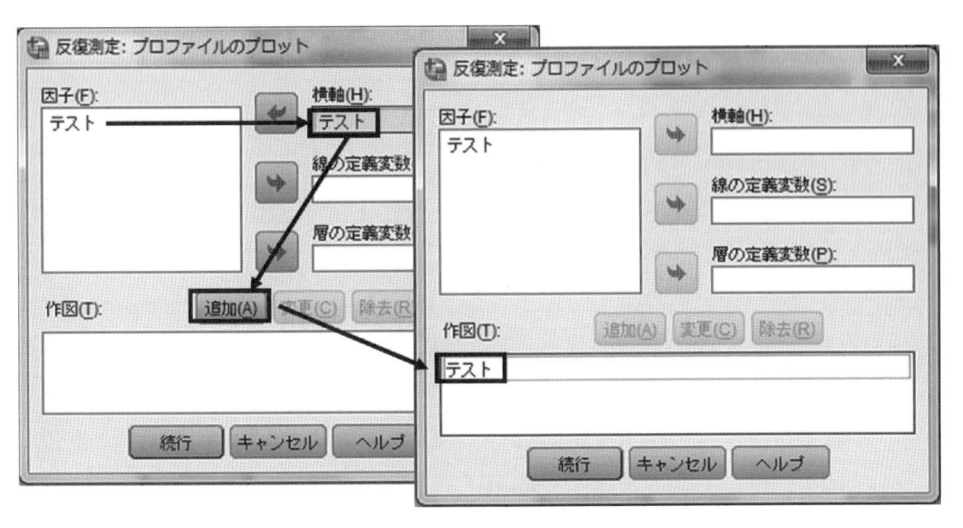

図 2-10　手順 5（グラフの作成）：対応のある分散分析

それでは結果を解釈していきましょう。まず「被験者内因子」と「記述統計量」の各「テスト」水準とその平均値と標準偏差を確認します（図 2-11）。「テスト」の水準が「1」「2」「3」に対応して「April」「September」「March」の 3 水準であり，「April」の平均値が 49.75（SD=3.105），「September」の平均値が 53.63（SD=6.070），「March」の平均値が 69.63（SD=7.800）であるということが分かります。

被験者内因子
測定変数名：MEASURE

テスト	従属変数
1	April
2	September
3	March

記述統計量

	平均値	標準偏差	N
4 月	49.75	3.105	8
9 月	53.63	6.070	8
3 月	69.63	7.800	8

図 2-11　各水準とその平均値と標準偏差

次に「Mauchly（モークリー）の球面性検定」を見て球面性の仮定の有意性を確認します。図 2-12 のように「有意確率」は「.329」で .05 以上の値を示しており有意ではありませんので，球面性の仮定が成立するとみなし「被験者内効果の検定」では「球面性の仮定」の列を確認します。この「有意確率」が .05 未満で有意の場合，「被験者内効果の検定」では「Greenhouse-Geisser（グリーンハウス・ガイザー）」や「Huynh-Feldt（フィン・フェルト）」などの自由度を調整した F 値の有意性を参照します。

再び「被験者内効果の検定」を見てください。「Mauchly の球面性検定」では球面性の仮定が有意ではなかったので「球面性の仮定」のところを確認すると F 値は「51.677」で「有意確率」は「.000」となっており 0.1% 水準で条件の主効果が有意であることが分かります。したがって，帰無仮説を棄却し「テストの受験時期によってリスニング力の平均値には差がある」と判断できます。

2 水準の場合[8]はここで検定を終わりますが，今回は 3 水準ありますので多重比較を行います。「ペアごとの比較」（図 2-13）を見て「April」「September」「March」

Mauchly の球面性検定

測定変数名：MEASURE_1

被験者内効果	Mauchly のW	近似カイ2乗	自由度	有意確率	イプシロン Greenhouse-Geisser	Huynh-Felbt	下限
テスト	.690	2.225	2	.329	.763	.933	.500

被験者内効果の検定

測定変数名：MEASURE_1

ソース		タイプⅢ平方和	自由度	平均平方	F値	有意確率
テスト	球面性の仮定	1776.083	2	888.042	51.677	.000
	Greenhouse-Geisser	1776.083	1.527	1163.239	51.677	.000
	Huynh-Feldt	1776.083	1.866	951.642	51.677	.000
	下限	1776.083	1.000	1776.083	51.677	.000
誤差(テスト)	球面性の仮定	240.583	14	17.185		
	Greenhouse-Geisser	240.583	10.688	22.510		
	Huynh-Feldt	240.583	13.064	18.415		
	下限	240.583	7.000	34.369		

図 2-12　Mauchly の球面性検定と被験者内効果の検定

のどの組み合わせの平均値差に有意が見られるのかを確認しましょう。この表では「(I) テスト」と「(J) テスト」の数値「1」「2」「3」は「April」「September」「March」に対応しており（図2-11），「平均値の差」のところを見ると「*」（アスタリスク）がついている組み合わせに5％水準で有意差があるということが分かります。例えば，1列目の数値「−19.875」には「*」がついており，「有意確率」が「.000」と表示されています。これは，「April」の平均値と「March」の平均値の差が19.875で，その差が5％水準で有意であるということを示しています。またこの平均値の差の値は「−19.875」ですので「March」の平均値の方が「April」の平均値よりも高いということが分かります。このようにしてすべての多重比較の結果を解釈していくと，3月のリスニングテスト得点の平均値「March」は，4月の結果「April」と9月の結果「September」の平均値よりも高く，「April」と「September」の得点の平均値の間には統計的な差は無いと判断することができます。

ペアごとの比較

測定変数名：MEASURE_1

(I)テスト	(J)テスト	平均値の差 (I-J)	標準誤差	有意確率	95%平均差信頼区間 下限	上限
1	2	−3.875	1.445	.094	−8.393	.643
	3	−19.875*	2.489	.000	−27.659	−12.091
2	1	3.875	1.445	.094	−.643	8.393
	3	−16.000*	2.146	.000	−22.713	−9.287
3	1	19.875*	2.489	.000	12.091	27.659
	2	16.000*	2.146	.000	9.287	22.713

図 2-13　多重比較の例

前ページ 8）つまり対応のある t 検定でも検定可能な場合です。

表 2-7　リスニング力テストの平均値と標準偏差（点）（$N=8$）

テスト	平均値	標準偏差
4 月	49.75	3.11
9 月	53.63	6.07
3 月	69.63	7.80

　検定の結果をまとめると表 2-7 のようになります。表 2-7 は，4 月，9 月，3 月のリスニングテスト得点の平均と標準偏差を示したものです。対応のある 1 要因分散分析の結果，各条件の平均の差は 5 ％水準で有意でした（$F(2, 14)=51.677, p< .05$）。したがって，テストの受験時期によってリスニング力の平均値には差があると言えます。多重比較を行ったところ，3 月のリスニングテスト得点の平均値は，4 月の結果と 9 月の結果の平均値よりも高く（$p< .05$），4 月と 9 月の得点の平均値の間には統計的な差は無い（$n.s.$）ということが明らかになりました。4 月と 9 月の間ではリスニング力の伸びは確認されませんが，4 月と 3 月間，9 月と 3 月の間において学生のリスニング力が伸びたと結論づけることができます。

4　おわりに

　対応のあるデータを検証する場合，同一協力者のデータの差を検討していくので，後から事前に取るべきであったデータを追加して取ることができません。さらに実験法では新たな独立変数を検討する場合，実験を組みなおす必要があります。また，対応のあるデータを測定する場合は，対応のないデータに比べて協力者の拘束時間が長くなりとても負担がかかるということに研究者は留意しておかなくてはなりません。そのためにも，事前に効率的な実験計画を立て，実験を実施する前にシミュレーションをしておくことが重要です。

　また，対応のある t 検定と分散分析は，協力者の個人差を統制するためにとても有効な方法です。第 5 章では，個人差をさらに詳しく検証する方法として適性処遇交互作用（ATI）を紹介します。本章で解説した実験計画法と相互に関連付けてそれぞれの検定手法を習得されることをおすすめします。

　最後に，本章ではふれませんでしたが，反復測定によって得られるデータの解析には，発展として，多変量分散分析（multivariate analysis of variance: MANOVA）などの多変量解析，構造方程式モデリング（structural equation modeling: SEM）での潜在成長モデルなど，さらに高度な分析法が用意されています。本章で解説した対応のあるデータを用いた研究デザインには様々な限界点もありますが，反復測定デザインを用いることによって，同一対象者の反応の変化や異なる刺激に対する反応の差などの直接観察できない変数（潜在変数）を検証することが可能になります。

引用文献

Field, A. (2013). *Discovering statistics using IBM SPSS Statistics* (4th ed.) . Thousand Oaks, CA; Sage.
磯　友輝子（2011）．データの要約と記述統計　末田　清子・抱井　尚子・田崎　勝也・猿橋　順子（編

著）コミュニケーション研究法（pp. 66-79）ナカニシヤ出版
南風原 朝和・市川 伸一（2001）．実験の論理と方法　南風原 朝和・市川 伸一・下山 晴彦（編）心理学研究法入門―調査・実験から実践まで―（pp. 93-122）東京大学出版会
Mayers, A. (2013). *Introduction to statistics and SPSS in psychology*. Harlow, England: Pearson.
守﨑 誠一（2011）．データの要約と記述統計　末田 清子・抱井 尚子・田崎 勝也・猿橋 順子（編著）コミュニケーション研究法（pp. 80-96）ナカニシヤ出版
田中 敏・山際 勇一郎（2005）．ユーザーのための教育・心理統計と実験計画法―方法の理解から論文の書き方まで―　教育出版
山内 光哉（2009）．心理・教育のための統計法　第3版　サイエンス社
吉田 寿夫（2009）．本当にわかりやすいすごく大切なことが書いてあるごく初歩の統計の本　北大路書房

第3章　相関と回帰分析

田崎勝也

1　はじめに

　量的変数間の結びつきの強さの示す指標にピアソンの積率相関係数というものがあります。みなさんもきっと統計学の初級の授業で学習したことと思います。小文字の r で示され相関係数は変数の結びつきの強さを示す指標でした。この章で取り上げる回帰分析は，この変数間の相関関係を利用して，一方の変数からもう一方の変数を予測することを主たる目的としています。したがって，回帰分析は本来相関分析と非常に密接な関係がある分析法と言えます。

　また回帰分析は，第4章でふれる重回帰分析を理解するための前段階としても大変重要な役割があります。回帰分析では予測するために用いる変数を説明（独立）変数と呼びますが，説明変数がひとつある回帰分析がこの章で紹介する分析法で「単回帰分析」とも称されます。一方，複数の説明変数をもつ回帰分析が次章で取り上げる「重回帰分析」ですが，行動科学の研究ではこの重回帰分析は主に変数間の関係を整理し，因果関係を見定めるために用いられています。この「説明」のための回帰分析はコミュニケーションの研究においてもとても重要な役割を担っています。

　本章では重回帰分析の基礎となる回帰分析について解説します。復習も兼ねて，まず回帰分析のベースとなる相関関係から見ていくことにしましょう。

2　理論的背景

2-1　量的な変数の相関関係

　変数が共変動の関係にある場合，それらの変数には相関関係があると言います（辰野・高野・加藤・福沢，1986）。変数間の結びつきの度合いを示す代表的な指標にピアソン積率相関係数（Pearson's product moment correlation coefficient）があります。これは連続性のある量的な変数を対象とした相関係数です。この他にも，順位をベースにしたスピアマン順位相関係数（Spearman's rank correlation coefficient）などがありますが，単に「相関」と言われる場合には，このピアソン積率相関を指すことがほとんど

です。ピアソン積率相関で変数間の関連性を要約する相関係数r[1]は，対象とする2変数をXとYとすると以下の式で求められます。

$$r_{XY} = \frac{\sum_{i=1}^{n}(X_i - \overline{X})(Y_i - \overline{Y})}{\sqrt{\sum_{i=1}^{n}(X_i - \overline{X})^2}\sqrt{\sum_{i=1}^{n}(Y_i - \overline{Y})^2}} = \frac{\frac{\sum_{i=1}^{n}(X_i - \overline{X})(Y_i - \overline{Y})}{N}}{\sqrt{\frac{\sum_{i=1}^{n}(X_i - \overline{X})^2}{N}}\sqrt{\frac{\sum_{i=1}^{n}(Y_i - \overline{Y})^2}{N}}} = \frac{s_{XY}}{s_X s_Y}$$

(1)

式（1）の最初の部分は公式として統計の教科書に書かれているものですが，分子・分母をNで割って意図的に複雑にしたものが次に書かれている数式です。このように式を変換すると，分子には変数Xと変数Yの共分散，分母にはそれぞれの変数の標準偏差が置かれていることが分かります。分子の共分散は2つの変数がともに変化する程度を示すものですが，単位に依存してしまうため，このままでは関連の強度を示す指標として用いることができません（平井，2002）。そのため，分母の標準偏差を用いて標準化するのです。つまり相関係数は「標準化された共分散」と考えることができます。

相関係数rは-1から$+1$まで変動する指標で，-1に近づくほど強い負の相関，$+1$に近づくほど強い正の相関になり，ゼロは無相関になります。つまり相関係数には，

$$-1 \leqq r \leqq +1$$

(2)

という関係があり，係数の数値は変数間の強度を示し，それに付随する符号は相関関係の向きを示します（通常＋記号は省略して記述します）。相関係数の絶対値が0.6を超えていれば強い相関，0.4から0.6までを中程度の相関とする見方があります（市川，1999）。しかし，相関の強度を判断する絶対的な基準はありませんので，こうした基準はあくまで目安として考えてください（遠藤，2002）。図3-1から図3-4は強度差の異なる相関係数によって示される2変数間の関係を描いたグラフです。

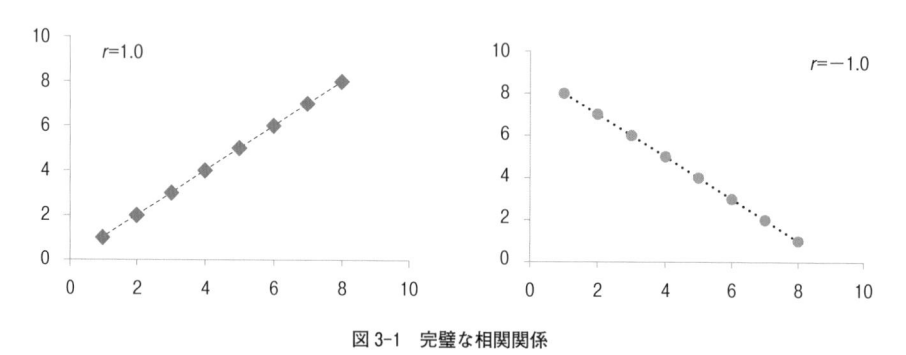

図3-1　完璧な相関関係

---

1) rは "relation" の頭文字です。

図 3-2 強い相関関係

図 3-3 中程度の相関関係

図 3-4 無相関関係

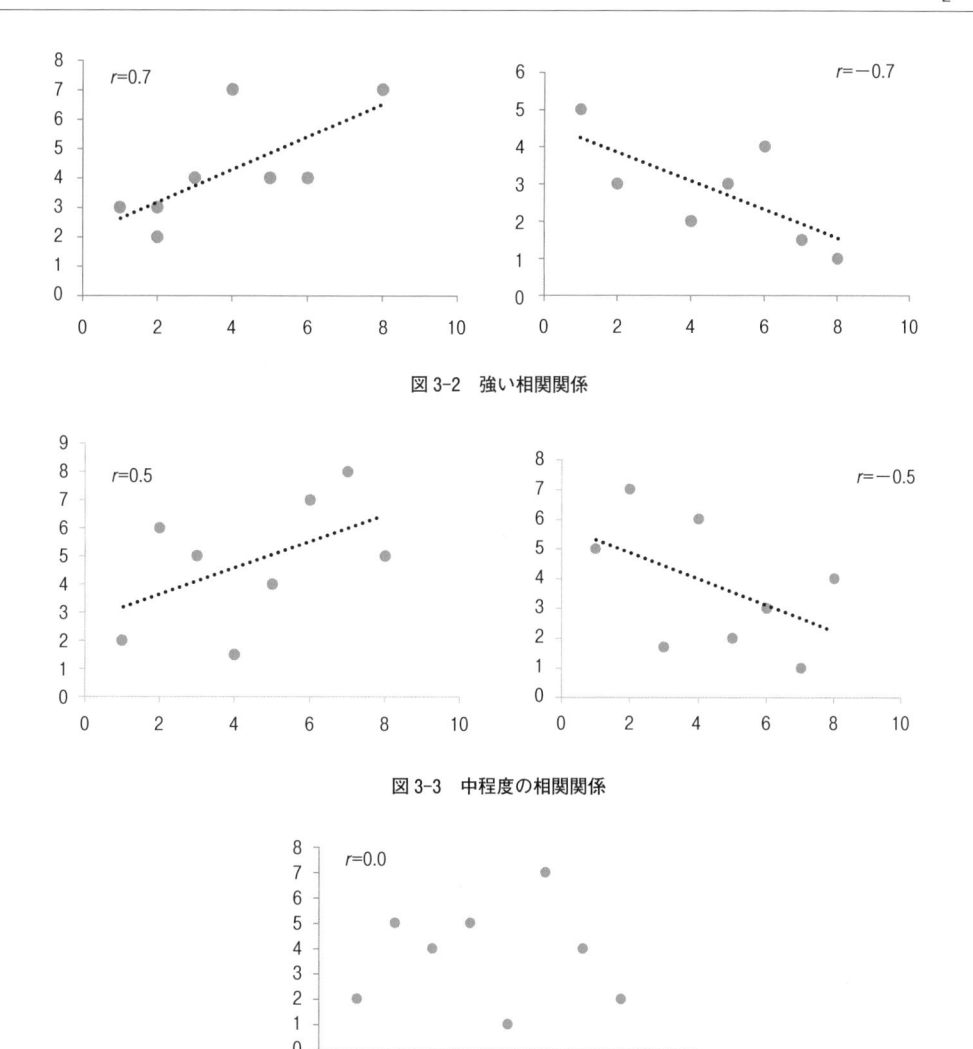

　最後にピアソン積率相関係数を用いた相関分析の注意点を 2 点述べておきましょう。1 点目はこの相関係数は変数間の直線的な関係性のみを想定しているということです。2 変数の関係には直線的な関係の他にも曲線的な場合があり，ピアソン積率相関係数による相関分析ではこうした曲線的な関係を見定めることはできません。もう 1 点ですが，変数間の直線関係を想定した相関係数は外れ値（outlier）と呼ばれる極端なデータに弱いということです。データの中に突出して値が高かったり低かったりする標本が含まれていた場合，こうした外れ値の影響により，相関係数は大きく歪んで示されてしまいます。外れ値の影響を受けないことを統計学では「頑健性（robustness）がある」と言いますが，相関係数は頑健性が弱い指標です（山口, 2003）。

2-2　回帰分析とは

　さて，相関係数の復習が終わったところで，いよいよ回帰分析の解説に移りましょう。相関分析が変数間の関係の強さを示すのに使われるのに対して，回帰分析（regression analysis）は，「変数間に線形関係があると仮定し，変数間の相関関係を利用して変数を予測する統計手法」と定義されています（山口・高橋・竹内，2004）。つまり2変数間の結びつきの強さを示す相関が回帰分析の予測精度の成否を決めるカギになっています。冒頭でも簡単に述べたように，予測するために用いる変数は説明変数（explanatory variable）もしくは独立変数（independent variable），予測をする変数は目的変数（explained variable）もしくは従属変数（dependent variable）と呼ばれます。目的変数を Y，説明変数を X とすると，i 番目のデータにおける目的変数の予測式は以下のように記述されます。

$$Y_i = a + bX_i + e_i \tag{3}$$

この式（3）は回帰方程式と呼ばれ，a は切片，b は傾き（回帰係数）でデータから推定される定数となり，e_i は残差を示します。Y_i は i 番目の観測値を示しますが，Y_i にハットをつけた予測値（$\hat{Y}_i$）を目的変数として式を書き直すと，

$$\hat{Y}_i = a + bX_i \tag{4}$$

となり，残差項の消えた式になります。

定数となる傾き（b）と切片（a）の推定値を求めるために，以下のような公式がよく用いられます。

$$b = \frac{\sum_{i=1}^{n}(X_i - \overline{X})(Y_i - \overline{Y})}{\sum_{i=1}^{n}(X_i - \overline{X})^2} = \frac{\frac{\sum_{i=1}^{n}(X_i - \overline{X})(Y_i - \overline{Y})}{N}}{\frac{\sum_{i=1}^{n}(X_i - \overline{X})^2}{N}} = \frac{s_{XY}}{s_X^2} \tag{5}$$

この公式は前出の相関係数を求めた公式によく似ています。前回と同じように，分子・分母を N でそれぞれ割り変換してみましょう。分子は X と Y の共分散，分母は X の分散を求める公式になっています。分子は相関係数の公式と同じですが，分母が異なり，X のみのしかも分散になっています。つまり回帰係数 b は X と Y の共分散を X の分散で割った値と考えられます。一方，切片を示す a は，X の平均を $\overline{X}$，Y の平均を $\overline{Y}$ とすると，

$$a = \overline{Y} - b\overline{X} \tag{6}$$

によって求めることができます。

これらは最小2乗法（ordinary least square: OLS）という推定法を用いて導かれた公式です。OLSによる推定では，

$$Q = \sum_{i=1}^{n} e_i^2 = \sum_{i=1}^{n}(Y_i - \hat{Y}_i)^2 = \sum_{i=1}^{n}[Y_i - (a + bX_i)]^2 \tag{7}$$

で示される Q の値が最小になるように，偏微分法と呼ばれる計算手法を用いて，切片 a や傾き b の値を算出します．

2-3　分散成分の分割

こうした関係は図を用いるとどのように表現できるのでしょうか．図 3-5 を見てみましょう．8 名の協力者から収集した変数 X（横軸）と変数 Y（縦軸）に関するデータがプロットされています．また直線が描かれていますが，これが OLS にもとづき求められた回帰直線です．図からも明らかなように，回帰直線に近いデータもあれば，遠く離れているデータもあります．このように実際のデータを用いた回帰分析では，すべての観測値が回帰直線の上に綺麗に乗ることはまずありません．先ほど OLS の説明では「Q の値が最も小さくなるように切片や傾きを計算する」と説明しましたが，これはグラフ上では「各データから直線までのズレの総和が最小となるように回帰直線を求める」（小杉，2007）ということを示しています．

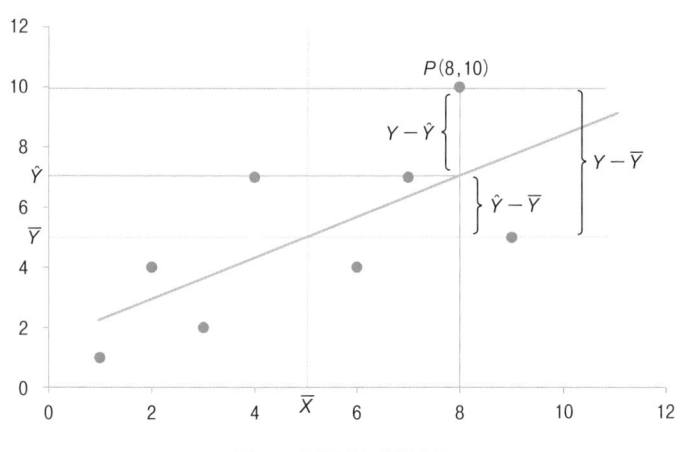

図 3-5　回帰式と分散成分

図 3-5 の回帰式にもとづき Y の分散成分を考えてみます．任意の点 P (8, 10) を見てみましょう．OLS にもとづく回帰直線は X の平均値 $\overline{X}$（=5）と Y の平均値 $\overline{Y}$（=5）を通ることが知られています．ばらつきの大きさ（偏差）は平均値との距離で示されますから，$Y-\overline{Y}$ によって得られる全成分は 5（10−5=5）となります．このうち，回帰式による予測値（$\hat{Y}$=7）と平均値との距離はこの式によって説明できた成分（$\hat{Y}-\overline{Y}$=2）と，予測値と実測値の距離で示される残差成分（$Y-\hat{Y}$=3）に分割することができます．これらの考え方をもとに，全データを対象に分散成分を検討してみます．符号を取るために 2 乗し，こうした成分分割をすべての観測値で足し合わせると，以下のような式にまとめることができます．

$$\sum_{i=1}^{n}(Y_i-\overline{Y})^2 = \sum_{i=1}^{n}(\hat{Y}_i-\overline{Y})^2 + \sum_{i=1}^{n}(Y_i-\hat{Y})^2 \tag{8}$$

$$SS_{total} = SS_{regression} + SS_{error}$$

（全平方和）　（回帰平方和）（残差平方和）

この式は全データの分散量（全平方和）を回帰式によって説明できた分散（回帰平方

和）と，誤差の分散（残差平方和）に分割しています。第1章でも述べたように，SS は Sum of Squares の略で，平方和を意味します。

　第1章でふれた（2要因）分散分析でも同じような考え方[2]が出てきました。分散分析ではグループ・メンバーシップの差異によって生まれた分散を群間平方和，グループ内の分散を群内平方和（誤差）として分散の成分を分割し，それぞれ対応する自由度で平均値化した群間平均平方と群内平均平方の比が自由度に照らした F 値の臨界値を超えていれば，「有意差あり」としてグループの平均値に差があると考えました。回帰分析でも同様に，回帰式によって説明できた分散と説明できなかった分散の比を手がかりに検定を行うことができます。

$$F = \frac{MS_{regresssion}}{MS_{error}} = \frac{SS_{regression}}{df_{regression}} \bigg/ \frac{SS_{error}}{df_{error}} \tag{9}$$

　MS は Mean Square の略で平均平方を意味し，対応する自由度（df）で平方和（SS）を割ったものです。F 値を求める式には自由度が2つ出てきますが，分子に対応する $df_{regression}$ は［（変数の数）－1］，分母に対応する df_{error} は［（サンプル数）－（変数の数）］で求めます。そして分散分析のときと同じように，自由度に照らした F 値の臨界値を超えていれば「統計的に有意である」と結論付けます。ただし，回帰分析では，分散分析のときのように平均値の差を検定しているわけではなく，「母集団においてモデルが十分な説明力を有しているか」が検定の対象に置かれます。換言すると，回帰分析では「母集団におけるモデルの説明力はゼロである」という帰無仮説の当否を検証していることになります。

　回帰分析では，モデルの是非を決める検定だけではなく，モデルがどの程度良いモデルかを検討することもできます。まず重相関係数（R）と呼ばれる指標を紹介しましょう。R は実測値 Y と予測値 $\hat{Y}$ の間の相関係数として示され，

$$R = r_{Y\hat{Y}} \tag{10}$$

と書けます。回帰式がどの程度データに当てはまっているかを示す指標です。重相関係数は相関係数の一種ですが，通常の相関係数とは異なり0から1の範囲で推移し，マイナスの値を示すことはありません（Cohen, Cohen, West, & Aiken, 2003）。これは R が OLS によって実測値 Y と，Y との差が最も小さくなるように推定した予測値 $\hat{Y}$ との相関だからです。

　R を2乗した値は寄与率もしくは決定係数（coefficient of determination）と呼ばれ，モデルの説明率を示す指標になります。R^2 はもちろん R 値を求めてそれを2乗して計算してもいいですが，以下の式から直接求めることもできます。

---

[2] 第1章の p.4 を見てください。分散分析では $SS_{total} = SS_{between} + SS_{within}$ といったように分散成分を分割しましたが，回帰式のものととてもよく似ています。

$$R^2 = \frac{SS_{total} - SS_{error}}{SS_{total}} = \frac{SS_{regression}}{SS_{total}} \tag{11}$$

式からも明らかなように，回帰平方和を全平方和で割った値です。例えば $R^2 = .20$ といった値が示された場合，「Y の分散の 20% が X によって説明できている」と解釈します。つまり R^2 は「一方の変数の変動の何% が他方の変数によって決定されるか」を表す指標です（森，1999）。決定係数は検定のようにモデルの是非を示すものではないため，回帰モデルがどの程度の説明率をもつべきなのかに関して，決まったルールがあるわけではありませんが，回帰分析の用途や目的によって適宜判断することが求められます。例えば，第 4 章でふれる重回帰分析では複数の説明変数によって目的変数を説明することから，R^2 は自ずと増加する傾向にありますし，回帰分析が予測に用いられる場合にはより精度の高いモデルを構築する必要があるため，高い説明率をもつ回帰モデルが望まれるでしょう。ただ近年，仮説の検定結果のみにモデルの是非の判断を委ねることに警鐘を鳴らす研究者が多く見られます。仮説検定はサンプル数に依存するため，標本をたくさん収集して分析をすれば，仮に当該の変数間の関係が弱くても「有意」な結果として示されてしまう傾向があるからです。こうしたことから，近年では，論文などで研究報告をする場合には，検定結果だけでなく R^2 の値も合わせて報告するように奨励されています[3]（Kline, 2004）。

2-4 パラメータの検定

回帰式のパラメータである切片（a）や傾き（b）に対して検定をすることがあります。ここでは傾きに対する検定の方法のみ取り上げます。切片に関しては，これまであまり分析の対象にならなかったのですが，近年，行動科学の研究においても，回帰分析の切片の役割について認識されるようになってきました。例えば第 12 章で取り上げる多母集団分析を用いた因子不変性の検証では，項目反応を目的変数，潜在因子を説明変数とする直線回帰モデルを想定し，集団間で回帰式の傾きや切片の値に違いがあるかを検証します。切片に関してグループ間で差異が見られた場合には，質問項目が均一バイアスをもつ証左となり，測定モデル全体としてはスカラー不変を脅かす要因となります（詳しくは第 12 章を参照してください）。

さて，傾き b の検定には t 検定を用います。回帰係数を b，b の標準誤差を s_b とすると，t 値は，

$$t = \frac{b}{s_b} = b \bigg/ \sqrt{\frac{MS_{error}}{\sum_{i=1}^{n}(X_i - \overline{X})^2}} \tag{12}$$

によって求めることができます。この式によって得られる t 値が対応する自由度（$df = N-2$）の臨界値を超えていれば，統計的に有意となります。ちなみに，説明変

---

[3] R^2 に類似した指標に η^2 というものがありますが，こちらは主に分散分析における分散説明率を示す指標として用いられます。

数がひとつしかない回帰分析では，モデル全体の説明力の是非を検定したF検定は，単独の説明変数の有意性を検証していたことに他ならず，結局はこのt検定結果と意味するところは同じになります。つまりどちらで検定を行っても，有意になるか否かに関しての結果は同じになります。ただ，検定法が異なるのでF値とt値は同値にはならないことに注意してください。

2-5 回帰係数の標準化

回帰分析で分析の対象となる変数は，通常，連続性のある量的な変数です[4]。ところが量的変数の単位は異なる場合の方が一般的です。例えば，会社に勤めた期間（X）によって年収（Y）を予測するケースを考えてみます。変数Xは1桁から2桁の年単位の変数になるのに対して，変数Yは年収ですので，円で換算すれば，7桁から8桁の数字になるでしょう。こうした変数の線形関係を示したものが回帰式における切片や傾きになるわけですが，単位が異なるためこれらのパラメータの値をそのまま見ていてもうまく解釈することができません。そこで同一の単位上で関係性を示す「標準化」と呼ばれる変換作業が施されます。式（4）の予測値を目的変数とした回帰式を標準化すると，

$$\hat{Z}_Y = \beta Z_X = r_{XY} Z_X \tag{13}$$

となります。β値は標準回帰係数もしくはベータ係数と呼ばれ，回帰係数bが標準化されたものです。これは説明変数が標準偏差分変動したときに，目的変数の純変動量を標準偏差を単位として表したものです。例えば$\beta=.80$という値が示された場合，「説明変数が1標準偏差変化すると，目的変数は.80標準偏差ほど変化することが期待できる」と解釈します。ところで式（13）には切片がありません。これは標準化して変数Xも変数Yもz値に変換しているためです。z値は平均ゼロ，標準偏差を1とする正規分布[5]です。したがって，切片は原点に戻りゼロとなるため，式（13）では切片が省略された形になっています。またβ値は変数Xと変数Yの間の相関係数と同値になります。相関係数rは-1（完璧な負の相関）から$+1$（完璧な正の相関）まで変動し$r=0$は無相関を示します。つまりb値からβ値に変換することで，相関係数のように両変数間の結びつき強さおよびその方向性を，-1から$+1$まで変動するベータ値から解釈することができるようになります。ただ，$\beta=r$として解釈できるのは，説明変数がひとつしかない単回帰分析に限定的な特性です。第4章で説明する重回帰分析では複数の説明変数が置かれますが，実際の調査状況では説明変数の間に相関が見られることが多いため，こうした解釈ができないのです[6]。詳しくは第4章を参照してください。

---

4) グループのある質的変数でも2グループに限定されたダミー変数を用いれば，説明変数として回帰分析に用いることができます。また目的変数が質的な変数の回帰分析は，ロジスティック回帰分析（logistic regression）と呼ばれています。
5) 標準正規分布と呼ばれます。
6) 重回帰分析でも説明変数間の相関がゼロなら，$\beta=r$と解釈することができます。

最後に，式 (13) の標準化された予測式に関して，平均への回帰（regression toward the mean）と呼ばれる興味深い現象を説明しておきましょう。回帰分析では説明変数 X から目的変数 Y を予測するわけですが，例えば，親の身長から子どもの身長を予測する回帰式を考えてみます。分析の結果，β が .6 と示されたとしましょう。これは親の身長が 1 標準偏差分平均より上回っていたとしても，子どもの身長は平均より .6 標準偏差分しか上回らないという関係を示しています。つまり子どもの身長は親の身長と比較してより平均に近い値に予測されるということです。式 (13) を見ても分かりますが，X の標準得点は -1 から $+1$ まで変動する β との積によって示されていますので，Y の標準得点の予測値は良くて同程度，ほとんどが平均に「回帰する」（regress）形で示されることになります。つまり「背の高い親からは背の高い子どもが生まれる傾向はあるものの，極端に高い身長の親の子どもの身長はそこまで極端には高くならない」ということです。「回帰」分析と呼ばれる所以はこうした特性にあるのです。

3 分析例

さて，ここからは統計ソフト SPSS を使用し実際に回帰分析を行ってみたいと思います。使用するデータは SPSS に実装されているサンプルデータで，「ファイル」→「開く」→「データ」の手順で，SPSS フォルダの中にある "Employee data.sav" を探してみてください。

このデータは 474 名の従業員から収集したとされる架空のデータで，変数には「id」「性別」「生年月日」「就学年数」「給与」などが並んでいます。今回は「学歴は給料に影響を与えるのか」といった仮説を考え，「就学年数」から「給与」を予測する回帰分析を行いたいと思います。「就学年数」は小学校入学時から学校に在籍した年数が記載されています。例えば，9 年は中卒，12 年は高卒，16 年は大卒で，17 年以上は院進学組です。日本では大学院に進むのは一般的ではないかもしれませんが，欧米では一度就職しても中途退職して大学院に戻る人が多いので，このデータでも 17 年以上の学歴をもつ人が一定数います（$n=50$）。「給与」はドル・ベースで，本データでは平均値 $=\$34,419$（$SD=\$17,075$），中央値 $=\$28,875$ でした。

回帰分析を実行するには「分析」→「回帰」→「線型」と進みます（図 3-6）。以下のようなポップアップウィンドウが現れたら，目的変数の「給与」を従属変数に，説明変数の「就学年数」を独立変数のウィンドウに移動します。次に，統計量のボタンを押しましょう。「推定値」「モデルの適合度」に既にチェックが入っていますが，これらに合わせて「記述統計量」にもチェックを入れておきます。そして前の画面に戻って OK ボタンを押して分析を実行します。

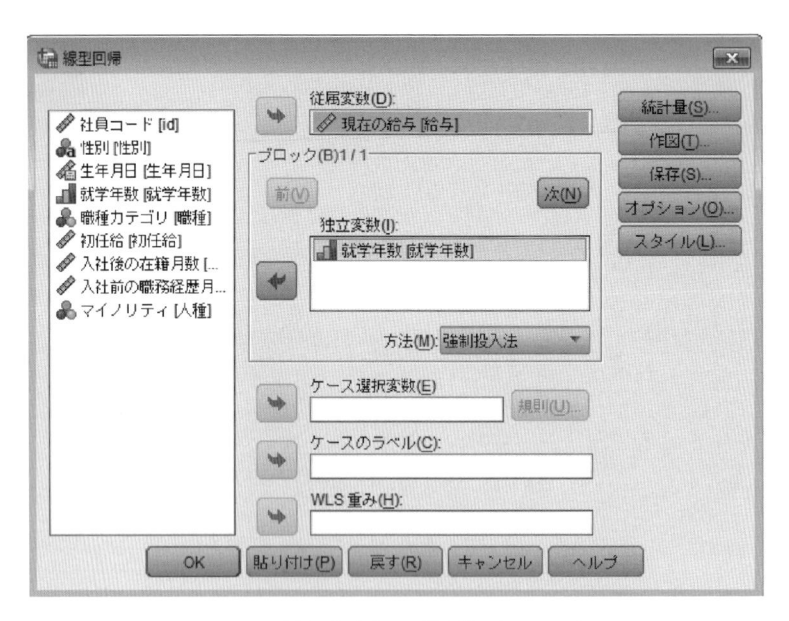

図3-6 変数を指定する回帰分析のウィンドウ

それでは分析結果を見ていくことにしましょう。分析結果で最初に出力されるのはオプション設定としてチェックを入れた記述統計量です（図3-7参照）。平均値や標準偏差などが出力されます。記述統計量とともに出力されるのが，相関分析の結果です。現在の給与（Y）と就学年数（X）の間の相関係数は$r=.661$で，片側検定の結果，両変数間には有意な正の関係がありました（$p=.000$）。

Descriptive Statistics

	Mean	Std. Deviation	N
現在の給与	$34,419.57	$17,075.661	474
就学年数	13.49	2.885	474

Correlations

		現在の給与	就学年数
Pearson Correlation	現在の給与	1.000	.661
	就学年数	.661	1.000
Sig. (1-tailed)	現在の給与	.	.000
	就学年数	.000	.
N	現在の給与	474	474
	就学年数	474	474

図3-7 記述統計量の結果

ここからがいよいよ回帰分析の結果になります。図3-8を見てください。まず"Model Summary"という表を参照します。重相関係数Rは.661，それを2乗した決定係数R^2は.436でした。つまりYの変動量の43.6%がXによって説明されているということになります。R^2の右には"Adjusted R^2"という値が報告されています。これはモデルが複雑になるに従ってR^2が高くなる傾向があるため，それを嫌って修正したR^2値です。今回は説明変数がひとつしかないシンプルな回帰分析なので，R^2とほぼ同じ値になっています。多数の説明変数をモデルに投入して分析を行う重回帰分

Model Summary

Model	R	R Square	Adjusted R Square	Std. Error of the Estimate
1	.661[a]	.436	.435	$12,833.540

a. Predictors: (Constant), 就学年数

ANOVA[a]

Model		Sum of Squares	df	Mean Square	F	Sig.
1	Regression	6.018E+10	1	6.018E+10	365.381	.000[b]
	Residual	7.774E+10	472	164699740.8		
	Total	1.379E+11	473			

a. Dependent Variable: 現在の給与
b. Predictors: (Constant), 就学年数

Coefficients[a]

Model		Unstandardized Coefficients B	Std. Error	Standardized Coefficients Beta	t	Sig.
1	(Constant)	−18331.178	2821.912		−6.496	.000
	就学年数	3909.907	204.547	.661	19.115	.000

a. Dependent Variable: 現在の給与

図 3-8　回帰分析の結果

析では，モデルがどうしても複雑になるため R^2 値も高く出力される傾向があります。そのような場合には R^2 値と合わせてこの "Adjusted R^2" の値も報告するとよいでしょう。

次に "ANOVA" と書かれている表を見てみましょう。"Sum of Squares" の列を見てみると，6.018E+10 と書かれています。まずこの表記についてですが，これは「科学的表記法」と呼ばれるもので，SPSS では桁数が大きな出力にはこの表記法が自動的に適用されます。E は 10 を示し，そのあとの数字と ＋ の符号は「小数点を 10 桁右に移動しろ」という指示です。つまりこの値を通常表記すると，60,180,000,000 となります。これはモデルによって説明できた平方和 $SS_{regression}$ の値です。その下に，SS_{error} の値が表示されています。こちらはモデルによって説明できなかった，誤差に相当する平方和です。右となりの列にはそれぞれ対応する自由度が示されています。$df_{regreesion}$ は [(変数の数)−1] で求めますから，今回は 2−1 で 1 になります。df_{error} に相当する自由は [(サンプル数)−(変数の数)] ですので，474−2 で 472 になります。これらの自由度で平方和を割ると平均平方 (MS) の値が出ます。そして $MS_{regreesion}$ を MS_{error} で割り F 値を求めると 365.381 となりました。「帰無仮説は正しい」という仮定のもとでこの F 値を得る確率は $p=.000$ と非常に小さな値になっています。これは 1,000 回中 1 回以下といった「稀」にしか起こらないような確率なので，そもそもの前提であった帰無仮説が間違っていたかもしれないと疑ってこれを棄却し対立仮説を採択します。ここで 2 つの仮説の内容を確認しておきましょう。帰無仮説は「母集団におけるモデルの説明力はゼロである」です。一方，相反する仮説である対立仮説は「母集団におけるモデルの説明力はゼロではない」と

なり，今回は検定の結果，対立仮説が採択されたわけですから，「当該のモデルは十分な説明力をもつ良いモデルである」ということが結論付けられたことになります。

　最後に参照するのが "Coefficients" と書かれた出力です。ここでは個々のパラメータの有意性の検証を行います。まず "constant" と書かれたところですが，ここでは切片に対する検定結果が示されます。前述のとおり，行動科学の研究では切片の検定は分析の対象にならないことが多いので，とりあえず今回はここをスキップして，傾きに関する分析結果を見てみましょう。"B" というところが回帰係数 b の推定値および標準誤差です（$b=3909.907$, $s.e.=204.547$）。その右側には標準回帰係数のベータ値が報告されています。$β=.661$ でそれに対する t 検定の結果は $t(472)=19.115$, $p=.000$ と有意になっています。ちなみにこの $β$ の値は前出の r の値と同じで $β=r$ であることを確認できました。また 0.1％水準で有意となった検定結果も F 検定とまったく同じ結果になっています。

4 おわりに

　本章では，回帰分析の基本的な仕組みを中心に解説しました。回帰分析では，説明変数から目的変数を予測しますが，このベースになっているのは両変数間の関連性の程度を示す相関係数でした。つまり回帰分析では，変数間に線形関係を仮定し，両変数がどの程度，また，どの方向に結びついているかに着目して，一方の変数からもう一方の変数を予測していたわけです。

　冒頭でも述べたように，回帰分析は「予測」だけでなく，変数間の「説明」のために用いられます。それが次章で取り上げる重回帰分析です。説明変数間の関係を整理して，因果関係を探究するために用いられる分析法です。まずは回帰分析の基礎をしっかりと理解して，重回帰分析に備えましょう。この「説明」のための回帰分析はコミュニケーションの研究においてもとても重要な役割を担っており，これから量的研究を行おうと思っている院生や研究者にとって必ずマスターすべき分析法と言えます。

引用文献

Cohen, J., Cohen, P., West, S. G., & Aiken, L. S. (2003). *Applied multiple regression/correlation analysis for the behavioral sciences*. Mahwah, NJ: Lawrence Erlbaum.

遠藤 健治 (2002). 例題からわかる心理統計学　培風館

平井 洋子 (2002). データを要約する　渡部 洋（編著）心理統計の技法 (pp. 9-31) 福村出版

市川 雅教 (1999). Question 42　繁桝 算男・柳井 晴夫・森 敏明（編著）Q＆Aで知る統計データの解析— DOs and DON'Ts — (pp. 86-87)　サイエンス社

Kline, R. B. (2004). *Beyond significance testing*. Washington, DC: American Psychological Association.

小杉 考司 (2007). 社会調査士のための多変量解析法　北大路書房

森 敏昭 (1999). Question 46　繁桝 算男・柳井 晴夫・森 敏明（編著）Q＆Aで知る統計データの解析— DOs and DON'Ts — (pp. 92-94)　サイエンス社

辰野 千寿・高野 清純・加藤 隆勝・福沢 周亮（編）(1986). 教育心理学辞典　教育出版
山口 和範 (2003). よくわかる統計解析の基本と仕組み―統計データ分析入門―　秀和システム
山口 和範・高橋 淳一・竹内 光悦 (2004). よくわかる多変量解析の基本と仕組み―巨大データベースの分析方法入門―　秀和システム

第4章 重回帰分析

田崎勝也

1 はじめに

　重回帰分析（multiple regression analysis）は回帰分析の発展型に相当し，回帰分析同様，線型式をデータに当てはめ，そこから得られる情報をもとに分析対象に対する知見を得ます。心理学や教育学，コミュニケーション学などの人間科学だけに留まらず，経済学や政治学，経営学などの社会科学，医学や工学などの自然科学まで，幅広く多くの分野で利用されている分析法です。また，重回帰分析とその分析的枠組みを共有している分析法も少なくありません。本書でも紹介されている ATI や共分散分析（第5章），さらに因子分析（第7章，第8章）や共分散構造分析（第9章）などは，すべて重回帰分析の考え方がベースとなっています。重回帰分析を理解することは，さらに高度な統計法を理解しマスターする意味においても，重要な布石となっています。

　重回帰分析は主に「予測」と「説明」のために用いられます。第3章の「相関と回帰分析」でもふれたように，数ある変数のうち，因果的な関係下にある変数の組み合わせを考えるとき，原因や規定因に相当する変数 X を独立変数（または説明変数），結果や対象となる変数 Y を従属変数（または目的変数）と呼びます。重回帰分析を予測のために用いる場合には，予測精度を上げるため，多くの独立変数が用いられます。一方，説明のために利用される場合には，変数間の関係を見極める必要性から，むしろ理論的な関連性のある少数の変数を用いて分析が施されます。人間科学の研究では「説明」のために重回帰分析が利用されることが一般的で，変数間の関係性の把握，具体的には因果的関係の解明のために用いられます（鈴木，2002）。本章では調査データを対象とした因果推論を想定し，そこで用いられる重回帰分析の理論的な枠組みと具体的な分析手法について説明したいと思います。

2 理論的背景

　重回帰分析の理論的な背景を説明する前に，まずコミュニケーション学などの行動

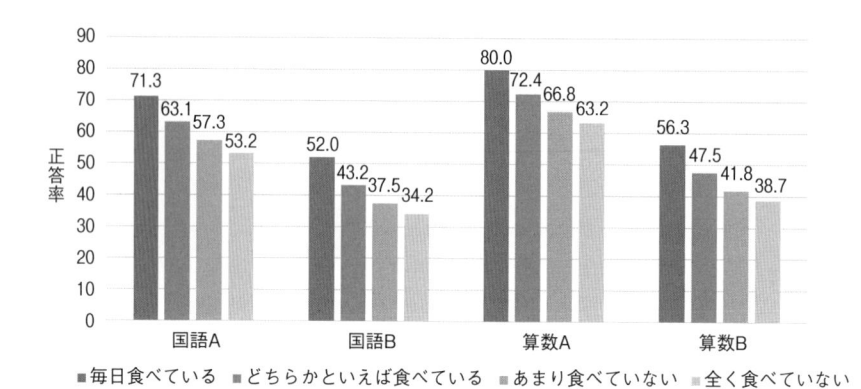

図4-1　小学校6年生の朝食摂取率と成績との関係

科学における調査や実験で，変数間の因果関係はどのように探究されるのか，因果推論の基本的な事柄についてふれておきましょう。図4-1を見てください。これは平成21年度に文部科学省主導で行われた「全国学力・学習状況調査」の一部で，小学校6年生の朝食の摂取状況と学力の関係を示したグラフです。国語・算数とも知識力を問う設問Aと応用力を問う設問Bの双方で，朝食の摂取率が上昇するに従い，設問の正答率も上昇しています。この調査結果を受けて，内閣府が作成した資料によると（内閣府，2014），朝食を摂ると脳のエネルギー源である糖分が供給されるため集中力がアップするといった説明がなされています。近年100円朝食をサービスする大学が出てくるなど，食育への関心は小学生だけに留まりません。ここで問われているのは朝食を摂ることで成績が伸びるのか，つまり「朝食摂取」（独立/説明変数）→「学力向上」（従属/目的変数）という因果関係です。もちろん，朝食を摂ることで栄養状態が改善し，それが学力向上をもたらすことも十分に考えられますが，朝食摂取と学力の関係はそれほど単純ではなさそうです。例えば，家庭の経済状況を考えてみましょう。経済状況が良好な家庭では，（経済的な理由で）母親は外に働きに出る必要はないでしょうから，家事に専念して子どもの朝食の準備をすることができます。また塾に通わせたり，家庭教師を雇ったりする教育資金をねん出することもできることから，こうした経済的に「豊かな」家庭の子どもの学力は自ずと高くなる傾向があるでしょう。

　行動科学で行われる調査では，変数間に何らかの共変関係（相関関係）が示されたとしても，それが即座に因果的な関係にあると結論付けることはできません。双方の変数と関連する第3の変数によって，疑似相関（spurious correlation）が示されてしまうことがあるためです。上記の例で，「朝食摂取」と「学力向上」の双方に「経済状況」が関連しているなら，「朝食摂取」と「学力向上」の間の相関関係は疑似的な関係になってしまいます。疑似的な相関を生む原因になる変数は，交絡変数（confounding variable），剰余変数（extraneous variable），2次的変数（secondary variable），干渉変数（interfering variable）などと様々な名称で呼ばれます。

　こうした変数はいずれも因果推論の妨げとなることから，排除や制御をすることが望ましいという意味合いで使われています。一方で，独立変数と従属変数の双方に関連性をもつ要因の中でも，研究の中心的な変数として，その動向に関心が向けられる

場合もあります。例えば，第5章の適性処遇交互作用で議論する学習者の適性や第6章のパス解析で取り上げる媒介・中間変数などがこれに該当します。つまり積極的に排除・統制するのか，また，関心のある変数として分析の中心に置くのかは研究目的によって決まります。こうしたことから，削除の必要性について予断をもたずに独立変数と従属変数の双方に関連する変数を広く共変量（covariate）と呼び議論することがあります。

2-1 観察的研究における因果推論

　行動科学の研究で，変数間の説明のために重回帰分析が使用される場合には，主に交絡要因としての共変量を制御し因果関係を見極めるために用いられます。一般に，因果関係を同定するためには実験的な研究が行うことが望ましいとされています（高野，2004）。これは実験的研究で行う無作為配置（random assignment）という操作によって交絡要因を極力排除した因果推論が行えるためです。無作為配置とは研究協力者を人為的にランダムにグループに振り分ける作業のことで，こうした操作によってグループ内の個人差は確率論的に相殺されるため，結果的に交絡要因を統制し，より確かに因果関係を見定めることができるようになります（田崎，2010）。それでは無作為配置を行わない質問紙調査[1]ではどのような点に注意して因果推論を行えばいいのでしょうか。ここで参考になるのが19世紀の哲学者ジョン・スチュアート・ミルによって示された因果推論の3法則です（Cook & Campbell, 1979）。変数 X と変数 Y の間に $X \rightarrow Y$ という因果関係が存在するとき，変数間には以下のような特徴が見られます。

(a) 変数 X は変数 Y より時間的に先に起こる
(b) 変数 X と変数 Y が関連する
(c) 他の因果的な説明が排除されている

　まず1つ目の法則である時間順序の定理ですが，そもそも因果関係が示唆するのは，原因に対する結果ですので，変数 X は変数 Y よりも時間的に先行していなければなりません。つづく第2の基準は X と Y の間に相関関係があること，具体的には X と Y の間の相関係数が有意であることを問う条件です。ただ，前出の朝食と学力の例のように，相関関係は交絡要因によって示される疑似相関であったり，また理論的な結びつきはなくてもたまたま示される共変関係であったりすることも考えられます。つまり，単純に相関関係を根拠に因果関係を結論付けることはできないわけです。ただし，因果関係がある変数間には必ず相関関係があるので（高野，2004），私たちが求める因果関係は，相関関係のいずれかに埋没しているか，もしくは，そもそも存在しないかということになります。

　以上の3原則の他にも第4の基準として X と Y の間に因果の仕組み（causal mechanism）があることを条件に挙げる研究者もいます（Cohen, Cohen, West, & Aiken,

---

[1] 質問紙を用いた研究でも，無作為配置がなされていれば実験的研究に分類されます（磯，2011）。

2003)。これは原因となる X と結果となる Y の間に，因果的な関係を示唆する理論的な根拠があるかを問題にしています。以下，因果関係を述べる場合には，この第4の基準を満たしていることを前提に解説をします。

2-2 重回帰分析のモデル

　調査データを対象とした因果推論で重回帰分析が重宝される理由は，まさに第3の基準を確認できる分析機能にあります。重回帰分析では独立変数間の相関を整理し，従属変数に対する各独立変数の純粋な効果を見ることができるため，従属変数と独立変数の相関関係が疑似的な相関なのか，それとも因果関係を示唆する相関なのかを検見できます。この点に関して，詳しくは後述しますが，まずは重回帰分析の数理的な基本事項について見ていくことにします。第3章では回帰分析は「独立変数の情報を利用して，従属変数の値を予測する統計手法」(山口，2003) と定義しました。重回帰分析はひとつの従属（目的）変数に対して複数の独立（説明）変数を用いて説明する回帰分析で（守﨑，2013），例えば従属変数 Y に対して，X_1，X_2 と2つの独立変数をモデル化した重回帰式は以下のように示されます[2]。

$$Y = a + b_1 X_1 + b_2 X_2 + e \tag{1}$$

a は切片，b_1 や b_2 は偏回帰係数（partial regression coefficient），e は残差（誤差）を示します。従属変数を予測値 $\hat{Y}$ とする式は，

$$\hat{Y} = a + b_1 X_1 + b_2 X_2 \tag{2}$$

となります。単回帰分析のときのように，実測値 Y と予測値 $\hat{Y}$ の相関係数（つまり重相関係数）が最大になるように切片や偏回帰係数を求めます。こうした最小2乗法（ordinary least square：OLS）によって得られる推定値は，以下の公式，

$$b_1 = \frac{s_Y}{s_1} \cdot \frac{r_{Y1} - r_{Y2} r_{12}}{1 - r_{12}^2}, \quad b_2 = \frac{s_Y}{s_2} \cdot \frac{r_{Y2} - r_{Y1} r_{12}}{1 - r_{12}^2} \tag{3}$$

$$a = \overline{Y} - (b_1 \overline{X_1} + b_2 \overline{X_2}) \tag{4}$$

で求めることができます。ちなみに上記の式 (3) の "s" で示される値は標準偏差を意味し，また，添え字の数字はそれぞれ独立変数を指して X は省略して書かれています。

　重回帰分析においても，パラメータの有意性の検定が行えます。回帰分析のときと同様に，切片が検定の対象になることはありませんので，ここでは偏回帰係数の検定のみを紹介します。「母集団における当該の独立変数の説明力はゼロである」という

---

[2] 第3章で用いた数式では i 番目のデータを示す添え字 i がついていましたが，本章で紹介する数式ではこうした添え字は省略して示してあります。

帰無仮説に対して，t 分布を利用して検定を行います。例えば，X_1 の偏回帰係数 b_1 に対する t 検定は，

$$t = \frac{b_1}{s_{b_1}} \tag{5}$$

によって行うことができます。ちなみに分母の s_{b_1} は偏回帰係数 b_1 の標準誤差を示します。

第3章でも説明しましたが，Y，X_1，X_2 の値はそれぞれ個別の単位をもつ変数であることが一般的で，標準化して単位を統一した方が独立変数の相対的な影響力を評価するためには便利です（狩野・三浦，1997）。式（2）を標準化すると，

$$\hat{Z} = \beta_1 Z_1 + \beta_2 Z_2 \tag{6}$$

となります。式（6）の β 値は標準偏回帰係数（standardized partial regression coefficient）と呼ばれ，例えば $\beta_1 = .6$，$\beta_2 = .2$ だったときには「X_2 の影響を統制した場合，X_1 が1標準偏差変動すると，Y は.6標準偏差変動することが期待され，また X_1 の影響を統制した場合，X_2 が1標準偏差変動すると，Y は.2標準偏差変動することが期待される」と解釈します。

次にモデル全体での説明力を見てみましょう。単回帰分析ではモデルの説明力を示す指標として決定係数を紹介しましたが，重回帰分析にもほぼ同じ意味をもつ重決定係数（R^2）があります。R^2 は重相関係数（$r_{Y\hat{Y}}$）を2乗しても求めることができますが，以下の式により，相関係数もしくは標準偏回帰係数から計算することができます。

$$R^2_{Y.12} = \frac{r_{Y1} + r_{Y2} - r_{Y1} r_{Y2} r_{12}}{1 - r^2_{12}} = \beta_1 r_{Y1} + \beta_2 r_{Y2} \tag{7}$$

$R^2_{Y.12}$ の添え字は「独立変数 X_1 と X_2 によって従属変数 Y を予測するとき」という意味です。また「母集団におけるモデルの説明力はゼロである」という帰無仮説に対して R^2 に対する検定を行うことができます。

$$F = \frac{R^2/p}{(1-R^2)/(N-p-1)} \tag{8}$$

上記の式では p は独立変数の数，N はサンプル数を示し，自由度（p, $N-p-1$）の F 分布に従うことを利用して検定を行います。重回帰分析の R^2 は独立変数の数が増えると，それだけ予測精度が上がるため，自ずと R^2 も大きくなるといった性質があります（鈴木，2002）。ただ式（8）からも明らかなように，独立変数の数が多くなることで F 値は小さくなり，非有意な結果をもたらす傾向が強まります。こうしたことから，多くの独立変数を用いた重回帰分析ではモデルの複雑さにペナルティを課した

自由度調整済み R^2_{adj} も合わせて検討することが一般的です。

2-3 独立変数の寄与の評価と因果推論

前述のように，重回帰分析における偏回帰係数もしくは標準偏回帰係数は，他の独立変数の効果を統制したときの従属変数への関連性の程度を示します。ベン図を用いるとこうした関係性を視覚的に確認することができます。図4-2を用いて，各独立変数が目的変数の分散をどの程度説明しているかを確認してみましょう（Tabachnick & Fidell, 2001）。各円は変数の分散，円が重なっている部分は変数間の共分散の大きさを示しているとします。例えば，従属変数 Y の総分散量は $a+b+c+d$，従属変数 Y と独立変数 X_1 の相関の2乗（i.e., 分散説明率）は $a+b$，目的変数 Y と独立変数 X_2 の相関の2乗は $b+c$ によって示される領域を示します。図を見ると，独立変数 X_1 と X_2 はそれぞれ従属変数 Y と重なり関連性をもちますが，同時にもう一方の独立変数とも重複し関連しています。行動科学の調査ではこのように独立変数の間にも相関関係があることが一般的です。重回帰分析ではこうした独立変数間の相関部分を整理して，従属変数に対する純粋な効果を検証することができます。これはベン図（図4-2）で考えると，a や c の部分が該当し，独立変数間の重複部分をそぎ落とした従属変数に対する独立変数の純粋な効果の大きさを示します。

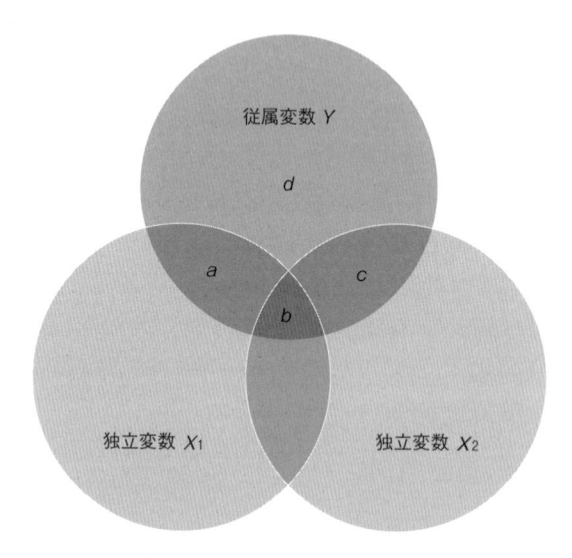

図4-2　ベン図による寄与率の説明

ところで2変数間の関係から第3の変数の影響を統計的にコントロールした相関係数は半偏相関係数（semi-partial correlation coefficient）もしくは部分相関係数（part correlation coefficient）と呼ばれ，例えば，Y と X_1 の相関から X_2 の影響を取り除いた相関係数，もしくは Y と X_2 の相関から X_1 の影響を取り除いた相関係数（sr）は，以下の式によって求めることができます。

$$sr_1 = \frac{r_{Y1} - r_{Y2}r_{12}}{\sqrt{1-r_{12}^2}}, \quad sr_2 = \frac{r_{Y2} - r_{Y1}r_{12}}{\sqrt{1-r_{12}^2}} \tag{9}$$

a や c に該当する領域はこの半偏相関係数を 2 乗した分散説明率（sr^2）として示されます。つまり重回帰モデルの独立変数の寄与率は，独立変数の半偏相関の分散説明率によって示される領域ということになります（Pedhazur, 1997）。半偏相関が示唆する a や c の領域は Y の総分散量 $a+b+c+d$ が 1 になるため，詳しくは，

$$sr^2{}_1 = a/(a+b+c+d) = a, \quad sr^2{}_2 = c/(a+b+c+d) = c \tag{10}$$

となります。

モデル全体の説明率を示す R^2 はこのベン図ではどこの部分が該当するのでしょうか。a や c で示される領域は，それぞれの独立変数が独自に従属変数を説明している分散を示しました。一方，図の b の部分は a と c が重複して従属変数を説明しています。モデル全体としてはこの重複部分も説明された分散として取り上げます。つまり独立変数 X_1 と X_2 によって説明されるモデルの分散説明率 $R^2{}_{Y.12}$ は，ベン図では領域 $a+b+c$ が該当します。

$$R^2{}_{Y.12} = \frac{a+b+c}{a+b+c+d} = a+b+c \tag{11}$$

前出の a や c で示される半偏相関は $R^2{}_{Y.12}$ を利用して求めこともできます。Y と X_1 および Y と X_2 の相関の分散説明率は $r^2{}_{Y1} = a+b/a+b+c+d = a+b$，$r^2{}_{Y2} = b+c/a+b+c+d = b+c$ となるので，以下のように考えることができます。

$$a = sr^2{}_1 = R^2{}_{Y.12} - r^2{}_{Y2}, \quad c = sr^2{}_2 = R^2{}_{Y.12} - r^2{}_{Y1} \tag{12}$$

ベン図を用いた解説を離れる前に，類似したコンセプトである偏相関係数（partial correlation coefficient）について説明しておきます。偏相関係数（pr）を求める公式は，

$$pr_1 = \frac{r_{Y1} - r_{Y2} r_{12}}{\sqrt{1-r^2{}_{Y2}}\sqrt{1-r^2{}_{12}}}, \quad pr_2 = \frac{r_{Y2} - r_{Y1} r_{12}}{\sqrt{1-r^2{}_{Y1}}\sqrt{1-r^2{}_{12}}} \tag{13}$$

と定義されます。偏相関係数を 2 乗すると偏相関係数の分散説明率（pr^2）を求めることができますが，ベン図ではこれは，

$$pr^2{}_1 = a/(a+d), \quad pr^2{}_2 = c/(c+d) \tag{14}$$

の各領域の比によって示されます。式の分子の部分は半偏相関も偏相関も同じですが，分母が異なっています。これは，例えば X_2 を制御する場合，半偏相関は X_1 だけからその影響を取り除くのに対して，偏相関は Y と X_1 の双方から X_2 の影響を取り除くことを意味しています。こうした特性から，偏相関係数は重回帰分析において

「Yの分散のうち，他の独立変数によって説明できなかった部分を当該の独立変数はどの程度説明しているか」(Cohen, Cohen, West, & Aiken, 2003, p. 4) といった疑問に対する答えを示しています。また，一般に制御変数によって相関係数を統計的にコントロールする場合，｜半偏相関｜＜｜偏相関｜という関係が成り立ちますが（南風原，2002)，ベン図で示される領域をもとに考えると「分母の範囲が広いので半偏相関の絶対値は偏相関のそれより値が小さくなる」といった関係性を視覚的に確認することができると思います。

ところで，半偏相関も偏相関も，他の変数の影響を統計的にコントロールします。今回は1つの変数のみをパーシャル・アウトしましたが，複数の変数を同時に制御することも可能です。こうしたことから，当該の変数間から1つの変数の影響を取り除いた相関は1次の半偏相関もしくは1次の偏相関（first-order semi-partial correlation または first-order partial correlation)，2つの変数の影響をコントロールした場合には2次の半偏相関もしくは2次の偏相関（second-order semi-partial correlation または second-order partial correlation) といったように呼び，何の制御もしていない相関をゼロ次の相関（zero-order correlation) として区別して呼応する場合がありますので，合わせて覚えておきましょう。

さて重回帰モデルの基本的な事柄を確認したところで，もう一度重回帰分析を用いた因果推論に戻ってみたいと思います。ミルによれば，因果関係を同定するためには3つの基準をクリアにする必要がありますが，調査データの因果推論で重回帰分析が重宝されるのは3番目の基準である「当該の相関関係が疑似相関でないこと」を確認できるからです。例えば，YとX_1の間には因果的な関係があるといった仮説をもっていたとしましょう。論理的に考察したところ$X_1 \to Y$の時間順序が満たされ，さらに相関分析から両変数間に相関関係が認められたとします。これで2番目の基準までクリアしたことになりますが，相関関係は他の因果的な効果のある変数の影響で見られる疑似相関である可能性も考えられます。そこで，交絡要因として考えられるX_2を加えて重回帰分析を行います。ベン図の解説でも明らかなように，重回帰分析は変数の間の相関を整理して，従属変数に対する独立変数の純粋な効果を検討することができます。そのためYに対するX_1の影響力が，交絡要因として考えられるX_2の効果を取り除いてもなお十分に残っているなら，X_1とYは因果的な関係にあると結論付けます。具体的には，X_1とYのゼロ次の相関rとX_2を含めた重回帰分析の標準偏回帰係数β_1を比較したとき，双方の係数が同符号で，ともに有意なら，X_1とYの間に因果関係を認める手続きを取ります（村上，1999)。

2-4 重回帰分析を用いた因果推論の注意点

以上が重回帰分析を用いた因果推論の基本的な分析指針となりますが，データとの相性や変数間の関係性から，こうした理論の通りには進まないことも多々あります。ここで注意点についてふれておきましょう。重回帰分析を用いて因果関係を検討していると，相関係数とベータ係数が異符号でしかもそれぞれ有意な関係を示すような場面や，ベータ係数が1を超えてしまう場面に遭遇することがあります（鈴木，2002)。独立変数間の相関がある程度見込まれる一般的な調査では，従属変数に対する各独立

変数の独自の効果が示されるベータ係数は，独立変数間の相関が整理されるため，相関係数と比べると低く算出されるのが一般的です。一方で，従属変数と独立変数の関係が理論とは逆の関係性を示すことになると結果の解釈が非常に困難になります。こうしたケースでは独立変数間の相関が高すぎることで分析が不安定になる多重共線性（multicollinearity）という問題が原因になっている可能性が考えられます。変数名は異なるが，ほぼ同じ内容を測定している変数が独立変数としてモデルに入っている場合などでよく起こる問題です。こうした場合には，相関係数をチェックし，変数間の結びつきの強さを確認してみましょう。また後述しますがSPSSのアウトプットでVIF（variance inflation factor: VIF）を算出し確認する方法もあります。VIFの値が10を超えているようなら，多重共線性を疑った方がいいかもしれません（Myers, 1990）。重回帰モデルに入れる独立変数を見直し削除したり，また相関の高い変数を統合してひとつにまとめたりするなどの措置もよく取られます。

　多重共線性の問題がなかったとしても，相関係数に対してベータ係数の方が高く算出されたり，また相関係数とベータ係数の符号の向きが変わったりすることがあります。重回帰分析における抑制効果と呼ばれる問題です。独立変数が(a)従属変数とゼロもしくは弱い相関，(b)他の独立変数とは中程度から高程度の相関，をもつ場合には，当該変数は抑制変数（suppressor variable）として機能し，上記のようなケースが起こると考えられています。ただし多重共線性が数理統計上の不具合から発生する問題なのに対して，抑制変数の場合には逆に興味深い知見が得られることがあります。例えば，サイエンス教育を重視する高校の入学後の成績を従属変数 Y とし，これを予測するために，入学当初の生徒の数学（X_1）と国語（X_2）の試験の得点を独立変数として分析するケースを考えてみます。相関分析をしてみると，Y と X_1 には高い正の相関がある一方で，Y と X_2 には弱い正の相関が，また X_1 と X_2 には中程度の正の相関が見られたとしましょう。重回帰分析を実行してみると，X_2 の標準偏回帰係数が有意なマイナスの値を示し，X_1 の標準偏回帰係数は相関係数と比較して Y との間にさらに強い関連性を示したとします。重回帰分析の結果からは，一見すると，国語能力が低い生徒の方が高校に入ってからの成績が高くなると読めますし，通常は相関係数に対して値が小さくなるはずの標準偏回帰係数が大きくなっている点も解釈に苦しむところです。しかしこれは X_2 の抑制変数としての機能によって起こる現象であると考えられます。重回帰分析によって，国語と数学の間の相関が整理され，文章問題など数学の設問を解く上で必要な国語の能力が取り除かれることで，サイエンス教育重視の高校の成績に与える純粋な数学能力の影響が顕著化した結果であると解釈することができます。例えば，数学の点数が同じA君とB君を考えるなら，国語の点数が低いB君の方が，高校に入ってからの成績が高くなるということです。このことはB君の数学の得点が国語力によって押し上げられたものではないことを示しています。抑制効果の有無を見極めるのは簡単ではないですが，説明変数が抑制変数として機能する場合には，その標準偏回帰係数の予測値がマイナス符号になることが多いことが知られており（鈴木，2002），それがひとつの判断材料になるでしょう。

　最後に述べる点は，重回帰分析の定式化の誤り（specification error）と呼ばれる問題についてです。重回帰分析を用いた因果推論において，ある独立変数の従属変数へ

の効果が交絡要因と考えられる変数を入れても変化しないことを見出すことが分析の眼目であることはこれまでに説明したとおりですが，実際には何をこの交絡要因と見立ててモデルに投入するかが重要になってきます。適切に変数がモデルに投入されていないと，バイアスのある分析結果を生んでしまいます。例えば，従属変数 Y に対して高い相関を持つ X_1 のみがモデル化された単回帰分析では，自ずと回帰係数も高くなり，説明力のある変数として示されることになります。仮にこれが X_2 による疑似相関であったとしても，X_2 が含まれていないため変数間の関係性を十分に把握することができず，結果的には X_1 は重要な変数として認識されて当該分野の中で独り歩きしてしまうことになるでしょう。これが関連のある変数を含めなかったことで起こる「定式化の誤り」と呼ばれる問題です。実際の調査では交絡変数に成り得る要因は無数に考えられる一方で，調査で測定できる変数は限られているのが一般的です。すべての関連のある変数をモデルに組み込むことができない以上，厳密にはいかなる重回帰分析もその因果推論において完璧な推察を行うことはできないということになります。定式化の誤りに起因する効果量を統計的に推定する方法も提案されていますが（Mauro, 1990），実際にはやはり先行研究や調査報告のレビューを丁寧に行い，第3の変数としてモデルに組み込む変数に「当たり」をつけることが最も基本的かつ重要な作業になるでしょう。

3　分 析 例

　さてこのセクションでは実際に SPSS を実行させて重回帰分析を行ってみたいと思います。用いるデータは第3章でも使った SPSS フォルダの中にある "Employee data.sav" です。第3章ではこのデータにある「給与」と「就学年数」を対象の変数として，「給与」を「就学年数」から予測する単回帰分析を行いました。分析の結果，モデルの決定係数 R^2 は .436 となり，就学年数の回帰係数も統計的に有意で（$b=3909.907$, $s.e.=204.547$, $t(472)=19.115$, $p=.000$），「学歴は給与に影響を与える」という関係性が示されました。

　一方で給与に影響を与える変数は学歴だけに限定されません。そこで今回は「初任給」を独立変数に加えて分析を行ってみたいと思います。まずはこれら3変数を対象に相関分析を行ってみましょう（「分析」→「相関」→「2変量」で分析を実行。図 4-3 参照）。

　第3章でも示されているように「現在の給与」と「就学年数」との間には正の相関がありますが（$r=.661$, $p=.000$），「現在の給与」と「初任給」の間にも強い正の相関があります（$r=.880$, $p=.000$）。さらに「就学年数」と「初任給」との間にも正の相関が見られました（$r=.633$, $p=.000$）。これら相関分析の結果から，変数間の関連性を検討すると，以下のような疑問や仮説が浮かび上がってきます。

　① 就学年数のみを独立変数とした単回帰分析と比較して，初任給を含めた重回帰分析ではモデルの説明力はどの程度アップするのか。
　②「就学年数」と「初任給」は互いに関連していることから，これら2つの変数間

Correlations

		現在の給与	初任給	就学年数
現在の給与	Pearson Correlation	1	.880**	.661**
	Sig. (2-tailed)		.000	.000
	N	474	474	474
初任給	Pearson Correlation	.880**	1	.633**
	Sig. (2-tailed)	.000		.000
	N	474	474	474
就学年数	Pearson Correlation	.661**	.633**	1
	Sig. (2-tailed)	.000	.000	
	N	474	474	474

**. Correlation is significant at the 0.01 level (2-tailed).

図4-3 相関分析の結果

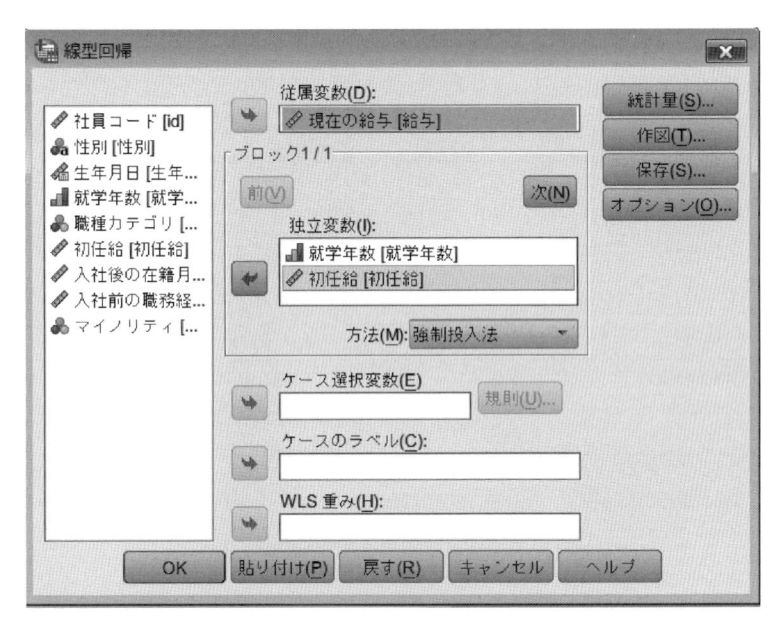

図4-4 変数の設定

の相関を整理すると「現在の給与」に対する純粋な影響力はどちらの方が大きいのか。

③ 因果推論の観点から、こうした独立変数の従属変数に対する純粋な影響力は相関分析の結果と比較するとどのように変化しているか。

こうした点についての答えを導くため、引き続き重回帰分析を行っていきます。

SPSSで重回帰分析を実行するには「分析」→「回帰」→「線型」と進みます。図4-4のようなウィンドウが現れたら、目的変数を従属変数の小窓に、説明変数を独立変数の小窓に移動します。またオプション設定として、統計量ボタンを押し、今回は「推定値」「モデルの適合」に加えて、「部分/偏相関」「共線性の診断」にチェックを入れておきましょう（図4-5参照）。

それでは結果を見ていくことにしましょう（図4-6参照）。まずモデルの全体の評価について検討してみます。"Model Summary"というところを見ると、重相関係数 R は.890、それを2乗した重決定係数 R^2 は.792と算出され、Y の変動量の79.2%が

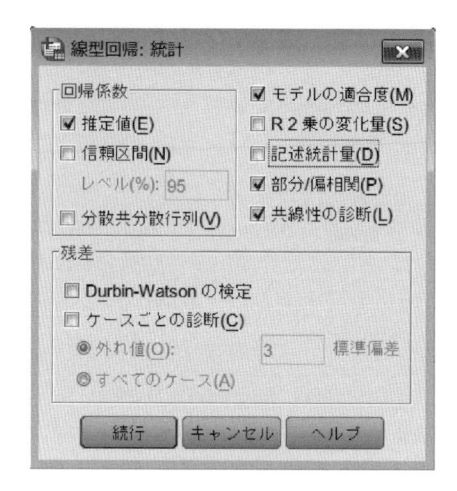

図 4-5　統計オプションの設定

Model Summary

Model	R	R Square	Adjusted R Square	Std. Error of the Estimate
1	.890a	.792	.792	$7,796.524

a. Predictors:(Constant)，初任給，就学年数

ANOVAa

	Model	Sum of Squares	df	Mean Square	F	Sig.
1	Regression	1.093E+11	2	54643194649	898.947	.000b
	Residual	28630106139	471	60785787.98		
	Total	1.379E+11	473			

a. Dependent Variable: 現在の給与
b. Predictors:(Constant)，初任給，就学年数

図 4-6　モデル全体の評価

2つの独立変数によって説明されていました。今回は"Adjusted R^2"もR^2と同値でした。モデルの説明力の検定結果は次の"ANOVA"と書かれている表を見ます。$F=898.947$, $p=.000$と示され，統計的に有意な結果となっています。つまり当該の回帰モデルは母集団において十分な説明力をもつモデルであることが明らかになりました。前出の疑問点1の回答としては，「就学年数」のみをモデル化した単回帰分析のR^2は43.6%でしたので，初任給を独立変数として加えることでモデルの説明力は約35%アップすることが分かりました。

続いて，個々の独立変数の寄与を評価します（図 4-7 参照）。「現在の給与」の予測値を$\hat{Y}$,「就学年数」をX_1,「初任給」をX_2とすると，分析の結果から以下のような重回帰式が導かれます。

$$\hat{Y} = -7808.714 + 1020.39X_1 + 1.673X_2$$

アウトプットの"constant"は切片を意味し，今回は-7807.714です。また，回帰式を標準化すると，

$$\hat{Z}_Y = .172Z_1 + .771Z_2$$

となります。まず各変数の偏回帰係数 b の t 検定の結果を見てみましょう（図4-7参照）。b_1 の t 値は 6.356, b_2 の t 値は 28.423 で，ともにプラスの符号をもち 0.1% 水準で有意になっています（$p = .000$）。つづいて上記の標準化回帰式を解釈してみます。これは「X_2 の影響を一定に保った場合，X_1 が1標準偏差変動すると，$\hat{Y}$ は .172 標準偏差変動することが期待でき，また X_1 の影響を一定に保った場合，X_2 が1標準偏差変動すると，$\hat{Y}$ は .771 標準偏差変動することが期待できる」と読み解くことができます。つまり「「現在の給与」に対する影響力は「就学年数」より「初任給」の方が遥かに大きい」ということになります。

Coefficients[a]

Model		Unstandardized Coefficients B	Std. Error	Standardized Coefficients Beta	t	Sig.	Correlations Zero-order	Partial	Part	Collinearity Statistics Tolerance	VIF
1	(Constant)	-7808.714	1753.860		-4.452	.000					
	就学年数	1020.390	160.550	.172	6.356	.000	.661	.281	.133	.599	1.669
	初任給	1.673	.059	.771	28.423	.000	.880	.795	.597	.599	1.669

a. Dependent Variable: 現在の給与

Collinearity Diagnostics[a]

Model	Dimension	Eigenvalue	Condition Index	Variance Proportions (Constant)	就学年数	初任給
1	1	2.886	1.000	.00	.00	.01
	2	.097	5.444	.14	.01	.68
	3	.016	13.281	.85	.99	.31

a. Dependent Variable: 現在の給与

図4-7 重回帰分析における偏重回帰係数の評価

　以上が疑問点2に対する回答になりますが，説明力ではどの程度の違いがあるか，各独立変数の寄与率を調べてさらに詳しく検討してみましょう。オプションで「偏相関/部分相関」にチェックを入れたので，"Correlations" のところには三種の相関係数が示されています。"Zero-order" はゼロ次の相関係数，"Partial" は偏相関係数，"Part" は半偏相関係数を示します。重回帰分析における各独立変数の分散説明率は半偏相関係数を2乗した値になります。

$$sr^2_1 = (.133)^2 = .018, \quad sr^2_2 = (.597)^2 = .356$$

つまり独立変数間の相関をコントロールしたとき「就学年数」単体で，給与の変動の 1.33% を，「初任給」単体で「現在の給与」の変動の 35.6% を説明していたことになります。ちなみに2つの独立変数で説明できた $R^2_{Y.12}$ は 79.2% でしたので，両変数が重複して従属変数を説明していた部分がかなり大きかったことになります。ここまでくるとこの重複部分の分散説明率も求めたい衝動に駆られますが（例えば $R^2_{Y.12} - sr^2_1 - sr^2_2 = 79.2\% - 1.33\% - 35.6\% = 42.27\%$ といったように），Cohen ら (2003) は，

この部分は厳密には分散説明率として数値化することはできないことから，こうすることを推奨していません。分析によってはマイナスの説明率を示すことがあるなど，混乱を招くことがあるためです。またベン図を使った寄与率の理解は，あくまで概念的な把握に留めるようにとも述べています。

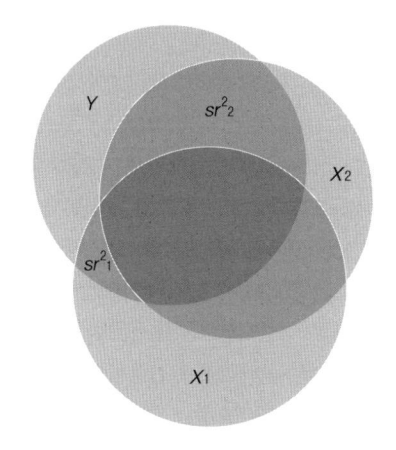

図4-8 ベン図を用いた変数間の関係のイメージ

多重共線性も確認しておきましょう。今回の分析では独立変数間の相関は決して低くはありませんが，"Collinearly Statistics" のところで報告されている VIF の値を見ると，1.699 となっており，独立変数間の相関は，分析上は特に問題にはならなかったことが示されていました。

以上を踏まえ，「就学年数」の因果的な影響を中心に考えて因果推論をするとどのようになるのでしょうか。もともと「現在の給与」と「就学年数」の相関係数は $r=.661$ で有意な強い相関関係が示されていました。ところが「初任給」を含めた重回帰分析を行ったところ，「就学年数」の標準偏回帰係数は $\beta=.172$ となり，同符号ですが，従属変数との関連性は相関分析の結果と比較するとかなり弱くなりました。一方で「初任給」の標準偏回帰係数は $\beta=.771$ で「現在の給与」に対して遥かに強い影響力を示し，相関分析で示された両変数間の関係性の強さはさほど減じていないようにも見えます（$r=.880, p=.000$）。こうした関係性をベン図で示すと図4-8のようになります。つまりもともと相関分析で示されていた「現在の給与」と「就学年数」との間の関係は，「高学歴の人は初任給も高い」といったように「初任給」が交絡要因となって現れていた可能性が考えられます。

一方で「就学年数」の偏回帰係数は統計的に有意になっています。これは「就学年数」から「初任給」の影響を取り除いてもなお従属変数に影響力をもっていることを示しています（分散説明率で考えると，わずか1.33%ですが……）。以上の分析結果を整理すると，

(a)「現在の給与」と「就学年数」との相関には「初任給」の関与が疑われるが，当該の相関関係の疑似性を裏付けるほどのエビデンスとは言えない。

(b) 微弱ながらも「就学年数」は「現在の給与」に因果的な影響力をもつ。

の2点を結論として示すことができると思います。

この先の分析は重回帰分析の範疇を超えることになりますが，3変数間の関係性を

さらに追究するには第6章で取り上げるパス解析が必要かもしれません。重回帰分析は独立変数が複数あったとしても，それぞれの独立変数と従属変数とは一対一の対応関係にあります。つまり重回帰分析は独立変数間の相関を整理した上で従属変数への「直接効果」を検証しています。一方で変数間の関係には，独立変数が中間（媒介）変数を介して従属変数に影響を与えるといった「間接効果」をもつ場合もあります。こうした関係性を検証するにはパス解析が有用です。例えばこの例では「就学年数」には「現在の給与」に直接影響を及ぼす直接効果と「初任給」を介した間接効果の双方が考えられます。「就学年数」と「初任給」の間には高い有意な相関があることから（$r=.633, p=.000$），学歴が高い人ほど初任給も高くなり，それが現在の給料に反映されるといった間接効果が考えられますが，一方で，就職後，長期間の就学によって養われた専門性やスキルの効果がじわじわと出てきて，それが仕事のパフォーマンス向上に貢献し，結果的に給料を押し上げるといった直接効果も考えられます。つまり，「就学年数」の直接効果・間接効果の双方を想定することで，3変数間の関係性をより詳しく検討することができるようになります。

4 おわりに

　以上，本章では独立変数が2つ以上ある回帰モデルである重回帰分析の理論的枠組みと分析方法を解説しました。冒頭でも述べたように，その応用力の高さから，重回帰分析は行動科学の研究にとどまらず，社会科学や自然科学など様々な分野での調査や研究に応用されています。重回帰分析は「予測」と「説明」のために用いられますが，行動科学の研究では主に「説明」のために使用されており，独立変数間の相関を整理する重回帰分析の機能を利用し，特に因果推論において，当該の変数間の関係が交絡要因によって生まれた疑似相関でないことを確認します。こうしたことから，調査データの解析で，交絡要因の有無を確認することが重回帰分析の重要な目的になっていると言っても過言ではないのです（村上，1999）。

　実験的な研究を行うことが難しいコミュニケーション研究においては，その因果推論に関して，重回帰分析は非常に強力な分析ツールとなります。ジャーナルなどに報告されている実証研究を読んでいても，重回帰分析を用いた報告に遭遇することは少なくありません。実際に重回帰分析を用いた調査を行わなくても，研究報告を読み解くためには，因果推論の基本的な仕組みとともに重回帰分析はコミュニケーション学を学ぶ上で必須の知識と言えるでしょう。

引用文献

Cohen, J., Cohen, P., West, S. G., & Aiken, L. S. (2003). *Applied multiple regression/correlation analysis for the behavioral sciences*. Mahwah, NJ: Lawrence Erlbaum.

Cook, T. D., & Campbell, D. T. (1979). *Quasi-experimentation: Design & analysis issues for field settings*. Boston, MA: Houghton Mifflin.

磯 友輝子（2011）．実験法　末田 清子・抱井 尚子・田崎 勝也・猿橋 順子（編著）　コミュニケーション研究法（pp. 66-77）　ナカニシヤ出版

南風原 朝和（2002）．心理統計学の基礎　有斐閣
狩野 裕・三浦 麻子（1997）．AMOS, EQS, CALIS によるグラフィカル多変量解析　現代数学社
Kline, R. B. (1998). *Principles and practice of structural equation modeling.* New York: The Guilford Press.
内閣府食育推進室（2014）．食育について考えるために　Retrieved from http://www8.cao.go.jp/syokuiku/data/consider_pamph/（2014年12月29日）
Pedhazur, E. J. (1997). *Multiple regression in behavioral research.* Belmont, CA: Wadsworth Publishing.
Maruo, R. (1990). Understanding L.O.V.E. (left-out variables error): A method for estimating the effects of omitted variables. *Psychological Bulletin, 108,* 314-329.
守﨑 誠一（2013）．重回帰分析　石井 敏・久米 昭元（編著）　異文化コミュニケーション事典（p.208）　春風社
村上 隆（1999）．Question 52　繁枡 算男・柳井 晴夫・森 敏昭（編著）　Q＆Aで知る統計データの解析— DOs and DON'Ts —（pp. 104-106）　サイエンス社
Myers, R. H. (1990). *Classical and modern regression with applications.* Boston, MA: Duxbury Press.
鈴木 則夫（2002）．予測と原因の探索—回帰分析と重回帰分析—　渡部 洋（編著）　心理統計の技法（pp. 82-98）　福村出版
Tabachnick, B. G., & Fidell, L. S. (2001). *Using multivariate statistics.* Needham Heights, MA: Allyn & Bacon.
高野 陽太郎（2004）．科学と実証　高野 陽太郎・岡 隆（編著）　心理学実験法（pp. 2-19）　有斐閣
田崎 勝也（2010）．自己概念の媒介性—心理学的文化研究における因果推論の観点から—　多文化関係学, *7,* 37-52.
山口 和範（2003）．よくわかる統計解析の基本と仕組み　秀和システム

第5章 適性処遇交互作用（ATI）

石井英里子・仲野友子・申　知元

1 はじめに

「コミュニケーション能力を育成するにはどのような教授法が効果的か」という問題は，コミュニケーションの研究や教育をしている者の多くが抱く興味関心のひとつではないでしょうか。2章では，教育効果の検証に用いられる実験計画法を紹介し，その分析手法として「対応のあるt検定と分散分析」を紹介しました。これらの分析方法では，各条件群の平均値の差を用いて，例えば，教授法Aは教授法Bよりも効果的であるかどうかということを検証しました。このように，ある能力を育成するために，最も効果的な教授法を実証的に明らかにすることは，より優れた教育手法を提案するためにとても有効な手段と言えるでしょう。

しかし，実際，私たち人間の学習プロセスはとても複雑なものです。そのような複雑な現象に対して，すべての人に効果的な教授法は存在するのでしょうか。

クロンバック（Cronbach, 1957）は，「最適な教授法」という考え方自体に警鐘を鳴らした最初の研究者です（奈須，1993）。彼は，最も効果的な教育手法は，学習者の個人差（individual differences）によって異なるということを主張し，適性処遇交互作用（aptitude treatment interaction: ATI）という概念を提唱しました。適性処遇交互作用は，その頭文字をとってATIと略されます。日本でもATI研究と呼ばれることが多いので，以下ではATIと呼ぶこととします。本章では，ATIの概念を説明し，ATIと同じ研究デザインと分析方法を用いる共分散分析を紹介しながら，分析方法，結果の解釈方法，ATIの有意区間を算出するジョンソン・ネイマン法を解説します。最後に，SPSSを使ったATI分析の実例を紹介します。

2 適性処遇交互作用（ATI）

2-1 ATIとは

ATIとは，適性（学習者の個人差である特性など）と処遇（特定の学習法や教授法な

ど）の間にある交互作用のことを指し，クロンバック（Cronbach, 1957）により提唱された概念です（並木，1997）。ATI の最初の Aptitude[1]は，学習者の個人差（individual differences）を指し，日本語では「適性」と訳されます。実験計画法では，事前テストで測定される学習者が本来もっている特性，例えば，英語力や態度などを指します。次に Treatment はある特定の学習法や教授法のことを指し，日本語では「処遇」と訳されます。実験計画法では，教授法，つまり，実験条件がこの Treatment に相当します。Interaction は，Aptitude と Treatment の積（Aptitude × Treatment）を指し，日本語では「交互作用」と訳されます。

　ATI 研究では，ある事柄を教える際に，手順や教授法，課題内容による学習効果に加えて，学習者の能力や経験，性格などといった特性の違いによっても学習効果に違いが生じると考えます（奈須，1993）。これは教育心理学において学習者の適性に応じた学習法の理論的基礎となるものです。従来，実験心理学（experimental psychology）では実験条件（処遇）の主効果に，相関心理学（correlational psychology）は個人差（適性）の相関関係に焦点が当てられていましたが，クロンバックはこの２つの一体化を提唱し，ATI という考え方はそこから生まれた概念であると言われています（安藤，1999; Pedhazur & Schmelkin, 1991）。このように ATI 研究は，学習者の適性と，特定の学習法や教授法の間に交互作用が見られ，両者の組み合わせによって学習効果が異なることを想定した理論および分析法の総称です。ATI 研究は適性と処遇の交互作用の教育効果を予測し，新しい教授方法やカリキュラムデザインを探究することを目的としています（Snow, 1989）。

　ATI の概念は図 5-1 のように表すことができます（奈須，1993）。X 軸に適性，Y 軸に学習効果，つまり，実験後の事後テストの結果をとり，ひとつめの教授法を処遇 A（実線），もうひとつの教授法を処遇 B（破線）とします。このグラフから何が分かるでしょうか。まず，この処遇 A と処遇 B が交差しているところに注目してください。その交差しているところを境にして右側，つまり，事前テストにおいて測定した

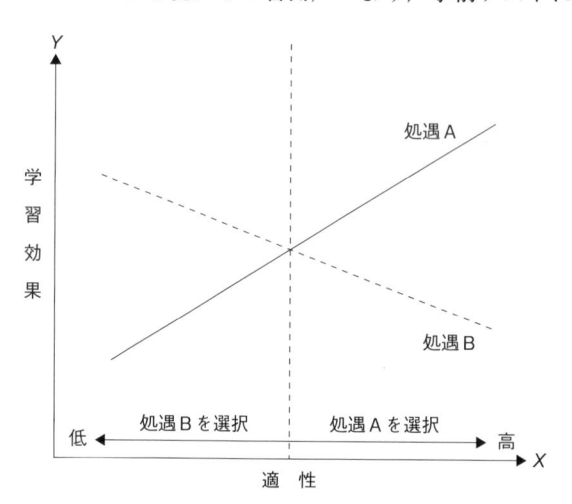

図 5-1　ATI の概念図（奈須，1993）

---

1) aptitude ではなく，attribute や trait という用語を用いて attribute treatment interaction や trait treatment interaction と呼ぶ研究者もいますが，本章では aptitude で統一します。

ある適性の高い学習者は処遇Aの教授法を，低い学習者には処遇Bの教授法を選択することによって効果的な学習が可能になることがこのグラフから分かります。このとき，適性との相関が高い処遇Aは学習者の適性を「活用する（capitalize）」と言い，相関の低い処遇Bはその適性を「補償する（compensate）」と言います（安藤，1999, p. 611）。これがATI研究の基本的な考え方です。具体的な解釈の方法や，処理の仕方について後ほど詳しく説明します。

ところで，交互作用の検証にはしばしば分散分析が用いられますが，ATI研究では重回帰分析を用います。分散分析で交互作用を検討するには，適性の連続的な得点を高群と低群に分割する必要があります。つまり，量的変数から質的変数への変換を行う必要があります。この変換によって，情報量の減少化が起きてしまいます。また，群を細分化して交互作用を検討する場合，各群のサンプル数がいずれかの群に偏ることがあります。重回帰分析は適性を連続性のある量的な変数のまま扱うので，こうした問題を回避することができます。

2-2 ATIの分析方法と手順

それでは2つの異なる英語教授法（処遇Aと処遇B）の学習効果を検証する実験計画を想定して，ATIの分析と解釈方法を説明していきたいと思います。まず，学習者は処遇AとBのグループにランダムに割り当てられ，それぞれの処遇が施される前に適性を測定しました。この適性は，一般的に英語学習に影響があると言われている，一般的な英語運用能力，学習動機づけ，言語不安です。それぞれの教授法で授業が行われた後に，学習効果を測定する学習到達度テストを行いました。このように学習効果に関連すると考えられる変数を共変量（covariate）と言います。共変量を処遇の主効果から取り除き調整して分析する手法が共分散分析（analysis of covariance: ANCOVA）です。共分散分析では，処遇の主効果の検出力を高めるために統制する変数として個人差を扱います。これに対して，ATI研究では，個人に最適な処遇を特定するために，この共変量を研究の枠組みに積極的に取り入れて分析します。つまり，処遇と交互作用をもつ変数として，適性を結果の解釈に含めます。実験計画に個人差を考慮しているという点において，ATIも共分散分析も同じ実験計画です（並木，1997; Pedhazur & Schmelkin, 1991）。しかしながら，それぞれの実験計画において研究者が個人差を用いる目的が異なります。

先ほどの実験例に戻りましょう。学習動機づけを適性として分析を行ったところ，有意なATIが見つかりました。ATIが有意であった場合，まずグラフ化してその交互作用[2]を解釈します。ATIのグラフは，2つの処遇に対応する回帰直線が非平行になり図5-2のグラフ（1）（2）（3）のようになります。グラフ（1）（2）は適性の増減によって教授法の効果が変化し，（3）は適性のレベルによって教授法の効果が逆転するケースを示しています。一方，交互作用がない場合は，図5-2の（4）のように回帰直線が平行になります。先ほど説明した共分散分析では，グラフがこの

---

2) 2つの回帰直線が交差せず，交点で順序が入れ代わらない交互作用を「順方向の交互作用（ordinal interaction）」，2つの回帰直線が交差し交点で順序が入れ代わる交互作用を「逆方向の交互作用（disordinal interaction）」と言います。（1）（2）のグラフは順方向，（3）のグラフは逆方向の交互作用の例です。

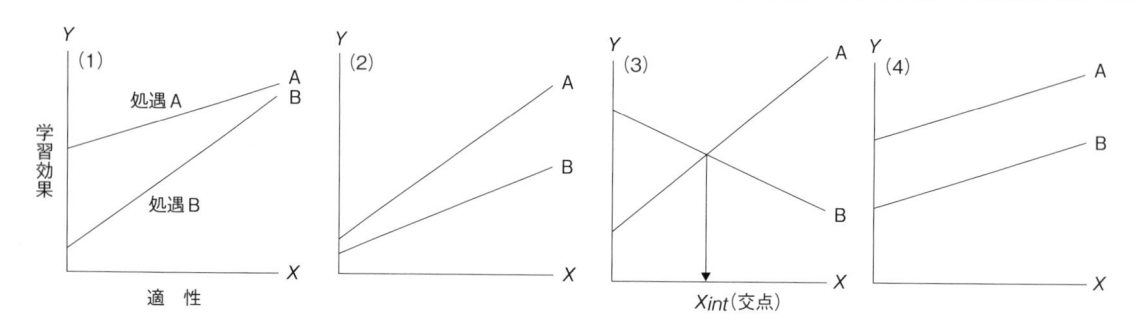

図 5-2 交互作用の有無

（4）のように平行になることが分析を行う上で前提条件になるということもここでふれておきたいと思います。

ところで，グラフ（1）（2）（3）は，回帰直線同士が適性の高低によって接近したり交差したりしています。この接近付近や交点付近では適性の（X）の値を示す学習者の学習効果（Y）の値は，ほとんど差が見られないということが予測されます。それでは，実際には適性のどこからどこまでの範囲に有意な ATI があるのでしょうか。この有意区間の検証方法として，ATI が有意になる範囲を算出するジョンソン・ネイマン法を見ていきましょう。

2-3 ジョンソン・ネイマン法（Johnson-Neyman Technique）

図 5-3 を見てください。このグラフは，図 5-1 と同じで 2 つの回帰直線が交差する逆方向の交互作用を示しています。直線は処遇 A，点線は処遇 B を表わしています。交差しているところから適性の値が離れれば離れるほど処遇による学習効果の違いは明らかです。しかし，交差している周辺の学習効果にも有意な差があると言えるでしょうか。この問いに答えてくれるのがジョンソン・ネイマン法です。ジョンソン・ネイマン法は 1936 年に Johnson と Neyman が開発し，1964 年に Potthoff が発展させました（Pedhazur & Schmelkin, 1991）。ここで紹介する計算式は，Kerlinger &

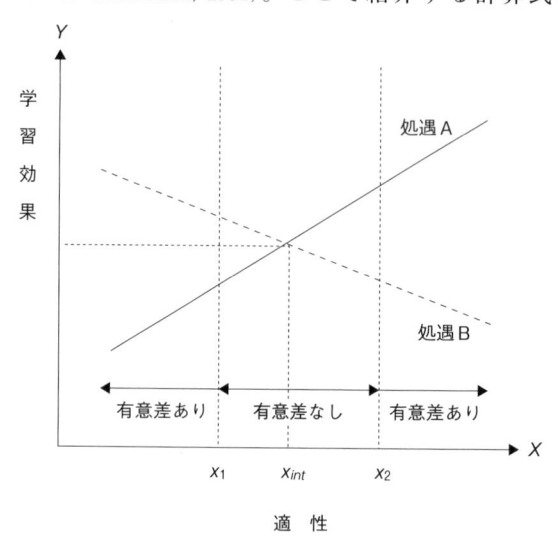

図 5-3 ATI の有意な領域

Pedhazur（1973, pp. 256-257）によります。

まず2つの回帰直線が交差する値（X_{int}）を次の式で求めます。

$$X_{int}=(a_1-a_2)/(b_2-b_1) \tag{2.1}$$

次に有意な差がある領域を得るために2つの X の値を求めます。

$$X=\frac{-B\pm\sqrt{B^2-AC}}{A} \tag{2.2}$$

式（2.2）の A, B, C は以下のように定義されます。

$$A=\frac{-F\alpha}{N-4}(SSres)\left[\frac{1}{\sum x_1^2}+\frac{1}{\sum x_2^2}\right]+(b_1-b_2)^2 \tag{2.3}$$

$$B=\frac{F\alpha}{N-4}(SSres)\left[\frac{\overline{X_1}}{\sum x_1^2}+\frac{\overline{X_2}}{\sum x_2^2}\right]+(a_1-a_2)(b_1-b_2) \tag{2.4}$$

$$C=\frac{-F\alpha}{N-4}(SSres)\left[\frac{N}{n_1n_2}+\frac{\overline{X_1}^2}{\sum x_1^2}+\frac{\overline{X_2}^2}{\sum x_2^2}\right]+(a_1-a_2)^2 \tag{2.5}$$

それでは数式を簡単に解説します。x_1 を処遇Aをうけたグループの適性の測定値とすると，$\sum x_1^2$ は平方和（個々の測定値と平均値との距離（偏差）を2乗した値の総和），$\overline{X_1}$ は平均値，a_1 は切片，b_1 は（非標準化）偏回帰係数です。x_2 を処遇Bを受けたグループの適性の測定値とすると，$\sum x_2^2$ は平方和，$\overline{X_2}$ は平均値，a_2 は切片，b_2 は（非標準化）偏回帰係数です。SS_{res} は回帰分析で示される残差平方和，N は総標本数，n_1 は処遇Aの標本数，n_2 は処遇Bの標本数，$F\alpha$ は自由度（1, $N-4$）の F 値です[3]。この計算で得られた2つの X の値は学習効果の差が有意でない領域を特定する数値です。なお，逆方向の交互作用も順方向の交互作用も同じ式で値を計算します。いずれにおいても，特定された値が，研究者が関心の対象とする測定範囲を超える場合があることに留意してください[4]。

再び，図5-3を見てください。学習効果に有意な差がない適性の境界の値（閾値）である X_1 と X_2 が算定されたと仮定してグラフを解釈します。適性 X が X_1 以上 X_2 以下の範囲では両者の間に有意な差がないことが示されました。適性 X の値が X_1 未満では，処遇Bを受けた学習者の学習効果の値は処遇Aを受けた学習者よりも有意に高く，適性 X の値が X_2 を超えると，処遇Aを受けた学習者の学習効果の値が処

---

3) 自由度（2, $N-4$）とし，$2F\alpha$ とする計算式もあります。詳しい比較は Rogosa（1980）を参照してください。
4) 例えば，6件法のリカート尺度を用いた場合，上限の6を超えた7.5や下限の1を下回った −2.25など現実的ではない値が示されることがあります。

遇Bを受けた学習者よりも有意に高いことが明らかになりました。

このように，ジョンソン・ネイマン法によって，いずれの処遇においても効果の優劣がつけ難い適性の範囲が存在することが明らかになりました。こうした知見は教育現場において，適性によるクラス分けや，様々な適性を持つ学習者がともに学ぶクラスでの教育手法やカリキュラムデザインの工夫に活かすことができると考えます。

次節では，サンプルデータを使用しソフトの操作方法を学び，ジョンソン・ネイマン法も活用します。

3　ATI 分析の実例

3-1　統計ソフトの使用法

ここからは，SPSS と Excel で ATI を分析する方法について，申（2012）の研究を例に解説していきます。申（2012）は，「学習者の目標達成に対する態度は韓国語能力の向上に影響を与える」という仮説のもと，日本人韓国語学習者を対象に，教育手法を要因，学習者中心教育と教師中心教育を水準とする1要因2水準の実験を行いました。

簡単に実験の概要を紹介します。まず，事前テストで韓国語能力と適性である学習に対する目標志向を調べました。適性は実験条件の影響を受けないように実験前にデータを収集しました。事前テストの結果をもとに韓国語能力に差が出ないように学習者を中心とする教育を行う実験群と教師が中心となる教育を行う統制群に分けました。これらの実験群と統制群を対象に4回にわたって韓国語授業を行い，韓国語がどの程度伸びているかを事後テストで確認しました。

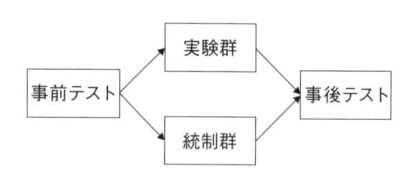

図5-4　実験の手順

分析には次のような変数を用いました。従属変数は韓国語テストの実験前 － 実験後の点数の差です。独立変数は3つあり，処遇の主効果，適性の主効果，適性と処遇の交互作用です。処遇は，グループで課題を解決し，発表する学習者中心教育（実験群）と，個人に課題を与え，教師の指名によって発表する教師中心教育（統制群）です。実験群を0，統制群を1としてダミー変数化しました。適性変数は学習に対する目標志向尺度（田中・山内，2000）を使用し，6件法のリカート尺度を用いて測定しました。目標志向尺度は（a）学習者が自らを向上させようとする特性である「マスタリー志向」，（b）人に自分の有能さを見せて高い評価を得ようとする「遂行接近志向」，（c）自分の無能さを隠そうとする「遂行回避志向」の3つの下位因子から構成されています。これらが韓国語能力の伸長にどのような影響を与えるのかを検証しました。ここでは，「マスタリー志向」を適性変数とした場合の ATI 分析を例として見ていきます。

それでは，実際に SPSS を使って ATI 分析を行っていきましょう。まず，SPSS の「変換」→「変数の計算」を開きます。図 5-5 のように，教育手法と適性の交互作用項を作成します。

次に重回帰分析で交互作用が有意かを確認します。「分析」→「回帰」→「線形」を選択し，従属変数に韓国語能力，独立変数に教育手法とマスタリー志向，教育手法とマスタリー志向の交互作用項を投入します。方法は「強制投入法」を選択します。

「OK」を押すと分析の結果が出力されます。

図 5-5　交互作用項の作成

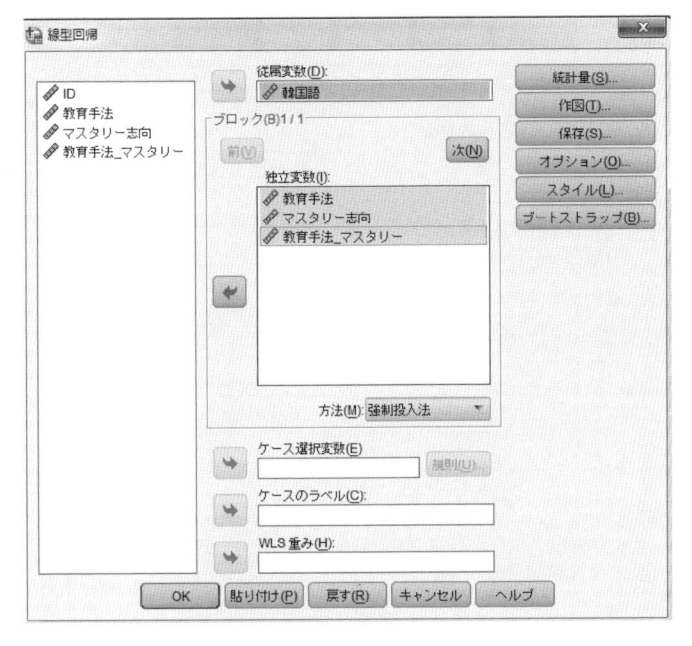

図 5-6　回帰分析による ATI 分析

3-2　結果の解釈

重回帰分析の結果が出力されたら，分散分析の結果が有意であるかを確認します。この結果は私たちが作成したモデル全体の評価です。次に，R^2 と調節済み R^2 を確認します。これらの指標は従属変数に対して独立変数全体でどのくらい説明しているかを表します。R^2 とともに，モデルの複雑さに対してペナルティを果たした調整済み R^2 を一緒に報告する論文を多く見かけます。そして，独立変数ごとの分析結果を確認します。

さて順に分析結果を解釈してみましょう。分散分析は F 値が 5.632，有意確率は .003 です。つまり，モデルの説明力が5％水準で有意であることが分かります。次に，R^2 は .332，調節済み R^2 は .273 です。これは教育手法，マスタリー志向，教育手法とマスタリー志向の交互作用の3つの独立変数で韓国語能力の伸長の約33％，調節済みの R^2 でも 27.3％ を説明していることを意味します。個々の独立変数の有意性の検定結果を見ると，マスタリー志向は教育手法との交互作用が5％水準で有意であることが分かります。この結果は，マスタリー志向が低いか，または高いかによって2つの教育手法の効果が異なることを意味します。したがって，このモデルからATIが確認されたと言えます。

回帰分析の結果にもとづいた回帰式を作成すると以下のようになります。回帰式で必要な値は結果の係数に点線の四角で表示した部分です。前述したように教育手法には，学習者中心教育手法を0，教師中心教育手法を1としたダミー変数を用いました。

モデルの要約

モデル	R	R2 乗（決定係数）	調整済 R2 乗（調整済決定係数）	推定値の標準誤差
1	.576[a]	.332	.273	14.37170

a. 予測値：（定数），教育手法_マスタリー，マスタリー志向，教育手法

分散分析[a]

モデル		平方和	df	平均平方	F	有意確率
1	回帰	3489.716	3	1163.239	5.632	.003[b]
	残差	7022.553	34	206.546		
	合計	10512.270	37			

a. 従属変数　韓国語
b. 予測値：（定数），教育手法_マスタリー，マスタリー志向，教育手法

係数[a]

モデル		標準化されていない係数 B	標準誤差	標準化係数 ベータ	t	有意確率
1	（定数）	-8.658	22.395		-.387	.701
	教育手法	74.846	29.070	2.247	2.575	.015
	マスタリー志向	4.509	4.546	.220	.992	.328
	教育手法_マスタリー	-19.194	6.249	-2.528	-3.072	.004

a. 従属変数　韓国語

図 5-7　回帰分析の結果

$$\hat{Y} = a + b_1 X_1 + b_2 X_2$$

韓国語能力
$= -8.658 + 74.846*教育手法 + \{4.509 + (-19.194)*教育手法\}*マスタリー志向$
(3.1)

学習者中心グループの韓国語能力
$= -8.658 + 74.846*0 + \{4.509 + (-19.194)*0\}*マスタリー志向$
$= -8.658 + 4.509*マスタリー志向$
(3.2)

教師中心グループの韓国語能力
$= -8.658 + 74.846*1 + \{4.509 + (-19.194)*1\}*マスタリー志向$
$= 66.188 - 14.685*マスタリー志向$
(3.3)

　回帰式にもとづいてグラフを描くと教育手法とマスタリー志向の関係を視覚的に把握することができます。Excelで上の数式のグラフを作ったものが図5-8です。
　グラフからマスタリー志向が低い人は教師中心の教育手法が効果的であり，マスタリー志向が高い人は学習者中心の教育手法が効果的であることが分かります。その関係が逆転する2つの回帰式が重なる交点をX_{int}とすると，以下のようになります。

$$X_{int} = \{(-8.658) - 66.188\}/\{(-14.685) - 4.509\} = 3.898 \tag{3.4}$$

　マスタリー志向が3.898で2つの直線は交差します。しかし，交差する前後のマスタリー志向は統計的には有意ではないため，ジョンソン・ネイマン法を用いて有意な差が生じる境界を特定する必要があります。ジョンソン・ネイマン法を使うために必要な計算はExcelを用いた方が簡単なので，ここからはExcelを使います。
　まず，マスタリー志向のデータをExcelに移してグループごとの平均値を求めま

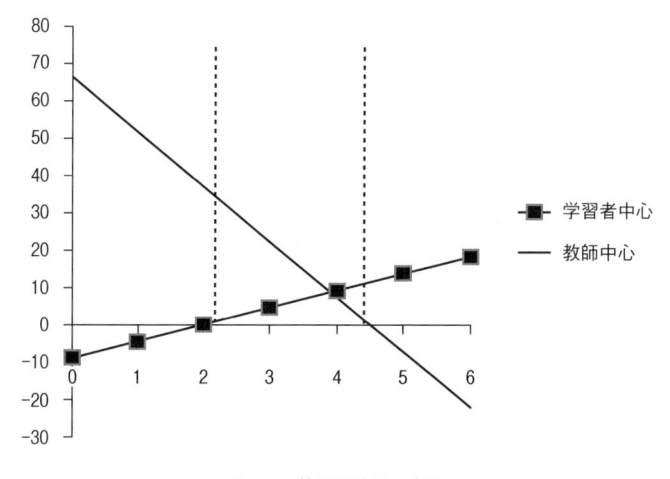

図5-8　韓国語伸長の変動

す。このときに学習者中心グループと教師中心グループを別の列に入れると計算がしやすくなります。必要な値はグループごとの平均値と，各測定値から平均値を引いた値を2乗した変数の合計点です。

学習者中心			教師中心		
マスタリー	マスタリー−平均値	（マスタリー−平均値）2乗	マスタリー	マスタリー−平均値	（マスタリー−平均値）2乗
4.33	−0.545	0.297025	5.33	1.081	1.168561
5.33	0.455	0.207025	4.33	0.081	0.006561
4.83	−0.045	0.002025	5.33	1.081	1.168561
5	0.125	0.015625	4.5	0.251	0.063001
5.5	0.625	0.390625	5.5	1.251	1.565001
5.67	0.795	0.632025	4.67	0.421	0.177241
3.33	−1.545	2.387025	5.5	1.251	1.565001
4.67	−0.205	0.042025	4.17	−0.079	0.006241
4.17	−0.705	0.497025	3.17	−1.079	1.164241
4.67	−0.205	0.042025	4	−0.249	0.062001
4	−0.875	0.765625	3.83	−0.419	0.175561
4.5	−0.375	0.140625	4.17	−0.079	0.006241
4.17	−0.705	0.497025	2.83	−1.419	2.013561
4.33	−0.545	0.297025	3.33	−0.919	0.844561
6	1.125	1.265625	4.33	0.081	0.006561
5.83	0.955	0.912025	4.5	0.251	0.063001
5.83	0.955	0.912025	3.33	−0.919	0.844561
4.67	−0.205	0.042025	3.67	−0.579	0.335241
5.67	0.795	0.632025	平均値 4.249444444	合計	11.2357
5	0.125	0.015625			
平均値 4.875	合計	9.9921			

= average（データの選択）

マスタリーから平均値を引いた値を2乗し，合算した値

図5-9 ジョンソン・ネイマン法のための計算の例

残差のSS_{res}は結果の回帰分析で示される残差の部分です。ここでは$F\alpha$の自由度が$(1, 34)$のF値を使います。ジョンソン・ネイマン法による計算で必要な数値をまとめると以下のようになります。

$$\sum x_1^2 = 9.992,\ \overline{X_1} = 4.875,\ a_1 = -8.658,\ b_1 = 4.509$$
$$\sum x_2^2 = 11.236,\ \overline{X_2} = 4.249,\ a_2 = 66.188,\ b_2 = -14.685$$
$$SS_{res} = 7022.553,\ N = 38,\ n_1 = 20,\ n_2 = 18,\ F(1, 34) = 4.17$$

式にこれらの数値を代入してみましょう。

$$A = \frac{-F\alpha}{N-4}(SS_{res})\left[\frac{1}{\sum x_1^2} + \frac{1}{\sum x_2^2}\right] + (b_1 - b_2)^2$$
$$= \frac{-4.17}{34} * 7022.553 * \left[\frac{1}{9.992} + \frac{1}{11.236}\right] + (4.509 - (-14.685))^2 = 205.556$$

$$B = \frac{F\alpha}{N-4}(SS_{res})\left[\frac{\overline{X_1}}{\sum x_1^2}+\frac{\overline{X_2}}{\sum x_2^2}\right]+(a_1-a_2)(b_1-b_2) \quad (3.5)$$

$$= \frac{4.17}{34}*7022.553*\left[\frac{4.875}{9.992}+\frac{4.249}{11.236}\right]+(-8.658-66.188)(4.509-(-14.685))$$

$$= -690.593 \quad (3.6)$$

$$C = \frac{-F\alpha}{N-4}(SS_{res})\left[\frac{N}{n_1 n_2}+\frac{\overline{X_1}^2}{\sum x_1^2}+\frac{\overline{X_2}^2}{\sum x_2^2}\right]+(a_1-a_2)^2$$

$$= \frac{-4.17}{34}*7022.553*\left[\frac{38}{20*18}+\frac{4.875^2}{9.992}+\frac{4.249^2}{11.236}\right]+(-8.658-66.188)^2 = 2078.519 \quad (3.7)$$

$$X = \frac{-B\pm\sqrt{B^2-AC}}{A} = \frac{-(-690.593)\pm\sqrt{(-690.593)^2-205.556*2078.519}}{205.556}$$

$$= 4.445 \text{ または } 2.275 \quad (3.8)$$

図 5-8 の 2 つの点線はマスタリー志向によって教育手法に有意な差が現れる時点です。グラフでも分かるように，マスタリー志向が 2.275 未満の人は教師が中心になる教育手法が，4.445 を超える人は学習者中心になる教育手法が効果的であり，マスタリー志向が 2.275 から 4.445 の間の人には 2 つの教育手法に優劣はないと言えます。では，2 つの閾値はどのように理解できるのでしょうか。38 名のマスタリー志向の平均は 4.578，標準偏差は .820 です。6 件法で測定した変数なので，理論的平均値の 3.0 より右側に中心がある分布であることが分かります。これらの閾値を z 得点に変換すると，2.275 点は $z=-2.809$ で，4.445 点は $z=-.162$ になります[5]。つまり，日本人を対象にした韓国語教育では，マスタリー志向が平均値付近より高い学習者なら，学習者中心の教育がより奏功する可能性が高いです。また，マスタリー志向が平均よりも低い学習者にはどちらの教育手法を用いても学習効果に差は見られないものの，極端にマスタリー志向の低い一部の学習者にとっては旧来の教師中心の教育がより効果を発揮する可能性が高いと読み解くことができます[6]。

4　おわりに

本章では，ATI という個人差を考慮する研究の枠組みを紹介しました。同じ実験

---

[5] z 得点 $= \dfrac{得点-平均値}{標準偏差}$

[6] 標準正規分布では平均値を中心に ($z=0$)，±1 標準偏差の間には約 68％が，±2 標準偏差の間には約 95％が，±3 標準偏差の間には約 99％が占めることが知られています。詳しくは Levin & Fox (2006, p. 198)，田崎 (2011, p. 106) などを参照してください。

計画や分析方法を用いる共分散分析を紹介し，ATI の解釈の方法や有意区間の検証方法，SPSS よる分析方法について解説しました。私たちは日々の教育実践において「良い授業はどのような授業か」ということに注目しがちです。反対に「悪い授業」ということに注目してしまうことも多いでしょう。暗記が得意であったり，性格が恥ずかしがり屋であったり，異文化コミュニケーションに対して積極的であったりと，学習者の適性は極めて多様であり，学びのプロセスは非常に複雑な現象です。教室では様々な文化背景をもった学習者たちが学んでいます。このような個人差を考慮に入れた ATI の考え方こそ，今日のグローバル化した多文化共生社会の教育現場において検討すべき重要な視点であるのではないでしょうか。

引用文献

安藤 寿康（1999）．適性処遇交互作用　中島 義明・安藤 清志・子安 増生・坂野 雄二・繁桝 算男・立花 政夫・箱田 裕司（編）　心理学辞典（pp. 610-611）　有斐閣

Cronbach, L. J. (1957). The two disciplines of scientific psychology. *American Psychologist, 12,* 671-684.

Kerlinger, F. N., & Pedhazur, E. J. (1973). *Multiple regression in behavioral research.* New York: Holt, Rinehart and Winston.

Levin, J., & Fox, J. A. (2006). *Elementary statistics in social research* (10th ed.). Boston, MA: Pearson Education.

奈須 正裕（1993）．おちこぼれのない学習指導を目指して（2）学習スタイルを保障する　学習評価研究, *15,* 56-65.

並木 博（1997）．個性と教育環境の交互作用―教育心理学の課題―　培風館

Pedhazur, E. J., & Schmelkin, L. P. (1991). *Measurement, design, and analysis: An integrated approach.* New York: Psychology Press.

Rogosa, D. (1980). Comparing nonparallel regression lines. *Psychological Bulletin, 88,* 307-321.

Snow, R. (1989). Aptitude-Treatment Interaction as a framework for research on individual differences in learning. In P. Ackerman, R. J. Sternberg, & R. Glaser (Eds.), *Learning and individual differences* (pp. 13-59). New York: W. H. Freeman.

申 知元（2012）．異文化理解に基づいた韓国語教育の構築　青山学院大学大学院国際政治経済学研究科修士論文（未公刊）

田中 あゆみ・山内 弘継（2000）．教室における達成動機，目標志向，内発的興味，学業成績の因果モデルの検討　心理学研究, *71,* 317-324.

田崎 勝也（2011）．データの要約と記述統計　末田 清子・抱井 尚子・田崎 勝也・猿橋 順子（編著）　コミュニケーション研究法（pp. 97-107）　ナカニシヤ出版

第6章 パス解析

本山美希・申　知元

1　はじめに

　社会科学においては，実に多様なテーマが研究題材として扱われています。それらの事象の多くは，決して単純明快な理論で説明できるものではないでしょう。例えば「なぜ日本人はディスカッションが苦手なのか」という疑問をもったとします。少し考えただけでも，日本の教育，集団主義的な社会環境，自己主張よりも協調性の方が重視される風潮など，あらゆる原因が思い浮かぶはずです。このように，私たちが扱う事象の背後では，多くの要因が複雑に絡み合っており，それらの結果としてその事象が起きていると考えるのが自然です。本章では，こういった事象を社会科学において統計的に分析する際に，非常に有効な分析手法のひとつである，パス解析について解説します。

2　因果関係を探る統計的分析の手法

　日本人のディスカッション能力に影響を与える原因を明らかにし，原因と結果の関係すなわち因果関係を検証する統計手法について考えてみましょう。代表的な手法のひとつとして，まずは第3章から第4章で取り上げた回帰分析が挙げられます。回帰分析は，研究対象として設定される「従属（目的）変数」に対して，予測・説明するために用いる「独立（説明）変数」を回帰式として表し，両変数間の因果的な関係性を知ることができる分析手法です。

　さて，本章で扱うパス解析も因果関係を検証するための分析手法のひとつですが，重回帰分析とは何が違うのか，「因果モデル」を用いて説明します。因果モデルとは，変数間の因果関係に関する仮説を表現したモデルの一般的な総称です（豊田・前田・柳井，1992）。図6-1は，「学びへの意欲」「学校生活への満足度」「友人関係への満足度」という3つの要素が「学校成績」に影響を与えているという仮説のもと構築した，重回帰分析の因果モデルです。しかし，この図6-1は，「学校成績」を決める要因について十分に説明できているでしょうか。もしかすると，「学校成績」を決める

要因のひとつである学びへの意欲は，友人関係や学校生活全般への充足感に左右されているのかもしれません。さらに，学校生活への満足度を決める要因として，友人関係への満足度は特に大きな役割を果たしているとも考えられるでしょう。このように考えると，例えば「友人関係への満足度は学校生活への満足度と学びへの意欲に直接影響を与えており，さらに学びへの意欲は学校生活への満足度からも影響を受けた上で，学校成績に影響を与えている」というような，間接的な変数間の関わりを含む複雑な仮説が浮かび上がります。しかし，重回帰分析では独立変数が従属変数に「直接的に与える影響」しか検証できないため，この仮説を分析するには重回帰分析を繰り返し行わなければなりません。通常，社会科学で用いる検定は5％のエラーを認めますから，繰り返し分析を行えば行うほど，その分だけ誤差も大きくなってしまいます。分析の精度の観点から，新たな仮説のように「間接的に与える影響」を含む仮説を重回帰分析で検証することは，避けるべきでしょう。

　このような場合に用いるべき分析手法こそが，本章で扱うパス解析です。パス解析では，研究者自身が持っている複雑な仮説を表現する因果モデルを自由に構築し，変数間の直接的および間接的な関係を検証することができます（Schumacker & Lomax, 1996）。図6-1と同じ4つの変数を投入してパス解析の因果モデルを描いたものが，図6-2です。重回帰分析の因果モデルと違い，パス解析の因果モデルでは「独立変数であると同時に従属変数でもある」という変数を置くことができます。そうすることで，独立変数から従属変数への直接的な影響のみならず，間接的な影響の強さをも検証することができるようになります。パス解析の因果モデルにおいては，どの変数からも影響を受けない変数のことを「外生変数」，1つでも他の変数から影響を受けている変数のことを「内生変数」と呼びます。図6-2では，「学校生活への満足度」と「学びへの意欲」が内生変数として因果モデルに組み込まれており，重回帰分析の因果モデルでは対応できなかった要因間の因果関係まで描くことが可能になりました。このようにパス解析は，研究対象の事象をより実態に即して説明することができる，有力な分析手法です。

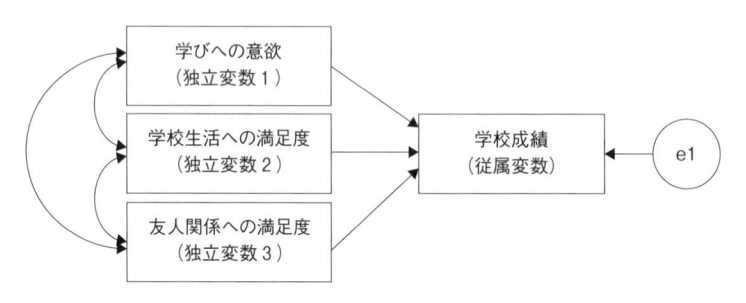

図6-1　学校成績に関する重回帰分析の因果モデル

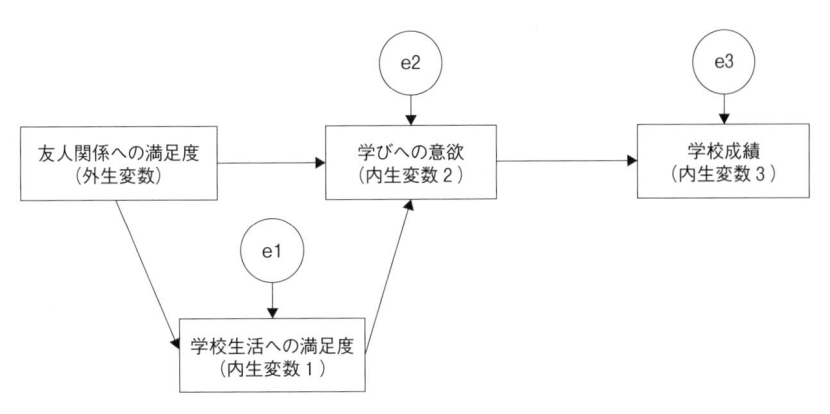

図 6-2　学校成績に関するパス解析の因果モデル

3　パス解析—観測変数の SEM

3-1　SEM の強み

　パス解析は，構造方程式モデリング（structural equation modeling: SEM）と呼ばれる分析手法のひとつで，共分散構造分析とも呼ばれます。SEM の強みとしては，前述のとおり研究者が自由に因果モデルを構築できることのほか，「観測変数」のみならず「潜在変数」の推定が可能なことが挙げられます。「潜在変数」とは，「英語の能力」といったような，実際に値を観測することができない変数のことです。SEM に分類される確証的因子分析（第 8 章参照）や MTMM 行列の分析（第 10 章参照）では，この潜在変数が分析に組み込まれています。これに対して「TOEIC の点数」や「5 件法で測定した心理尺度の値」など，実際に値が測定される変数を「観測変数」と呼んでいます。

　また，因果モデルとデータとの当てはまりの良さを検討できる「適合度指標」という値を得られることも，SEM の魅力のひとつです。適合度指標を参照することで複数のモデルの良し悪しを検討し，最良のものを分析結果として採用することができます。参照する主な適合度指標は，以下の表にある CMIN, GFI, AGFI, CFI, RMSEA の 5 つです（表 6-1）。それぞれが対象とする側面が異なるため，複数の指標

表 6-1　適合度指標

指標	概要
CMIN	χ^2 のことであり，これが有意でなければ，モデルはデータに適合していると判断される サンプルサイズに影響を受けやすいため，解釈に際しては注意が必要
GFI	重回帰分析の R^2 に相当する指標 1〜0 の間で推移し，モデルがどれほどデータに対して説明力があるかと示す目安になる 1 に近付くほどモデルの説明力が高いことを表し，0.95 以上の値を示すことが望ましい
AGFI	重回帰分析の調整済み R^2 に相当する GFI と同じく，1 に近ければ近いほどデータへの当てはまりが良いと解釈できる
CFI	「データとのあてはまりが最も悪いモデル」に比べ，モデルがどの程度改善されたかを評価する GFI や AGFI と同じく，0.95 以上が望ましく，最低でも 0.90 以上が目安になる
RMSEA	「モデルがいかに悪いか」という観点から算出される適合度指標 0.05 以下が望ましいとされ，少なくとも 0.1 以下に留まっていることが目安とされる

を参照して総合的にモデルの是非を検討することが望ましいとされています。

　これらの適合度指標ですが，研究者の仮説を忠実に描いた因果モデルに対して実際に収集してきたデータを当てはめてパス解析を行うと，低い値が示されることがたびたびあります。適合度が低いということは「モデルはデータとの当てはまりが良くない」ということであり，そのモデルとデータで分析を進めても妥当な解釈を行うことは難しいということです。このような場合，パスを削除するなど変数間の関係性を描き直し，仮説から逸脱しない範囲でモデルに修正を加えて分析しなおせば，適合度が改善することがあります。一度の分析に留まらず，モデルを修正して再分析し，異なる分析結果を検討できることは，SEM の特徴のひとつです。

3-2　パス解析の基本

　本章で扱うパス解析は，SEM の下位モデルのひとつであり，観測変数間の関係性を検証する分析手法です（豊田，1998）。SEM の一種であることから，前述した適合度指標を算出し，因果モデルとデータとの当てはまりの良さも検証できます。論文などにその結果を掲載する際には，先に示した図 6-1 や図 6-2 のような「パス図」を一緒に提示することが一般的です。パス図とは，因果関係の道筋を簡単な図形で表現したもので，このパス図の中に描かれる道筋の矢印を「パス」と呼びます。それぞれのパスの具体的な影響力は，パス解析を実施した結果得られる「パス係数」という指標によって把握することが可能です。ただ，多くの場合因果モデルの中には異なる単位の変数が投入されており，各パス係数の大きさを単純に比較することができません。そのため，分散が1に統一され，-1 から $+1$ の値に計算されたパス係数である「標準化係数」を参照します[1]。これは相関係数とほぼ同じように解釈でき，プラスは正の関係，マイナスは負の関係，0 に近いほど弱い関係性を示し，±1 に近いほど強い関係性を表します（足立，2006）。

　また，通常パス解析で投入される変数は量的変数ですが，種類によっては質的変数も投入することが可能です。ここで投入できる変数は，「性別（男性または女性）」や「国籍（日本またはアメリカ）」など2つのグループをもつ質的変数，すなわち2値型と呼ばれるタイプのものに限られます。例えば，男性を1，女性を2というように仮の番号を振り，量的変数化することで分析にかけられるようになります。このようにして新たに作成した変数は「ダミー変数」と呼ばれ，質的な情報でありながら量的な変数とみなしてモデルに含むことが可能です。

　パス図を描くにあたっては，いくつかのルールが決まっています。図 6-2 を再び見てください。「友人関係への満足度」をはじめ，パス解析で扱う変数すなわち観測変数は，四角で表記します。そして，ある変数からある変数への影響を示すパスは，因果の方向に従い矢印で描きます。外生変数が複数ある場合は，両変数間に相関関係があることを示す両方向矢印を書き加えることもあります。ただし，論理的に相関関係にあるとは考えにくい変数同士が外生変数となっている場合は，両方向矢印を書き加える必要はありません。例えば，「性別」と「国籍」の2変数が外生変数になってい

1）稀に，標準化したパス係数の絶対値が1を超えることもあります。詳しくは豊田（2003）を参照してください。

るといった場合は両方向矢印を描かないことで，独立変数同士の間に相関関係は絶対的にないということを表せます。また，3つの内生変数はすべて，「e1（error1の略）」をはじめとした小さな円からのパスを受けていますが，この小さな円は誤差を表しています。

3-3 直接効果と間接効果

さて，「なぜ日本人はディスカッションが苦手なのか」という疑問を考えた際にも浮き彫りになったように，原因と結果の間には無数の変数が存在しています。それらすべてを把握することは難しく，例えば，個人の性格などといった特性や経済状況のように，仮説には含まれていないものの実は因果関係に影響しているかもしれません。このような変数は交絡変数と呼ばれ，統制されるべき存在である一方，無数に存在していると考えられることから，残念ながら統制しきれないことも少なくありません。これに対して，先行研究や仮説，理論的整合性にもとづいて，原因と結果の間を仲介していると考えられる変数もあります。このような，原因となる変数と結果となる変数の間を繋ぎ，両変数間の関係性を仲介している変数は「媒介変数」と呼ばれ，交絡変数とは区別されます。例えば図6-2では，「友人関係に満足していれば，学校生活全般への満足度も高いものになり，勉強を頑張ろうという気持ちも高まるのではないか」という仮説にもとづき，「学校生活への満足度」という媒介変数がモデルに投入されています。つまり，媒介変数は，仮説にもとづいて原因と結果の間を仲介すると予測され，その存在があらかじめ把握されている変数です。

パス解析では，この媒介変数を因果モデルに投入して分析を行うことで，原因が結果に直接与える影響のみならず，原因が媒介変数を介して結果に与える間接的な影響をも把握することができるようになります。図6-3を見てみましょう。図6-3は，「学校の成績が良い生徒は，目的に向けて努力する傾向が強く，その結果将来についてもよく目を向ける傾向にある」という仮説にもとづいて構築された因果モデルです。

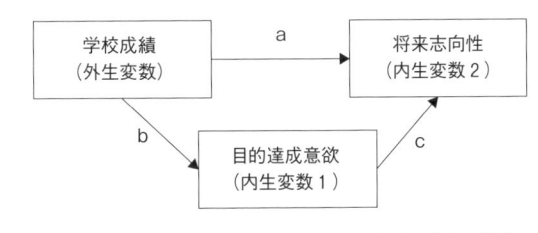

図6-3 目的達成意欲を媒介変数とした将来志向性・学校の成績に関する因果モデル

パス解析のパス図において，外生変数がある内生変数に直接与える影響のことを「直接効果（direct effect）」と言います。それに対して，媒介変数を介して外生変数が内生変数に与える影響は「間接効果（indirect effect）」と呼ばれています。また，直接効果と間接効果を総合した影響力のことを「総合効果（total effect）」と呼び，モデル全体の効果量を表します。これらそれぞれの効果について，図6-3の「学校成績」が「将来志向性」に与える効果量を例に詳しく見てみましょう。まず，「学校成績」が「将来志向性」に与える直接効果は，パスaのパス係数で示されます。そして媒介

変数である「目的達成意欲」を介して「将来志向性」に与える間接効果は，パスbとパスcのパス係数を掛け合わせることで算出できます。そして「学校成績」が「将来志向性」に与える全効果量は，直接効果と間接効果の和です（a+b×c）。この媒介変数の影響力の強さを吟味すること，すなわち間接効果の有意性と効果量を検証することは，パス解析において最も重要なポイントのひとつです。この間接効果が有意であるならば，独立変数と従属変数の関係性に媒介変数が確かな影響を与えているということになります。

4 パス解析の様々なモデル

4-1 非逐次モデルと逐次モデル

　パス解析では仮説に応じて自由にモデルが構築できるため，同じ変数を使用していても異なるモデルを組み立てることが可能です。構築されるパス解析の因果モデルは，その特徴に応じて「逐次モデル」と「非逐次モデル」という2つの種類に大別することができます。

　図6-4のパス図は，一度出発した片方向の矢印がひとつとしてもとの変数に戻ってこないような因果モデルです。このように，因果的な影響がすべて一方向にだけ向いているモデルのことを，逐次モデルと呼んでいます（Bohrnstedt & Knoke, 1988）。例えば，図6-4は「日本人はアメリカ人よりディスカッションが苦手で，媒介変数としてコミュニケーション不安が関連している」という仮説を表しているパス図ということになり，変数間の関係性は逐次的なものになっています。また，逐次モデルの中でも自由度が0になるものは，完全逐次モデルと呼ばれます（豊田，2007）。自由度に関する具体的な説明は，第9章119ページを参考にしてください。

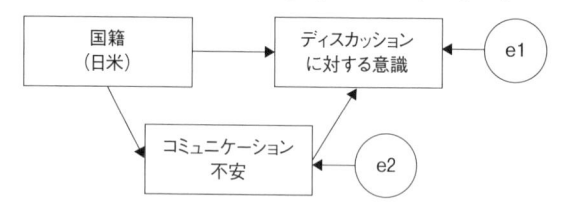

図6-4　逐次モデルのパス図

　非逐次モデルとは，一度ある変数を出発した片方向の矢印が，またもとの変数に戻ってくるようなモデルのことです。図6-5に示した2つのパス図は，どちらも非逐次モデルに分類されます。左の例は「コミュニケーション不安が高いと，ディスカッションが苦手と感じて発言回数は少なくなり，発言回数が少ないことからますますディスカッションへの苦手意識が高まる」というような関連性を示したパス図です。右の例であれば，「コミュニケーション不安が高いと，ディスカッションへの苦手意識も高まり発言回数が少なくなる，その体験からますますコミュニケーション不安が高まってしまう」というような因果関係の連鎖が示されています。このように，変数間で再帰的な関係性があり，相互的な因果関係を許容しているモデルのことを，非逐次モデルと呼んでいます（Bohrnstedt & Knoke, 1988）。

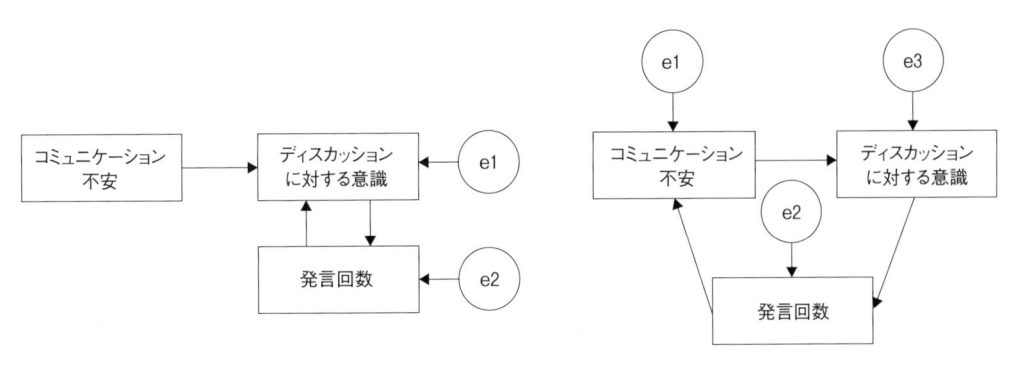

図6-5 非逐次モデルのパス図

4-2 同値モデル

より良いモデルを求めてパス図を再考しパス解析を実施していく過程で，パスの引き方が異なるモデルにもかかわらずまったく同じ適合度が得られる場合がたびたびあります。このようなモデルのことを，同値モデルと呼びます（足立，2006）。この場合，適合度が同じ値を示しているため，データの情報だけではモデルの違いを識別できず，どちらのモデルがより良いモデルなのかが判別できません。こうしたケースでは，理論的背景にもとづいてどちらのモデルを採択すべきかの判断が必要になります。例えば，モデルの評価としては同じくらい良いものが得られたとしても，論理的に考えて明らかな矛盾があるならば，そのモデルは採択すべきではありません。また，先行研究からある程度変数間の関係性が予測できるならば，そのとおりにパスを描いて変数をつなぐことが望ましいでしょう。さらに，検証したかった仮説をより忠実に表しているモデルはどちらかという点も，モデル採択の際に重要なポイントになります。このように，算出された適合度だけでモデルを採択することはせず，SEMを用いて研究を行う際には理論的背景を考えてモデルを選び取ることが大切です。

適合度は非常に重要な指標ではありますが，一方で適合度ばかりに意識を向けているとデータに引っ張られたモデルとなり，当初の仮説や目的を見失ってしまうということが起こりがちです。データと仮説のどちらか片方に偏り過ぎない因果モデルの構築も，パス解析の際には非常に重要となります。重回帰分析では見ることができない，変数の直接効果と間接効果を把握できることは，パス解析の大きな強みです。非常に便利な分析である一方で，データドリブン（data driven）にならないよう，パス解析を行う際にはきちんと仮説をもって慎重に分析する姿勢が必要です。

5 パス解析の実例

5-1 研究シナリオ

ここからは，実際の例を見ながらパス解析の分析法を確認しましょう。今回扱う例は結婚観に関する調査です（八尾・三浦・申，2014）。研究者グループは，結婚願望はどのような要因で，また，どのような過程を経て決まるかに興味をもち，先行研究にもとづいて調査を行うことにしました。先行研究から，性別と性役割観，恋愛スタイ

ルが結婚観と関連があることが分かっています。性役割観とは，性別によってすべきことが決まっていると思うかに関する意識です。質問紙では，鈴木（1994）の平等主義的性役割態度スケール短縮版を使いました。この尺度は，点数が高いと「男女は平等である」と思う傾向を表し，低いと「男性は仕事，女性は家庭」という伝統的な考え方をもつことを意味します。また，恋愛スタイルの測定には，恋愛スタイルを6つの恋愛類型に分けるLETS-2の簡略版を用いました（豊田・岸田，2006）。

こうして作成した質問紙を用いて，485名にアンケート調査を行いました。まず，結婚願望と性別，性役割観，恋愛スタイルの関連性を確認するために，結婚願望を従属変数とした重回帰分析を行いました。その結果，性別，性役割観，そして6つの恋愛スタイルの中でも情熱的な恋愛を好む傾向が，結婚願望と関連していることが示されました。先行研究と重回帰分析の結果にもとづき，「性別，性役割観は恋愛スタイルおよび結婚観に影響を与え，恋愛スタイルは結婚観に影響を与える」という仮説を立て，パス解析を用いた仮説検証を行います。

5-2 Amosの使用法
（1）パス図を描く

Amosを用いて分析してみましょう。Amosの分析には画面の左側のアイコンのボタンを使用します。図6-6は，5-1節の仮説にもとづいて描いたパス図と実際のAmosの操作画面です。

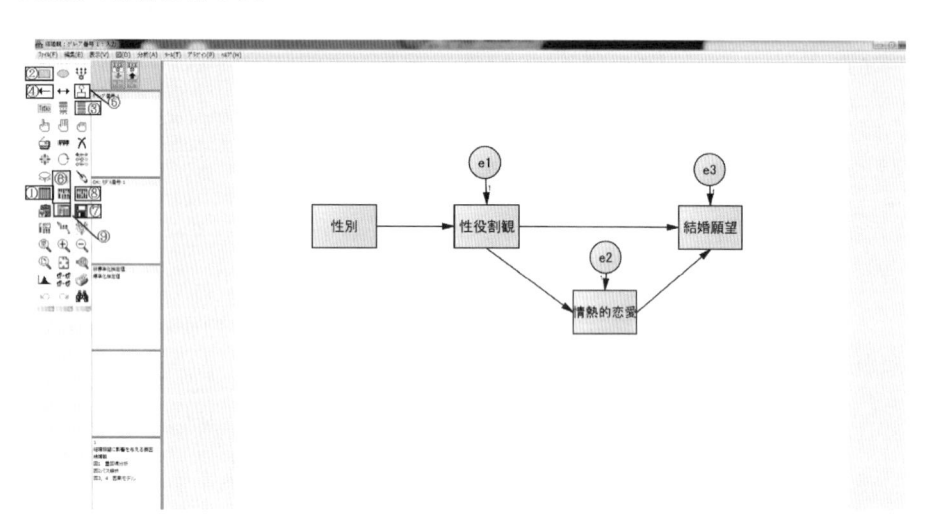

図6-6 Amosによるパス図の描き方

今回，仮説を検証するために必要な観測変数は，「結婚願望」「恋愛スタイル」「性役割観」「性別」の4つです。図6-6のアイコンの番号を参考にしてください。まず，使用するSPSSのデータを①「データファイルの選択」アイコンを使って読み込ませます。続いて②「観測される変数を描く」を使って変数を4つ描き，③「データセット内の変数を一覧」をクリックして変数を投入します。仮説にもとづいて矢印の方向を決め（④「パスを描く（一方向矢印）」），矢印を受ける変数には必ず誤差変数（⑤「既存の変数の固有の変数を追加」）を付けます。誤差変数名は使用するSPSSデータ内に

存在しない変数名にすることが原則であり，エラー（error）の頭文字を取って e1, e2, e3……のように名づけることが一般的です。

（2）出力の設定

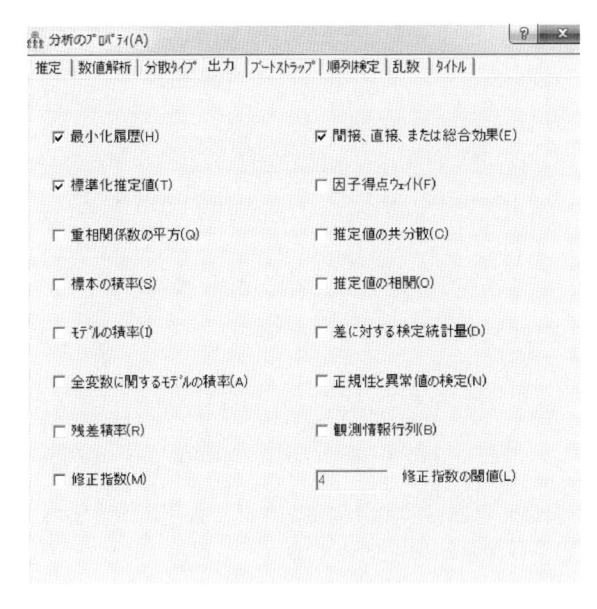

図6-7　出力の設定

パス図を描いたら，⑥「分析のプロパティ」を選択し，報告する際に必要な結果が出力できるように設定を行います。今回は，標準化係数，間接効果，直接効果の3つを確認したいので，⑥「分析のプロパティ」の8つのタブの真ん中にある「出力」を選択し，「標準化推定値」と「間接，直接，または総合効果」にチェックを入れます。

さらにこのモデルには，性役割観のように結婚願望に対して直接的な関係と情熱的恋愛を媒介変数にする間接的な関係のどちらももっている変数が含まれています。間接効果の信頼区間を見つける，有意性検定を行うなどをする際には，ソベル検定もしくはブートストラップ法（bootstrap method）が使われます（清水，2014）。ここではより良い信頼区間を推定できると言われているブートストラップ法を用いて分析する方法を紹介します（Arbuckle, 2012）。ブートストラップ法については，Diaconis & Efron（1983）を参照してください。「出力」の右のタブ「ブートストラップ」をクリックし，図6-8のように「ブートストラップの実行」「百分位数法による信頼区間」「バイアス修正済信頼区間」「ブートストラップML」にチェックを入れることで，間接効果の信頼区間を見つけることができます。

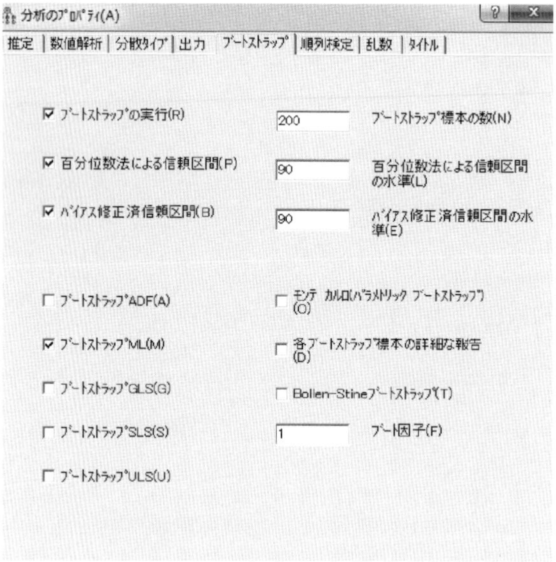

図6-8　ブートストラップの設定

　また，無回答や間違えた回答により欠落が生じた欠損値が含まれている変数を使用する際には，「推定」→「平均値と切片を推定」を選択することで分析ができるようになります。平均値と切片を推定するとGFI，AGFIなど一部の指標は得られなくなりますので，この場合はχ^2，CFI，RMSEAなど他の適合度指標にもとづいてモデルを評価することになります。
　ここまでの準備が終わったら，データを保存し（⑦「現行のパス図を保存」），⑧「推定値を計算」をクリックして，分析を実施しましょう。

5-3　結果の解釈

　分析が終わったら，⑨「テキスト出力の表示」をクリックして新たに「AMOS出力」という画面を立ち上げ，モデルの分析結果を確認していきます。モデル全体の評価をするためには，各適合度指標が基準を満たしているかを確認する必要があります。「モデルの適合度」で確認してみましょう。まず，χ^2を確認するためCMINと書いてある結果を見ると，χ^2は6.886，自由度は2，確率は.032で「モデルは正しい」という帰無仮説が棄却されています。しかし，表6-1で紹介したようにχ^2は最も伝統的な指標で，サンプル数が多くなると棄却されやすいことが知られています。このデータは485名とサンプル数が大きいため，他の指標を参考にしてモデルの是非を吟味する必要があるでしょう。他の指標を確認したところ，GFIは.993，AGFIは.966，CFIは.930でモデルの良さを評価する3つの指標が.90以上です。一方で，モデルの悪さを評価するRMSEAは.070で.050を少し上回っていますが，他の指標も合わせて総合的に評価し，このモデルを最終モデルとします。
　モデル全体の吟味が完了したら，変数間の関係を確認しましょう。図6-10の係数に示されている確率を見るとすべてのパスが5％以下で有意であることが分かります。＊は5％，＊＊は1％，＊＊＊は0.1％水準で有意であることを意味します。標準

モデル適合の要約

CMIN

モデル	NPAR	CMIN	自由度	確率	CMIN/DF
モデル番号1	8	6.886	2	.032	3.433
飽和モデル	10	.000	0		
独立モデル	4	75.787	6	.000	12.631

RMR, GFI

モデル	RMR	GFI	AGFI	PGFI
モデル番号1	.015	.993	.966	.199
飽和モデル	.000	1.000		
独立モデル	.084	.928	.880	.557

基準比較

モデル	NFI Delta1	RFI rho1	IFI Delta2	TLI rho2	CFI
モデル番号1	.909	.727	.934	.790	.930
飽和モデル	1.000		1.000		1.000
独立モデル	.000	.000	.000	.000	.000

RMSEA

モデル	RMSEA	LO90	HI90	PCLOSE
モデル番号1	.070	.018	.130	.215
独立モデル	.153	.123	.184	.000

図6-9　モデルの適合

係数：（グループ番号1-モデル番号1）

		推定値	標準誤差	検定統計量	確率	ラベル
平性役割	←--- 性別	.232	.055	4.211	***	
情熱的恋愛	←--- 平性役割	-.369	.076	-4.870	***	
結婚願望	←--- 情熱的恋愛	.150	.035	4.324	***	
結婚願望	←--- 平性役割	-.134	.060	-2.234	.025	

標準化係数：（グループ番号1-モデル番号1）

		推定値
平性役割	←--- 性別	.185
情熱的恋愛	←--- 平性役割	-.213
結婚願望	←--- 情熱的恋愛	.193
結婚願望	←--- 平性役割	-.099

分散：（グループ番号1-モデル番号1）

	推定値	標準誤差	検定統計量	確率	ラベル
性別	.250	.016	15.796	***	
e1	.377	.024	15.796	***	
e2	1.118	.071	15.796	***	
e3	.673	.043	15.796	***	

図6-10　Amosの推定値の結果と標準化係数のパス図

化係数をみると性役割観から結婚願望へのパスは−0.134（標準化係数−.099），標準誤差が0.60，有意確率が2.5%です。この結果から，性役割観と結婚願望という変数間の関係は，モデルに含まれる他の変数間の関係よりも弱いということが示されました。しかし，本調査では理論的な背景，つまり先行研究にもとづいた仮説を優先して，このモデルのまま分析を進めることにします。一般的には仮説が優先されるため，モデルの適合度が基準を満たしていれば，5％水準で有意でないパスが含まれていてもそのまま修正せずにモデルを解釈します（豊田，2003）。しかし，モデルの適合度が悪い場合は，有意ではないパスを手がかりにモデルの修正を行います。パス解析はあくまでも理論的背景が大事ですので，モデルを修正する際には先行研究や論理的な説明を理由として提示する必要があります。

　性別は，男性を1，女性を2としたダミー変数ですので，性別と性役割観のパスが正の関係であれば女性の方が，負の関係であれば男性の方が，性役割観が強いことを意味します。標準化係数の結果を見ると，当該のパスは.185で正の値であり，女性の方が男性よりも性役割観が高いことが分かります。研究シナリオで紹介したように，今回の調査で性役割観の測定に使用した尺度では，得点が高ければ高いほど平等的な性役割観をもつことを表します。ゆえに，女性が男性より平等的な性役割観をもっていると言えます。

　性役割観は情熱的な恋愛とは−.213，結婚願望とは−.099といったように負の関係をもっています。情熱的な恋愛とは「恋愛に対して激しい感情を持ち，独占欲が強く，嫉妬深いタイプ」と定義されます。つまり，この結果から「男女は平等である」と思う人より「男性は仕事，女性は家庭」という伝統的な考え方をもつ人の方が情熱的な恋愛をし，結婚願望が強いということが読み取れました。また，情熱的な恋愛から結婚願望へのパスが.193という正の関係があることから，情熱的な恋愛を好む人の方が結婚したいと望んでいることが分かります。そして，間接効果は性役割観から情熱の恋愛へのパス係数（−.213）と，情熱的恋愛から結婚願望へのパス（.193）を掛けた値（−.213 * 0.193＝−.041）です。以上の結果をまとめると，結婚願望は性役割観と恋愛スタイルにより決められ，性別は間接的に影響を与えるということ，そして，女性で平等的な性役割観をもつ人は結婚願望が強くないということの2点が明ら

図6-11　間接効果の結果とブートストラップの結果

かになりました。

　続いて，間接効果の有意性を確認しましょう。この値が有意であるかどうかを確認するには，「推定値」→「行列」→「標準化間接効果」を選択し，下の「ブートストラップ信頼区間」→「百分位数法」→「両側検定有意水準」を選択します。性役割観から情熱的恋愛を媒介にした結婚願望への間接効果は.010，つまり1％水準で有意であることが分かります。

　以上のパス解析の結果から，仮説であった「性別，性役割観は恋愛スタイルおよび結婚観に影響を与え，恋愛スタイルは結婚観に影響を与える」は支持されたと言えます。

6　おわりに

　コミュニケーション学では，人間の行動がどのような価値観，または心理状態によって形成されているかを検証するために，パス解析を多く用います。男性と女性，日本人とアメリカ人のように異なる集団を対象に多母集団同時分析を行い，集団間の因果過程を確認することで文化の差を明らかにすることも可能です。

　因果関係を推論する際に有効なパス解析は，因果モデルを探索するのではなく，仮説を確認するための分析手法です。私たちが作成した因果関係が論理的に，また先行研究にもとづいて十分な根拠をもつことで，分析結果が説得力をもつようになることをぜひ覚えてください。私たちの行動の背後でどのような価値観が因果的な影響を与えているかをパス解析で探ることは，より深く物事を理解する一助となることでしょう。

引用・参考文献
足立　浩平（2006）．多変量データ解析法—心理・教育・社会系のための入門—　ナカニシヤ出版
Arbuckle, J. L. (2012). *IBM SPSS Amos 21*. Chicago, IL: Amos Development Corporation.
Bohrnstedt, G. W., & Knoke, D. (1988). *Statistics for social data analysis* (2nd ed.). Itasca, IL: Peacock Publisher.（海野　道朗・中村　隆（訳）（1990）．社会統計学—社会調査のためのデータ分析入門—　ハーベスト社）
Diaconis, P., & Efron, B. (1983). Computer-intensive methods in statistics. *Scientific American, 248*, 116-130.
Schumacker, R. E., & Lomax, R. G. (1996). *A Beginner's guide to structural equation modeling*. New York: Routledge.
清水　裕士（2014）．媒介分析　小杉　考司・清水　裕士（編）　M-plusとRによる構造方程式モデリング入門（pp. 151-164）　北大路書房
鈴木　淳子（1994）．平等主義的性役割態度スケール短縮版（SESRA-S）の作成　心理学研究, 65, 34-41.
豊田　秀樹・前田　忠彦・柳井　晴夫（1992）．原因をさぐる統計学—共分散構造分析入門—　講談社
豊田　秀樹（編）（1998）．共分散構造分析　入門編—構造方程式モデリング—（統計ライブラリー）朝倉書店
豊田　秀樹（編）（2003）．共分散構造分析　疑問編—構造方程式モデリング—　朝倉書店
豊田　秀樹（2007）．共分散構造分析　Amos編—構造方程式モデリング—　東京図書
豊田　弘司・岸田　麻里（2006）．教育用簡易版恋愛感情尺度の作成　教育実践総合センター研究紀

要，*15*, 1-5.

八尾 瑞希・三浦 梓・申 知元 (2014). 社会変化・性役割観が恋愛スタイルと結婚願望に及ぼす影響―日韓大学生の比較を中心に― 多文化関係学会第13回大会発表論文集, 54-55.

第7章 探索的因子分析

河野康成

1 因子分析とは

因子分析（factor analysis）は，重回帰分析（4章）やクラスター分析（13章）などと同様に多変量解析のひとつの手法です。因子分析を大まかに分けると，探索的因子分析（exploratory factor analysis）と確証的因子分析[1]（confirmatory factor analysis）があり，各頭文字を取って EFA，CFA と略して表現されています。データから構造を探るという場合を探索的因子分析，構造に関する何らかの仮説をデータと照らし合わせて検証する場合を検証的因子分析と言います（狩野，1997）。

探索的因子分析は，直接測定した観測変数（顕在変数）に影響を与えている直接測定していない潜在変数，つまり背後に隠れている共通因子を推測する方法です。柳井・繁桝・前川・市川（1990）は，潜在変数モデルを(a) 顕在変数が量的か質的か，(b) 潜在変数が量的か質的か，(c) 母数に特定の構造をあらかじめ仮定するか，の3つの基準によって分類しています（表7-1）。この章では，探索的因子分析について解説し，次の章で確証的因子分析を取り扱います。

表7-1　潜在変数モデルの種類

顕在変数	潜在変数	特定の構造	分析法
量	量	無	探索的因子分析
量	量	有	確認的因子分析，LISREL
量	量	無	潜在プロフィール分析
量	量	有	
質	質	無	カテゴリカルデータの因子分析
質	質	有	項目反応理論
質	質	無	潜在クラス分析
質	質	有	

観測変数と潜在変数のような因果関係モデルを説明するには，パス図（Wright, 1934）が用いられます。一般的に，観測変数は，正方形や長方形の四角で図式化し，潜在変数は，円や楕円の丸で表現します。例えば，チョコ・チョコチップ・ストロベ

---

[1] 確証的因子分析は，確認的因子分析や検証的因子分析とも呼ばれています。

リー・ブルーベリー・ミントの5種類のアイスクリームを対象に，消費者の好みを分けてみようと考えたとします。チョコ系の共通因子は，チョコとチョコチップに，ベリー系の共通因子は，ストロベリーとブルーベリーに強く影響を与えていて，ミントは両者の影響を受けていないとすると，図7-1のようなイメージになります。各共通因子からの矢印は影響（関係性）の強さを表しています。その強さを表す指標は，因子負荷と呼ばれています。このように，因子分析では，観測変数をできるだけ少ない潜在変数に分類することができます。

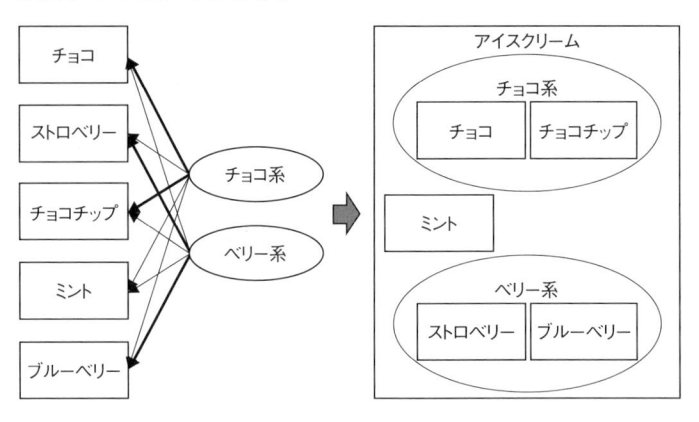

図7-1 観測変数と共通因子のイメージ

2 分析の前に

　因子分析に限らず，統計手法を用いる場合は，変数の選択が結果に大きく影響を与えることに注意を払わなければなりません。因子分析では，たったひとつの変数があるとないとで，構造が大きく変わってしまうことがあります。最低限，変数選択には，先行研究や過去に行われた調査結果である二次資料を参照してみてください。質問項目として使用したアイスクリームの種類については，日本アイスクリーム協会（2009）の調査結果を参考にしました。しかしながら，日本アイスクリーム協会（2009）が調査対象を10代～50代（$n=500$）としているのに対して，対象は学生（$n=1,139$）のため，好みなどにおいて多少異なる結果が出てくるものと思われます。このような調査対象の違いがあるため，予備調査（pre-survey/pilot study）を行った後で修正を行いました。

　予備調査は，調査者が気づかなかった点も明らかになることがあるので重要です。大学の卒論等では，予備調査をせずに直接本調査を行った結果，ミスが見つかるケースも多々あります。各アイスクリーム嗜好の段階評定について，当初5件法（好き・やや好き・どちらとも言えない・やや嫌い・嫌い）を予定していましたが，どのアイスクリームでも「好き」に集中してしまったため，本調査では大好きと大嫌いを加え7件法に変更しました。向後・冨永（2009）は，アイスクリームの好みについての調査を9件法で調査を行っています。9件法は，通常あまり使われませんが，アイスクリームのように肯定層に回答が集中する際には効果が見られることがあります。さらに，このようなバイポーラ尺度（好き～嫌い）ではなく，好きの度合いを示すユニ

ポーラ尺度（好き～好きではない）としたり，提示順も肯定的な大好きからの昇順表示ではなく，否定的な大嫌いから降順提示にしたりすることで，結果が異なっていた可能性があります（住本，2008）。一度調査が始まると，修正は困難なため，たとえ少ない人数しか集められなくても予備調査をすることを強くお勧めします。

調査方法については，日本アイスクリーム協会（2009）が，10代～50代の男女各世代別に男性50名，女性50名ずつの割当法[2]を使用しているのに対して，今回は受講生およびその友人依頼という機縁法[3]を採用しています。これらはともに，有意抽出法（purposive sampling）という方法に分類されます。標本抽出は，大まかに分けると，この方法と無作為抽出法（random sampling）とに分けられ，正確な状態を把握するには，無作為抽出法でなければなりません。しかし，有意抽出法は，データ収集が容易な上，研究目的に従って新たな知見を得ることができるという利点があります。

質問文だけでなく，選択肢のワーディングもときとして問題になることがあります。例えば，クッキーの入ったアイスクリームについて，日本アイスクリーム協会（2009）が「クッキー＆クリーム」，向後・冨永（2009）が「クッキー」としているのに対して，この調査では「クッキー系」としています。つまり，「クッキー系」の質問項目が，「クッキー＆クリーム」や「クッキー」に差し替えた場合，異なる結果が出ることが予想されます。また，「ミルク・練乳」は，ミルクは好きだけど練乳は嫌い（逆もあり）と言ったダブルバーレルの問題が含んでいたのではないかという懸念もあります。

因子分析で用いられる変数は，間隔尺度か比尺度で測定した量的変数である必要性があります。心理領域では，順序尺度を間隔尺度として用いることが多々あります。ここでは，各選択肢の間隔が等間隔であることが前提となっています。例えば，4件法の「満足・やや満足・やや不満・とても不満」や5件法の「大好き・好き・どちらとも言えない・やや嫌い・嫌い」は，左右（肯定・否定）非対称で等間隔となっていない例です。4件法の例は，「とても不満」を「不満」，もしくは，「満足」を「とても満足」に修正する必要があります。5件法の例も，「大好き・好き」を「好き・やや好き」，もしくは「やや嫌い・嫌い」を「嫌い・大嫌い」にセットで修正しなければなりません。

脇田（2004）は，2つの評定尺度表現が異なるデータセット，「あてはまる・ややあてはまる・どちらともいえない・あまりあてはまらない・あてはまらない」と「とてもあてはまる・ややあてはまる・どちらともいえない・あまりあてはまらない・まったくあてはまらない」を用いて，評定尺度の間隔に関する分析を行っています。多値型の項目反応理論（item response theory）を適用して分析した結果，評定尺度表現の違いが等間隔性に与える影響とともに，項目の内容がポジティブかネガティブかという点も項目への反応に大きな影響を与えることが分かりました。

日本人の回答傾向について，林（1996）は，国際調査の結果をもとに日本人が極端な表現を嫌うことを指摘しており，同じ日本人でも質問紙の言語によって，日本語

---

2) 割当法は，母集団の属性の分布に従って，性別や年代等を割り当ててサンプリングする方法です。
3) 機縁法は，縁故法とも呼ばれ，調査者（調査員）の友人・知人等の関係者を介してサンプリングする方法です。

（中間的回答）と英語（断定的回答）で異なることを述べています。また，最近の調査で，田崎・二ノ宮（2013）は，黙従反応傾向というレスポンス・スタイルを SEM（structural equation modeling）によって明らかにし，これが日本人の欧米化・国際化の結果により生じた回答傾向である可能性を議論しています。

　これらのように，質問項目を作成する際は，選択肢の段階（何件法にするか）・ワーディング（表現）・表示順や回答者特性といったことにも注意が必要です。

　尺度作成注意点の例として，過去に行った色彩心理学調査の事例を紹介します。この調査では，好みの色がブルー系・赤系・モノトーン系などに分けられるのではないかと考え，14 色について好き－嫌いの質問項目を作りました。しかし，実際に因子分析してみると，思ったような結果は得ることができませんでした。その理由としては，色の好みは服や小物などの対象によって異なるということが挙げられます。例えば，女子学生では，ピンクの小物は好きだけど，ピンクの服を着るのは抵抗があるという人が多々見られました。また，色の認識が，人によって異なるのも原因のひとつと思われます。赤と言っても，濃い赤を想像する人もいたり，薄い赤を想像する人もいたりする上，ピンクやオレンジに近い色を想像する人もいるからです。これには，色に関する対象を限定したり，色のイメージを画像で見せたりということで改善されていた可能性があります。

　これらのように，探索的因子分析を用いて尺度を作成する場合は，綿密な計画の上で調査を実施しないと思わぬミスを引き起こすことがあります。

3　アイスクリームの嗜好分析

3-1　対象データと入力

　探索的因子分析について，実際の分析過程を用語の説明を交えて解説したいと思います。都内某私立 2 大学の調査系授業の受講生約 90 名を対象に，機縁法による Web 調査を行いました。その結果，20 種類のアイスクリームの好き－嫌いについて，7 件法で 1,139 名からデータを得ました。このうち，アイスクリームの嗜好がはっきりしていると思われる週 2 回以上アイスを購入しているヘビーユーザー 414 名のみを分析対象としました。一般的に，データ数は，最低限で変数の 5 倍，できれば 10 倍以上，また，因子数の 20 倍以上が望ましいとされています（Arrindel & Ende, 1985）。本章で使用しているデータ数 414 は，変数の約 20 倍（20 変数 × 10 倍の 200 以上），因子数の約 138 倍（3 因子 × 20 の 60 以上）となっており，ともにこの問題はクリアしています。

　因子分析は，SAS，SPSS，R など様々なソフトウェアで取り扱えますが，ここでは，IBM SPSS Statistics を用います。質問紙等の紙媒体でデータを取得した場合は，SPSS に直接入力することも可能ですが，Excel で入力したものを SPSS で読み込ませた方が，Excel のフィルター機能を用いて入力ミスの修正が容易にできます。入力する前に，データツールのデータ入力規則を使用すると，指定した数値以外を入力できなくすることも可能です。今回は，入力や入力チェックの時間を削減するために，Web 調査としていますので回答者本人のミス選択がない限り入力ミスはありません。

3-2 分布（データの概観）

データ取得後，度数のみならず平均値・中央値・標準偏差・最頻値・歪度・尖度など各変数の記述統計量を概観することをお勧めします。直接的に数値を確認してもかまいませんが，比尺度ではヒストグラム，間隔尺度では円グラフ（複数項目の場合は帯グラフ）を用いると分布のイメージが容易になります。このチェックは，予備調査の段階でもしっかり行うことが重要です。

本調査の結果について，性別・年齢別等の属性別や購入頻度別に，比較考察をした上で，週2回以上を分析対象にしました。最終的な調査対象（週2回以上購入者 $n=414$）に関して，20種類のアイスのうち，最も好きなアイスに関する質問結果と各アイスの7件法の結果を見てみましょう。最も好きなアイスクリーム（単数回答）の種類に対する順位は，1位バニラ，2位抹茶，3位チョコチップとなっています（表7-2）。

しかし，各アイスクリームの好き－嫌いを7件法で質問すると，平均値の順位は，

表7-2 最も好きなアイスクリーム

順位	種類	度数	順位	種類	度数
1位	バニラ	63	11位	ヨーグルト	13
2位	抹茶	58	12位	ミント	10
3位	チョコチップ	57	13位	ナッツ系	7
4位	チョコレート	35	14位	ラムレーズン	7
5位	チーズケーキ	32	15位	コーヒー	5
6位	ソーダ味	29	16位	ブルーベリー	4
7位	クッキー系	25	17位	バナナ	4
8位	ストロベリー	24	18位	マンゴ	4
9位	キャラメル	20	19位	メロン	1
10位	ミルク・練乳	14	20位	あずき	0

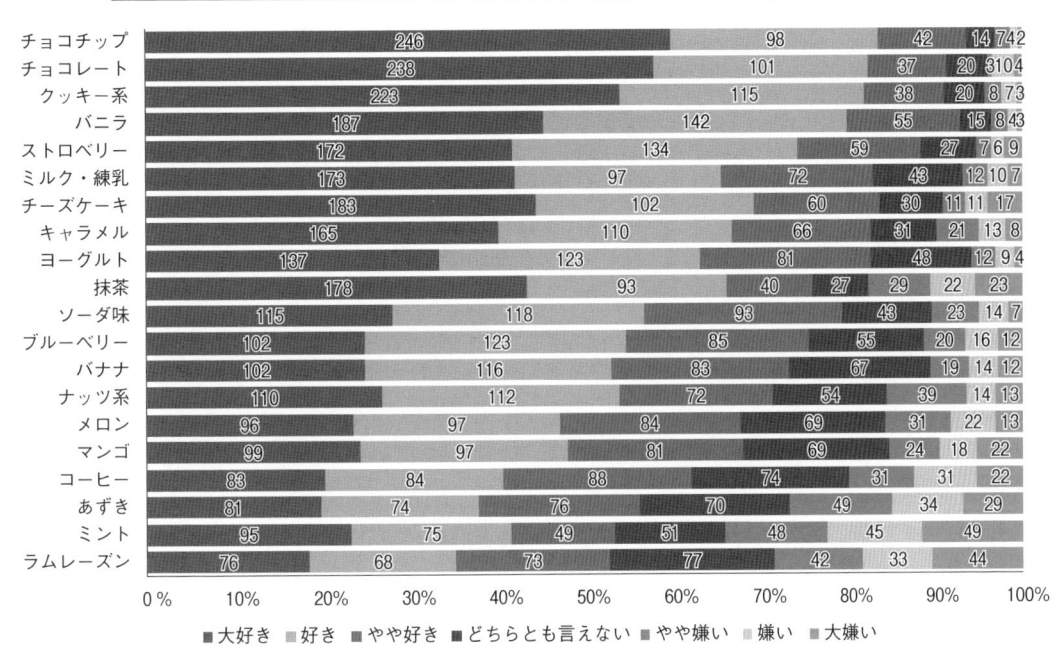

図7-2 各アイスクリームの嗜好（7件法）

1位チョコチップ，2位チョコレート，3位クッキー系となっています（図7-2）。両者を比較すると，最も好きなアイスクリームの度数集計で2位の抹茶は，7件法の平均値では10位と落ちてしまっています。標準偏差を見ても，チョコチップ（1.08）やバニラ（1.11）と比較すると，抹茶（1.85）は，ミント（2.08）・ラムレーズン（1.91）に次いで高く，ばらつきが大きく，好き嫌いが分かれやすいことが分かります。余談ですが，筆者は抹茶アイスが苦手なのですが，抹茶アイスをバニラに替えてほしいと依頼すると，即座に対応してもらえるレストランが多いのは，抹茶アイスに関する顧客の好き嫌いがはげしいことが背景にあると考えられます。

3-3 相関分析

通常，因子分析では，量的変数を使用します。大好き～大嫌いのような7件法は，順序尺度もしくは間隔尺度とみなされます。順序尺度としてカテゴリカルデータの因子分析もできますが，今回のように，間隔尺度による量的変数として因子分析を行う方が一般的です。まず，各アイスクリームの好き嫌いの関係を見てみましょう。関係の強弱を表す相関係数は，SPSS，Excelともに算出できますが，SPSSでは分析の中の相関で，ExcelではCorrel関数やデータ分析というツールを用います。

表7-3は，20変数のうちの一部を抜粋したものですが，チョコレートとチョコチップは$r=.53$という数値になっています。相関係数rは，-1から1までの値を取り，1に近いほど正の相関，-1に近いほど負の相関があり，0に近い場合は無相関（関係がない）となります。Excelの条件付き書式で，セルの強調ルールを使うと，一定の数値以上（表7-3では.35より大きい数値に設定しています）を太字に表記することも可能です。つまり，チョコレートを好きな人は，チョコチップも好きという関係を示しています。一方で，ミントに注目してみると，ブルーベリーと弱い相関はあるものの，他はほとんど0に近いため無相関と言えるでしょう。

表7-3 アイスクリーム嗜好の相関（一部抜粋）

	バニラ	チョコレート	チョコチップ	クッキー系	ストロベリー	ブルーベリー	ミント
バニラ	—	.26	**.38**	**.43**	.23	.26	-.02
チョコレート		—	**.53**	.31	.23	.17	.06
チョコチップ			—	**.51**	.26	.20	-.02
クッキー系				—	**.38**	.30	-.03
ストロベリー					—	**.38**	.08
ブルーベリー						—	.25
ミント							—

3-4 探索的因子分析

それでは，実際に，因子分析を用いて，アイスクリーム嗜好のパターンを分類してみたいと思います。SPSSでは，バージョンによって手順は多少異なりますが，メニューから，分析→次元分解→因子分析の項目を選択し，真ん中の矢印ボタンを使って，右側の変数ウィンドウに移動します（図7-3参照）。

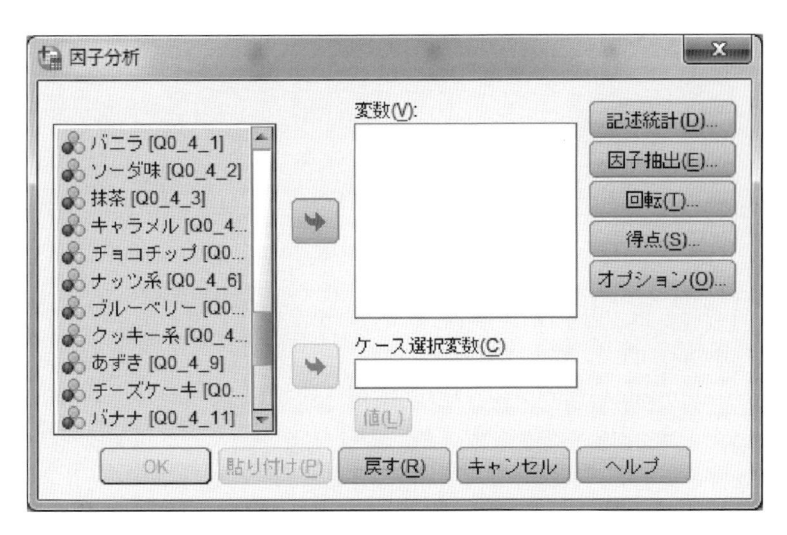

図7-3　SPSSによる因子分析の画面

（1）記述統計

　SPSSの因子分析内の記述統計では，相関行列の係数と有意水準を選択すると，因子分析と同時に相関も算出することができます。さらに，KMOとBartlettの球面性検定は，標本妥当性やモデル適性の判断基準となります。KMOは，Kaiser-Meyer-Olkinの略で，因子分析をすることの妥当性を測定する指標です。（相関係数の2乗和）÷（相関係数の2乗和－偏相関係数の2乗和）で算出され，.50以上であれば問題ないとされ，1に近いほどその妥当性が高いとされています。Bartlettの球面性検定（Bartlett's test of sphericity）は，因子モデルが適切であるか否かを検定し，有意であれば，因子分析を用いることに問題がないことを示しています。

（2）因子抽出方法

　抽出方法には，いわゆる因子分析のエンジンとも言えますが，主因子法や最尤法などが挙げられます。SPSSでは，因子抽出の方法で選択することができます。主因子法（principal factor method）は，これまで最もよく使われてきた古典的方法です。各因子寄与が最大になるように第1因子から順に因子を抽出します（松尾・中村，2002）。一方，最尤法（maximum likelihood solution）は，因子分析に限らず，共分散構造分析など様々な多変量解析に用いられています。最尤法は，尤度を最大にする解を求めて，因子モデルを推定する方法です。最尤法は，正規分布を仮定しているため，分布に歪みがある場合は用いにくいのですが，その反面，適合度や誤差なども算出可能となっています。現在では，主因子法より最尤法の方が多く使われています。

（3）回　　転

　因子が抽出されたら因子負荷を軸として，各項目（変数）の初期解を座標にプロットします。しかし，初期解をそのままの状態で識別するのは困難なため，解釈しやすくするために回転が用いられます。例えば，因子1の負荷をx軸，因子2の負荷をy

軸として，似通った項目を軸に近く配置するように回転させます。回転は，主に直交回転（orthogonal rotation）と斜交回転（oblique Rotation）に分けられ，前者の代表としてバリマックス回転（varimax rotation），後者ではプロマックス回転（promax rotation）が挙げられます。

　直交回転は，因子間に相関がないことを前提にしており，因子1と因子2の角度を直角（90度）に保ったまま回転させます。図7-4の仮想例では，左の図が45度ほど時計回りに直行回転させた例を示しています。

　一方，斜交回転は，因子間に相関があることを前提にしています。図7-4の右図は，因子1を時計回りに20度，因子2を反時計回りに25度回転させた例です。

　それでは，直交回転と斜交回転のどちらを用いたらよいかということですが，多くの教科書では，斜交回転を推奨しています。その理由としては，単純構造になりやすいことが挙げられます。単純構造とは，回転させた軸に各変数が近くに集まっているかということを意味しています。しかし，ときとして，直交回転の方が，斜交回転よりも解釈がしやすいことがあります。因子分析は，分析者の解釈が重要なためあながちこれを否定できません。今回のアイスクリームデータでは，どちらも同じような結果となっているように，あまり変わりがないケースもあります。

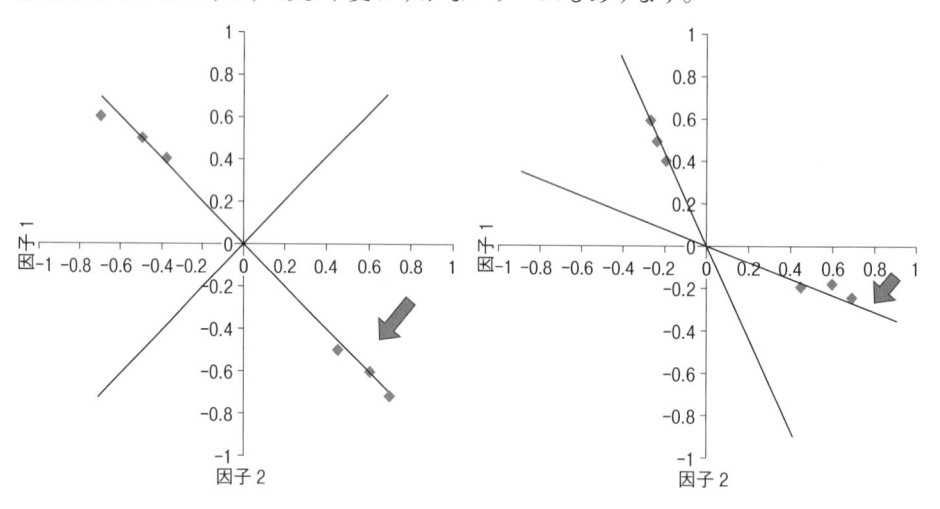

図 7-4　直交回転と斜交回転

（4）因 子 数

　因子数を決める代表的な方法として，カイザー・ガットマン基準（Kaiser-Guttman criterion）とスクリー基準（Scree criterion）があります。カイザー・ガットマン基準は，固有値が1以上の因子数を選出します。固有値は，変数群のその因子への寄与率を示しています（小塩，2004）。SPSSのデフォルト（初期状態）は，カイザー・ガットマン基準となっています。つまり，因子抽出における抽出の基準で「固有値に基づく」にチェックされていて，固有値の下限が1に設定されています。この基準で因子を抽出すると，アイスクリームのデータでは5因子となります。

　一方，スクリー基準は，固有値の勾配が急に変化しているところを「肘」と呼びますが，それより前で切る方法です。SPSSの因子抽出の表示のスクリープロットに

チェックを入れます。図7-5を見ると，4因子目が肘となっているため，その前で切り，3因子となりますので，再度因子抽出に戻り，抽出の基準の因子の固定数にチェックを入れ，抽出する因子を3に固定します。ここでは，スクリー基準で因子数を3として因子分析を進めていきます。

因子数については，これら以外に，研究者（分析者）の仮説にもとづいて決定する方法や累積寄与率が一定基準値（例：50％，60％等）以上で判断する方法などがあります。

因子分析の場合は，このように複数解釈が可能となるケースも多いため，先行研究や理論的背景をベースに，統計的基準を参照しながら，結果に結びつけていくことが大切です。

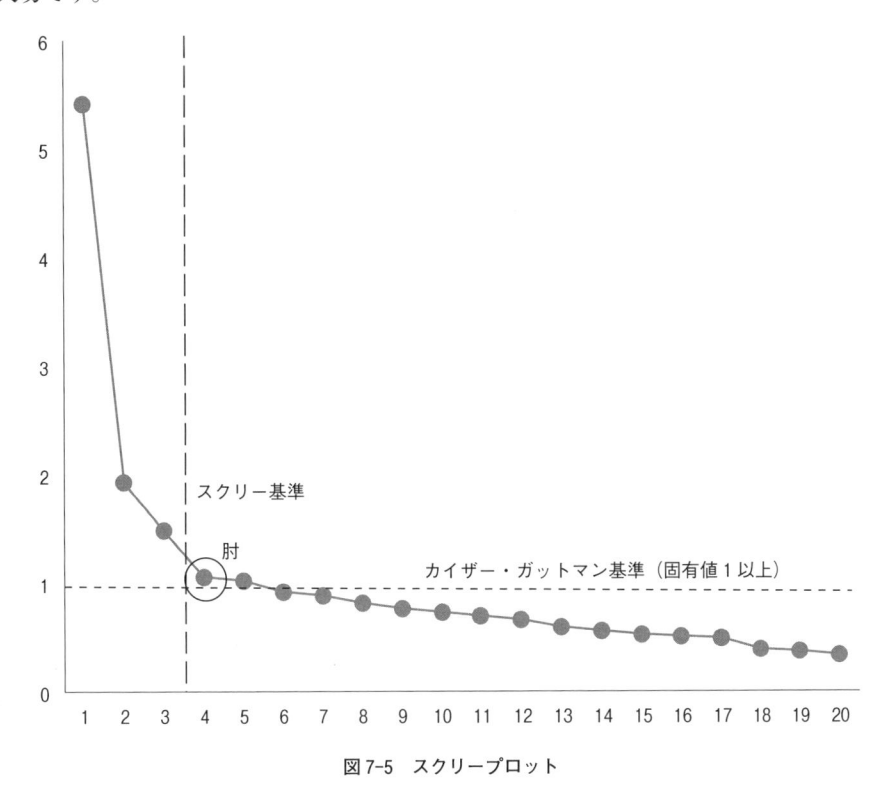

図7-5　スクリープロット

（5）因子分析結果

それでは，SPSSによって算出された因子分析表を見てみましょう。設定を最尤法・プロマックス回転で因子数3とした結果が表7-4となります。この際に，SPSSでは，オプションの係数の表示形式で，サイズによる並べ替えにチェックを入れると因子分析結果（SPSSではパターン行列）で因子負荷量が降順に表示されます。因子負荷量は，例外が稀にありますが，相関係数のように−1から1までの値を取り，共通因子と各変数間の相関関係の値を示しています。この数値が高いと，その変数と共通因子と関係が高いことを表します。通常，因子負荷量が，一定基準値（±.35や±.40など）以下の項目を削除したり，複数の共通因子と高い項目を削除したりします。

表7-4は，SPSSで算出された初期解に対して，閾値を.35とし，Excelで太字と

したものです。これを見ると，因子負荷量の絶対値が.35未満の項目は，第1因子のミルク・練乳が.29，第2因子のチーズケーキが.28，第3因子のミントが.34となっています。ミルク・練乳は，選択肢名が良くないこともあり微妙な値となっており，チーズケーキは第1因子も高く，ミントは全因子で似たような数値を示しています。これらの3種のアイスクリーム項目を除去して，再度因子分析を行った結果が表7-5となります。今回は，たまたま1回の変数変更で結果が算出されましたが，何回も変数の出し入れをして結果を見ながら因子分析を繰り返すという作業が通常行われます。

表7-4　因子分析結果（初期解）

	因子1	因子2	因子3
チョコチップ	.87	−.10	−.08
チョコレート	.66	−.07	−.04
クッキー系	.62	.13	−.09
バニラ	.52	.05	.03
キャラメル	.40	−.03	.32
ミルク・練乳	.29	.18	.12
ヨーグルト	.04	.64	−.06
メロン	−.13	.63	−.01
ソーダ味	−.05	.58	−.07
ストロベリー	.22	.51	−.10
バナナ	.18	.49	.00
ブルーベリー	.05	.43	.23
マンゴ	.00	.37	.23
チーズケーキ	.26	.28	.07
あずき	.02	−.12	.74
ラムレーズン	−.06	.07	.60
抹茶	−.07	−.04	.54
ナッツ系	.28	−.12	.49
コーヒー	.02	.08	.45
ミント	−.26	.28	.34

表7-5　因子分析結果（3項目削除後）

	因子1	因子2	因子3
チョコチップ	.91	−.09	−.08
チョコレート	.68	−.06	−.04
クッキー系	.57	.15	−.04
バニラ	.45	.08	.07
キャラメル	.36	−.01	.33
メロン	−.12	.62	−.02
ヨーグルト	.01	.62	−.03
ソーダ味	−.06	.59	−.08
ストロベリー	.18	.54	−.07
バナナ	.16	.50	.01
ブルーベリー	.02	.46	.23
マンゴ	−.04	.39	.24
あずき	−.04	−.10	.78
ラムレーズン	−.06	.08	.57
抹茶	−.09	−.03	.55
ナッツ系	.23	−.08	.49
コーヒー	.01	.10	.43

（6）命　名

因子分析の結果，項目のまとまりを考えて各因子を命名するのですが，これは分析者の手腕の見せ所になります。チョコレートやバニラは，アイスクリームを取り扱っている店ならどこでも販売していることから第1因子を「定番」としました。第2因子は，ほとんどが果物なので「フルーツ」とし，第3因子は少し統一性がなく悩むところですが，子供より大人が好みそうなものが多いため「大人フレーバー」としてみました。

3-5　信頼性と妥当性

因子分析の結果について，信頼性と妥当性の検討をする必要があります。信頼性は，精度の高さを，妥当性は測定の正しさをそれぞれ示しています。妥当性については，次章の確証的因子分析とも大きく関わりがあります。また，信頼性が高くても，必ずしも妥当性が高いということにはなりません。

（1）信 頼 性

　信頼性をチェックする方法には，G-P 分析（Good-Poor Analysis），I-T 相関分析（Item-Total Correlation Analysis），S-P 表（Student-Problem Table）などが挙げられます。中でも，下位尺度の内的整合性を計る指標として，最も多く用いられているのが，クロンバックの α 係数（Cronbach's coefficient alpha）です。SPSS では，分析→信頼性分析で，デフォルト（初期状態）がアルファになっています。さらに，「項目を削除したときの尺度」にチェックを入れておくと，下位尺度の項目の中で 1 項目を削除した際のクロンバックの α 係数が計算されます。α 係数は，因子分析で用いた全項目（変数）ではなく，下位尺度ごとに算出します。今回の場合は，3 因子別々に α 係数を算出します。例えば，第 1 因子の場合，チョコチップ～キャラメルまでの 5 項目に対して，α 係数を求めて信頼性をチェックします。その結果，第 1 因子の「定番」が.724，第 2 因子の「フルーツ」が.762，第 3 因子の「大人フレーバー」が.690 となりました。数値は，.70～.80 以上が望ましいとされていますが，第 3 因子は命名で悩んでいたように若干低い値を示しています。第 1 因子の定番は，キャラメルを削除すると，.724 から.728 になりますが，.004 の違いということもあり，分析者の判断にもなりますが，削除しないままということにしました。クロンバックの α は，以下のような計算式で求められるため，項目数が少ないと，数値が上がりにくいという特性があります。

$$\alpha = \frac{\text{項目数}}{(\text{項目数}-1)} \times \left(1 - \left(\frac{\text{各項目の分散の合計}}{\text{合計点の分散}}\right)\right)$$

　今回の質問項目ではありませんが，逆転項目（因子負荷量がマイナス）がある場合は，その処理を事前に行わないと本来の値ではない低い数値が算出されてしまいます。逆転項目処理は，選択肢数＋1 から結果を引くと算出できます。5 件法の場合は 6，7 件法の場合は 8 となります。例えば，5 件法・7 件法の逆転項目で 1 の結果の場合は，6−1＝5，8−1＝7 となり，Excel や SPSS の変数の計算を用いて求めます。

（2）妥 当 性

　妥当性は，内容妥当性（content validity），基準連関妥当性（criterion-related validity），構成概念妥当性（construct validity）などに分けられます。内容妥当性は，各変数がその共通因子を的確に表しているかということを意味します。基準連関妥当性は，既存の尺度等と一致しているかということです。外部基準との相関が高ければ有用な尺度であり，相関が低くければ役立たない尺度となります（村上，2006）。構成概念妥当性は，測定しようとしている構成概念が的確に表されているかということを示し，確証的因子分析を用いて確認されることがあります。

4　下位尺度と因子得点

　因子分析は，単に共通因子を求めるに留まらず，結果を応用することも考えられます。因子得点（factor score）や下位尺度項目の合計点を求めて，他の変数との関係を量的に分析することはその一例です。

　下位尺度は，各因子の項目（結果）を合計し，下位尺度得点として算出できます（合計点ではなく，平均を求めて平均値を下位尺度得点とする場合もあります）。この際に，逆転項目に留意してください。下位尺度得点と他の変数との関係をそのまま分析することも可能ですが，下位尺度の分布を見ながら，平均値・中央値・四分位や均等（2分割・3分割・4分割）分割によって，高群・（中群）・低群などにカテゴリー化して分析してもよいと思います。カテゴリー化は，情報量はオリジナルと比べて格段に落ちますが，説明・解釈が容易になるという利点をもっています。2014年度に，対人コミュニケーションをテーマに授業で調査を行いましたが，その際に Big Five 尺度（和田，1996）を使用しました。その際，外向性の高い人は友人数が多い，という仮説を立てました（見本として学生に提示するために分かりやすいものを設定しました）。下位尺度である外向性を中央値を基準に高群・低群に分け，友人数との関係を見たところ有意な結果がでました。このように，因子分析で求められた下位尺度と他の変数との関係を分析することも有用だと思われます。

　また，因子得点は，各調査回答者と各因子との関係の程度を示しています。SPSSでは，得点で，変数として保存にチェックを入れると算出されます。表7-6は，データの一部回答者を抜粋し，プラスの値を太字にしたものです。回答者id2はすべての因子でプラスに，逆に，回答者id 41はすべての因子でマイナスとなっています。回答者id128と回答者id216は，2つの因子でプラスに，回答者id195と回答者id244は，1つの因子でプラスになっています。このように，個別の回答者の各因子に対する嗜好が分かります。さらに，性別で因子得点の平均を見ると，男性は因子1が.14，因子2が－.07，因子3が－.02で，女性は，因子1が－.10，因子2が.06，因子3が.02となっています。ほとんど性別の違いは見られないものの，男性が定番（因子1），女性がフルーツ（因子2）を好む傾向が若干あります。

表7-6　各回答者の因子得点（一部抜粋）

id	因子1	因子2	因子3
2	5.57	3.79	3.45
41	−1.01	−1.54	−1.63
128	.70	.52	−.09
195	−.71	−.78	.09
216	−.22	1.07	.69
244	.72	−.56	−1.01

　例えば，アイスクリームに関する因子分析結果は，性別・年齢・居住地域などの属性との関係に関する分析，アイスクリーム以外の商品との同時購買に対するアソシエーション分析（マーケットバスケット分析）を用いた分析などが考えられます。このように，因子分析の結果は，様々なかたちで応用することができます。

5 おわりに

　この章で解説した探索的因子分析（EFA）と次章の確証的因子分析（CFA）は，必ずしもセットではなく，それぞれ単独で用いられるケースが多々あります。この章で紹介したデータは，調査分析系の授業用と同時に某アイスクリームメーカー企業とのコラボレーションも兼ねていました。そのため，各種アイスのパターン（共通因子）や競合企業との差異を見るために調査を実施しました。明確な仮説があった訳ではなく，購買行動の特色をとらえることを目的としていました。これに対して，確証（確認）的因子分析では，因子の仮説の妥当性を検証する方法です。つまり，研究目的によって，使用する分析方法が変わります。

　因子分析は，心理学領域を中心に，社会学・統計学などの分野で取り扱われており，文化に関する古典的研究の代表例として Hofstede（1980）が挙げられます。某多国籍企業の 40 か国の従業員を対象に調査を行い，国籍をもとにした価値観比較により権力格差（power distance），不確実性回避（uncertainty avoidance），個人主義/集団主義（individualism/collectivism），男性性/女性性（masculinity/femininity）の 4 つの文化次元を明らかにしました。この研究は，文化を量的に分析する研究者に影響を与えた反面，因子分析における方法論を含めて批判も挙がっています。守﨑（2004）は，個人主義・集団主義に焦点を当てて，Hofstede の尺度の妥当性や計量的等価性の検討を行っています。また，山口（2006）は，従業員の組織コミュニケーションに関して，SEM によるモデルを提示した際に，Hofstede の権力格差や不確実性の回避を参照しながら日米の相違に関する比較考察を行っています。

　実社会においても，様々なかたちで用いられています。例えば，マーケティング関連では，消費者意識や商品分類の傾向を因子分析で分析し，結果にもとづいた戦略が各企業で取られています。しかしながら，現在の消費者心理は多様化しているため，因子分析と重回帰分析を併せた共分散構造分析，さらに，クラスター分析などの他の手法と複合的に分析する方法も開発されつつあります。

　因子分析を基盤とする手法に限らず多変量解析法は，日々新しい方法が提唱されています。しかし，方法論者（統計手法開発者）でない限り，方法が研究の主体となることはありません。統計手法は，研究課題となる現象把握の道具であるため，データを取得してからではなく，計画の段階で慎重に検討する必要があります。調査票作成前の分析方法選択は，研究が成功するか否かの鍵となります。

引用文献

Arrindel, W. A., & Ende, van der J. (1985). An empirical test of the utility of the observations-to-variables-ratio in factor and components analysis. *Applied Psychological Measurement*, 9, 165-178.

林 知己夫（1996）．日本らしさの構造―こころと文化をはかる―　東洋経済新報社

Hofstede, G. (1980). *Culture's consequences: International differences in work-related values*. Beverly Hills, CA: Sage Publications.

狩野　裕（1997）．AMOS, EQS, LISREL によるグラフィカル多変量解析―目で見る共分散構造分析　現代数学社
向後　千春・冨永　敦子（2009）．統計学がわかる回帰分析・因子分析編　技術評論社
松尾　太加志・中村　知靖（2002）．誰も教えてくれなかった因子分析―数式が絶対に出てこない因子分析入門―　北大路書房
守﨑　誠一（2004）．個人主義／集団主義的価値観に関する比較文化研究：日本・アメリカ・中国・フィリピン・マレーシアの社会人と大学生　ヒューマン・コミュニケーション研究, *32*, 69-92.
村上　宣寛（2006）．心理尺度のつくり方　北大路書房
日本アイスクリーム協会（2009）．アイスクリーム白書 2009, No. 1 Retrieved from 〈https://www.icecream.or.jp/data/pdf/hakusho2009.pdf〉（2009 年 11 月 26 日）
小塩　真司（2004）．SPSS と Amos による心理・調査データ解析―因子分析・共分散構造分析まで―　東京図書
住本　隆（2008）．調査票の質問項目選択肢の表示方式が回答行動に及ぼす影響―インターネットによる実験調査からみた事例紹介―　行動計量学, *35*, 161-176.
田崎　勝也・二ノ宮　卓也（2013）．日本人のレスポンススタイル：構造方程式モデリングを用いた探索的研究　社会心理学研究, *29*, 75-85.
和田　さゆり（1996）．性格特性用語を用いた Big Five 尺度の作成　心理学研究, *67*, 61-67.
脇田　貴文（2004）．評定尺度法におけるカテゴリ間の間隔について―項目反応モデルを用いた評価方法―　心理学研究, *75*, 331-338.
Wright, S. (1934). The method of path coefficients. *Annals of Mathematical Statistics*, *5*, 161-215.
山口　生史（2006）．意思決定結果伝達の組織コミュニケーション因子構造の日米異文化間比較　ヒューマン・コミュニケーション研究, *34*, 35-51.
柳井　晴夫・繁桝　算男・前川　眞一・市川　雅教（1990）．因子分析―その理論と方法―　朝倉書店

第8章 確証的因子分析

申 知元

1 はじめに

　ある研究者が大学生のコミュニケーション不安を測定するために質問紙を作成していると想定してみましょう。「私はコミュニケーション不安が高い方である」という直球の質問一つで相手の態度を測定することもできます。しかし，そもそもコミュニケーション不安が高いとはどの程度の不安なのか，またどのような場面で不安を感じるかは人によって違います。例えば，不安により緊張する，気が滅入るなどの心理的変化や，心拍数が増える，手や声が震えるなどの身体的反応も人によって違います。また，1対1の会話か，大勢の前でのスピーチかによって感じるコミュニケーション不安の程度は異なるでしょう。ですから，コミュニケーション不安を測定するためには，行動や気持ちの様子を多様な側面から，複数の質問で尋ねた方が信憑性の高い調査結果を得ることができます。

　コミュニケーション学や心理学の測定では質問項目を用いて直接には観察できない人の価値観や態度を測ることがよくあります。質問項目への回答のように可視化できる値を「観測変数」，コミュニケーション不安のように直接には可視化できない価値観，態度などを「潜在変数」と呼びます。本章で解説する因子分析は，観測変数を使ってその背後にある潜在変数を測定し，数値化する分析法です。

　因子分析には探索的因子分析 (exploratory factor analysis: EFA) と確証的因子分析 (confirmatory factor analysis: CFA) があります。第7章では事前に明確な仮説がなく，因子構造を明らかにするために使われる探索的因子分析について解説しました。本章では，先行研究によって導き出された因子構造が，自ら収集したデータにも適合できるかを確認する確証的因子分析について説明していきます。

2 理論的背景

　心理学やコミュニケーション学では，人々の意識や行動を調べるために「心理尺度」を用いることがよくあります。心理尺度は複数の質問項目から構成され，性格，

感情，対人関係，価値観などの心理学的な構成概念を客観的な数値で表現するための測定ツールです（村上，2006）。因子分析は共通性のある複数の変数を要約する統計手法で，様々な社会調査に応用されていますが，本章ではその中でも主に心理尺度を想定した因子分析を解説していきます。

2-1 因子分析とは

　因子分析は1904年に計量心理学者のスピアマン（Spearman, C. E.）により提唱されました。この因子分析は複数の項目が共通して測定している構成概念を探ることを主な目的とする「探索的因子分析」でした。そして，1970年代にスウェーデンの統計学者ヨレスコーグ（Jöreskog, K. G.）によって，構造方程式モデリングのひとつとして「確証的因子分析」が登場しました。ここでは因子分析の基本概念を紹介し，その後に探索的因子分析と確証的因子分析の違いについて解説します。

　まず，測定の対象を共有する場合，因子分析では，関連性が考えられる複数の観測変数の間には共通の部分と独自の部分が存在すると仮定します。例えば，「交際の浅い知人と話し合っている間，とてもリラックスしている」「会話では，素直に話すことに何の恐れもない」という項目があるとします。この2つの項目の間には1対1場面でのコミュニケーション不安という共有する心的特性，すなわち共通性が存在します。同時に交際の浅い知人と相手を特定しない会話という項目のオリジナリティ，すなわち独自性もあります。

　因子分析では質問項目への反応（観測変数）から構成概念である因子（潜在変数）を推定します。潜在因子と各観測変数の結びつきの強さは「因子負荷量」によって示されます。因子負荷量は潜在変数が観測変数に与える「重み」を意味し，因子負荷量が高ければ他の観測変数と共通する部分が大きく，独自性は少ないことを意味します。一方，因子負荷量が低ければ項目の独自性，つまり誤差が大きくなります。以上のことをまとめると，因子分析は因子負荷量が高い項目，換言すると，共通性が高い項目群をひとつの因子にまとめることを分析の目的としています。

　因子分析のもうひとつの特徴は，仮説の検証など研究のメインの分析の前段階の分析として頻繁に用いられることです。因子分析により変数を要約し，複数の変数を少数の因子に集約して尺度得点，または因子得点を計算します。これらの要約した得点を使うことで性差や文化差を検証するt検定やF検定，変数間の因果関係を明らかにする重回帰分析やパス解析を効率よく行うことができます。また，尺度の開発や尺度の補正，または信頼性・妥当性の検討など，測定モデル自体に研究の関心が向けられる場合には，因子分析が主たる分析ツールとして用いられています。

　では，「探索的因子分析」と「確証的因子分析」の違いはどこにあるのでしょうか。最も大きな違いは理論的な背景の有無です。研究者は先行研究が乏しく因子構造についての予測が立てられない場合，探索的因子分析を行います。一方，先行研究によって導き出された因子構造を確認したり，異なる対象においても先行研究と同じ因子構造が適合するか否かを検証したりする場合には確証的因子分析が使われます。

　このような目的の違いから，探索的因子分析と確証的因子分析では分析の眼目や注意点が異なります。探索的因子分析を行うときには，どの因子抽出法（主因子法，最

尤法など）を用いるか，どの回転法（バリマックス，プロマックスなど）を選択するか，またどの基準をもって因子の数を決めるかなどに関心が向けられます。一方，確証的因子分析では先行研究で示された因子構造と一致しているのか，異なるデータを用いると分析結果がどのように異なるかなどに注目します。確証的因子分析はこのような特徴により確認的因子分析，または検証的因子分析などの名前でも呼ばれます。

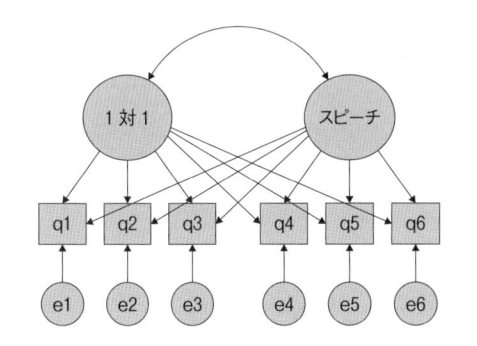

　因子間の関係に関する前提からも両分析法の違いは確認できます。少し複雑になりますので，先のコミュニケーション不安の例をもとに説明していきます。コミュニケーション不安が「1対1」の場面と「スピーチ」場面という2つの因子で構成されていることが予測できるとしましょう。探索的因子分析の結果は図 8-1 のように表すことができます。項目 q1〜項目 q3 は「1対1」因子，項目 q4〜項目 q6 は「スピーチ」因子を測定するために書かれた質問項目とすると，当然のことながら項目 q1〜項目 q3 は「1対1」因子，項目 q4〜項目 q6 は「スピーチ」因子と高い関連性をもつことが期待されます。同時に対象外の因子とは低いながらもある程度は関係が想定されます。図 8-1 の右側の因子負荷量の表を見ると「1対1」因子に属している q1，q2，q3 は「スピーチ」因子とも弱い関係性が示されています。このように探索的因子分析ではひとまずすべての観測変数と潜在変数が関係をもっていることを前提に分析を進めます。

	1対1	スピーチ
q1	0.76	0.22
q2	0.69	0.08
q3	0.48	0.15
q4	0.12	0.87
q5	0.05	0.74
q6	0.26	0.55

図 8-1　探索的因子分析のパス図と因子負荷量

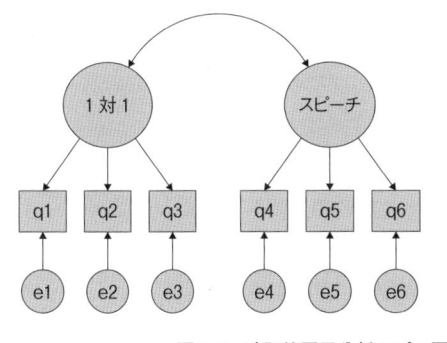

	1対1	スピーチ
q1	0.76	0
q2	0.69	0
q3	0.48	0
q4	0	0.87
q5	0	0.74
q6	0	0.55

図 8-2　確証的因子分析のパス図と因子負荷量

　一方で確証的因子分析は，図 8-2 からも分かるように，それぞれの因子に属していると考えられる項目のみパスが引かれています。つまり，対象外の因子と項目との関

係はないことが前提となり，因子負荷量はゼロと仮定して分析が行われます。これは1対1場面のコミュニケーション不安はスピーチ場面のコミュニケーション不安とは直接な関係をもたず，潜在変数間の関係のみあると想定することを意味します。因子負荷量の表を見てください。項目 q1～項目 q3 は「1対1」因子とのみ関係をもち，「スピーチ」場面のところには0となっています。各因子に属していると想定される項目限定で関係があることを示しているのです。

確証的因子分析は，構造方程式モデリング（structural equation modeling: SEM，第9章参照）の分析的枠組みを利用して分析を行います。次の節では構造方程式モデリングの基本的事柄についてレビューしてみます。

2-2 構造方程式モデリング

SEM は Amos，LISREL, SAS, Mplus, R, EQS などのソフトウェアで実行することができます。既に第6章のパス解析でモデルを採択する基準である適合度指標について紹介していますので，ここではモデルを評価するために必要不可欠なモデルの識別と推定の方法について解説していきます。

モデルの適合度指標やパスの推定値を得るためには，まず作成したモデルが識別（identification）される必要があります。モデルが識別されるためには，(a)モデルの自由度は最低0にする（$df \geq 0$），(b)すべての潜在変数に尺度を設定する，の2点を満たす必要があります（足立，2006）。

まず，モデルが識別されるのに十分な情報量をもつかどうかに関する問題です。ここでいう情報量は{(観測変数の数)×[(観測変数の数)+1]}/2 によって求められます。そして，観測される情報から推定しようとする情報を引いた値が自由度です。例えば，図 8-2 の観測される情報は 21 です（{6×(6+1)}/2=21）。そして，推定するパラメータの数は，(a) 潜在変数から各変数へのパス6つ，(b) 誤差から各変数へのパス6つ，(c) 潜在変数間の相関，を合わせた 13 個です。21 から 13 を引いた 8 が図 8-2 の自由度です。難しく思えるかもしれませんが，端的に言うと，データから得られる情報量の範囲内でパラメータを求めるようにモデルを作成しなければならないということです。

もうひとつは潜在変数の尺度化です。潜在変数は架空の変数です。数量化のための基準，つまり尺度を与えることで潜在変数を標準化させ，分析ができるようになります（足立，2006；Kline, 2004）。尺度化には潜在変数の分散を1に固定する方法と因子負荷量を表すパスのひとつを1に固定する方法があります[1]。分散とパスの制約のどちらを選択してもモデルの適合度は同じですので，研究目的に合わせてどちらかを選択します[2]。Amos ではパスを1に固定する方法がデフォルトになっています。分散を1に固定する方法はモデルを単純化できる長所があるものの，独立変数に相当する外生変数のみ設定することが可能であるという制限があります（Kline, 2004）。他の変数からパスを受ける内生変数が含まれるモデルでは必ずパスのひとつを1に固定する方法を選ばなければなりません。

1）必ずしも1で固定する必要はありませんが，簡便さから1に固定することが一般的です。
2）稀に，制約との交互作用がある場合には，モデルの適合度が異なる場合もあります（Kline, 2004）。

SEM にはパラメータを推定する複数の方法がありますが，Amos では最尤法（maximum likelihood method: ML）がデフォルトに設定されています。最尤法によって，観測値から算出した共分散行列とモデルから導いた共分散行列の差が最も小さくなるようにパラメータの値を求めます（豊田，1998）。この方法は，初期の解をもとに，コンピュータが計算を繰り返してより正確な値を推定するという複雑な過程を必要とします。最尤法は SEM で最も一般的で，データのゆがみにもある程度頑健性のある推定法ですが，この他にも一般化最小 2 乗法や ADF 法などがあり，統計ソフトによっては選択することもできます。いずれも最尤法とは異なる特徴をもつ推定法ですので，こうした推定法を用いた場合には，採用した理由について，報告の際に簡単に述べる必要があるでしょう。

SEM モデルはデータの不具合やモデルの設定ミスで分析ができない場合が多々あります。ここでは，頻繁に直面する 2 つの不具合とその解決策を紹介したいと思います。1 つ目は反復の回数が不足する問題です。最尤法では最適な解を得るまで反復してモデルを推定します。Amos では 50 回がデフォルトの反復回数となっていますが，項目が多かったり，モデルが複雑で推定する値が多くなったりすると 50 回ではモデルが確定されないこともあります。反復回数不足の警告文が表示されたら，反復回数を 200，または 500 に増やして再分析したり，モデルを見直し，簡潔に修正したりする必要があります。

2 つ目は誤差の分散がマイナスになり，分析ができない問題です。このようなことをヘイウッド・ケース（heywood case），または不適解（improper solution）と呼びます。ヘイウッド・ケースの対処法としては，誤差の分散をゼロに固定する方法が最も一般的な解決策のようです。他にも SEM では多様な問題とつまずきがあります。これらについては豊田（2003）を参照してください。

2-3 確証的因子分析のモデル

さて，確証的因子分析にはどのような下位モデルが存在するのでしょうか。まず，確証的因子分析のモデルの構成要素を紹介しておきます。確証的因子分析は観測変数，潜在変数，誤差，そしてパスで構成されています。パス図で観測変数は四角で表示します。潜在変数と誤差は円で表します。潜在変数から観察変数へ伸びるパスは片矢印で，因子間の相関は両矢印で描かれます。図 8-2 を例として説明すると，四角形の q1，q2，q3 は観測変数，楕円形の 1 対 1 は潜在変数，円形の e1，e2，e3 は誤差を示します。そして，「1 対 1」因子から q1，q2，q3 へ引かれたパスは片矢印で，「1 対 1」と「スピーチ」の間の因子間相関は両矢印で結ばれています。

確証的因子分析には様々な下位モデルが存在します。例えば，図 8-2 のように因子間に相関関係があることでひとつの概念を測定しているとする 1 次因子モデルです。図 8-2 は 2 つの因子で構成されていることから 1 次 2 因子モデルと呼ばれます[3]。1 次因子モデルは最も一般的なモデルです。

1 次因子モデルで潜在因子の間に高い相関関係が認められた場合には，ひとつの因

---

[3] 1 次モデルが最も一般的であるため，普通は単に 2 因子モデルと呼ばれます。

子にまとめることもあります。Kline（2004）は，因子間相関が 0.90 以上の場合には，これらの因子が異なる構成概念を測定しているとは言い切れず，同じ心的側面を測っていると仮定して，ひとつの因子にまとめることも可能であると述べています。例えば，悲しい映画尺度（Oliver, 1993）は悲しい映画に対する態度を「ポジティブ」と「ネガティブ」の 2 側面からとらえた 2 因子モデルです。しかし，「ポジティブ」因子と「ネガティブ」因子はそれぞれ相反する因子と考えれば，2 因子モデルではなく，1 因子モデルとして分析することも可能です。図 8-3 のプラスが付いているパスは悲しい映画に対するポジティブな側面を，マイナスはネガティブな側面を意味します。

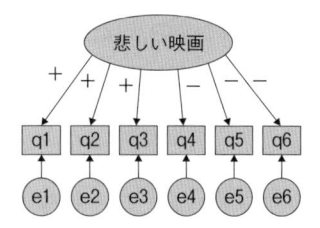

図 8-3　悲しい映画尺度の 1 因子モデル

　他方，各因子に上位概念が存在すると仮定する高次因子モデルもあります。図 8-4 は 2 段階で構成されているため，2 次因子モデルと呼ばれます。1 次因子モデルとその高次因子モデルは同じ適合度をもつ同値モデルです（Kline, 2004）。同値モデルは適合度が同じであるため，分析結果だけではモデルの次元性を判断することは難しくなります。そのため，研究目的や仮説にもとづいて，高次元モデルを設定するかどうかを決めます。なお，前述したようにこのモデルの潜在変数はコミュニケーション不安からパスを受ける内生変数となるため，モデルの識別に関して，分散を 1 に固定することはできません（Kline, 2004）。

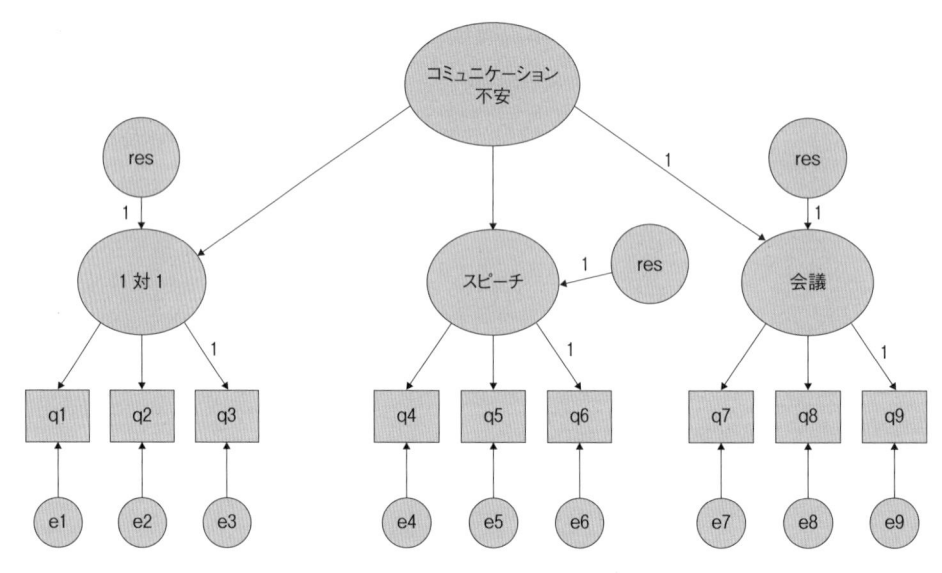

図 8-4　高次因子分析

2-4 信頼性と妥当性

測定モデルの信頼性と妥当性を検討するために確証的因子分析が用いられることもあります。妥当性（validity）は尺度が測定しようとする概念を正しく測定しているかを指す概念です。一方信頼性（reliability）は尺度が一貫性をもって測定できる程度を意味します。

これまで妥当性と信頼性を確認する様々な方法が提案されてきましたが，ここではFornell & Larcker (1981) による方法を紹介しましょう。この方法では，平均分散抽出（average variance extracted: AVE），重相関係数，複合信頼性を用います。複合信頼性は composite reliability の日本語訳で，オメガ係数とも呼ばれます（Bacon, Sauer, & Young, 1995）。日本ではオメガ係数として報告されることが多いため，本章でもオメガ係数と呼びます。信頼性と妥当性を示す各種の指標は Amos では直接出力されないので，Amos の推定値を用いて手計算をして算出します。

まず，AVE は各観測変数が同じ概念を測定しているかを確認する収束的妥当性を検証する方法です。標準化係数の2乗と標準化された誤差を用いて計算します。AVE は標準化係数の2乗の総計を標準化係数の2乗の総計と誤差の総計の和で割って求めます。標準化係数の2乗と誤差の合計は1ですので（足立, 2006），AVE の分母は項目数と同じ値になり，計算を単純化することができます（Yusoff, 2011）。

$$\text{AVE} = \frac{\sum(標準化係数^2)}{\{\sum(標準化係数^2) + \sum 誤差\}} = \frac{\sum(標準化係数^2)}{項目数}$$

$$誤差 = 1 - (標準化係数)^2$$

AVE は 0.5 以上が望ましいとされます（Fornell & Larcker, 1981）。しかし，0.5 以上の AVE を得るためには各因子負荷量が 0.7 以上の値を示す必要があります。探索的因子分析を思い出してください（第7章参照）。因子負荷量が 0.35 から 0.40 程度を基準にして項目を選別することが一般的です。一方で AVE≧0.5 を満たすためには因子負荷量が 0.7 程度の強い関係性を示す項目を残す必要があり，実際の分析ではこの基準はかなり高いハードルになります。そのため Fornell & Larcker (1981) は AVE とともに重相関係数，オメガ係数などの指標を総合的に考慮して，モデルを評価することを勧めています。

因子間で異なる側面を測定しているかを確認する弁別的妥当性は重相関係数を用いて検証します。AVE の値が因子間の相関係数を2乗した重相関係数（r^2）より大きいようなら，各因子の独自性が確保されていると考え，弁別的妥当性が認められたと解釈します。

オメガ係数は項目間の内的整合性を示す指標で，信頼性係数のひとつとして用いられています。標準化係数の合計の2乗を標準化係数の合計の2乗と誤差の合計で割って求めます。AVE を求める式と似ているので注意が必要です。Cronbach の α 係数と同じく，0.7 以上が望ましいとされています。

$$\text{オメガ係数} = \frac{(\sum 標準化係数)^2}{\{(\sum 標準化係数)^2 + \sum 誤差\}}$$

以上のことを踏まえて，次節では分析事例をもとに具体的に見ていきます。

3　確証的因子分析の例

　ここからは Amos を使って実際に分析してみましょう。McCroskey（1982）はコミュニケーション不安を 24 項目で測定する PRCA-24（personal report of communication apprehension-24）を開発しました。PRCA-24 はグループでの討論，会議，1 対 1 会話，人の前でのスピーチという 4 つの異なるコミュニケーション場面におけるコミュニケーション不安を測定します。4 つの下位因子はそれぞれ 6 項目で構成され，そのうち 3 項目は逆転（反転）項目です。

　日米韓のコミュニケーション不安を比較するために，申・田崎・北（2013）は日本 328 名，韓国 321 名，米国 106 名の大学生を対象にアンケート調査を行いました。日本語版は守﨑（2011）をもとに英語版と比較して日本語の表現を微調整し，韓国語版は英語版をもとに逆翻訳法（back translation）で作成しました。先行研究と同様に収集した PRCA-24 のデータが日米韓で 4 因子構造であるかを確認してみます。ここで紹介する分析では基礎統計量，天井・床効果などを確認して削除した 4 項目を除く 20 項目を用いました。なお，逆転項目はオメガ係数を計算するために，反転処理しています。

3-1　モデルを描く

　基本的なモデルの描き方は第 6 章のパス解析を参照してください。潜在変数を意味する楕円と観察変数の四角形，パス，誤差をそれぞれ直接に描くこともできますが，「潜在変数を描く，あるいは指標変数を潜在変数に追加」というアイコンを使うと簡単にパス図を作れます。コミュニケーション不安は 4 つの因子で構成されていると仮説は図 8-5 のようになります。

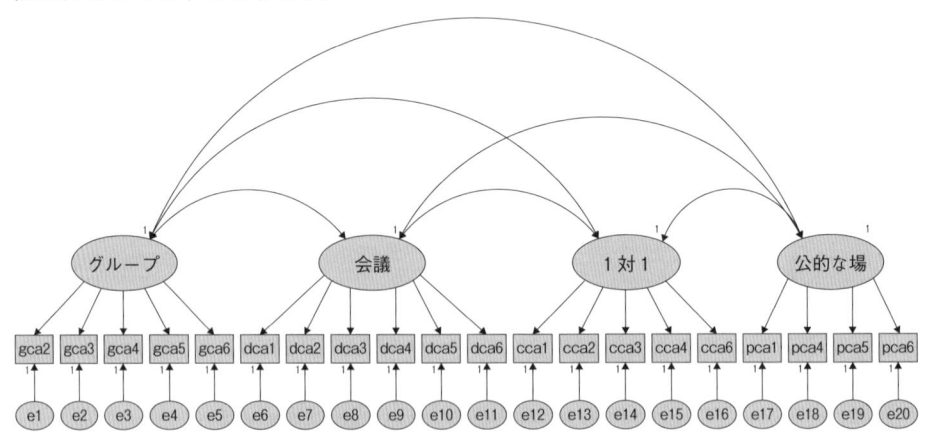

図 8-5　コミュニケーション不安の 4 因子モデル

今回はモデルを識別させるために潜在因子の分散を1に設定しました。Amosのデフォルトは因子負荷量のひとつを1に固定しますが，前述の通り，因子分散を1に固定するやり方もあります。まず，1と固定されているパスにマウスを置くとパスが赤く反転します。その状態でマウスの右側をクリックして「オブジェクトのプロパティ」を選択します。「パラメータ」タブの係数に書いてある1を消すことで，パスを1に固定している制約が解除されます。そのウィンドウを閉じ，潜在変数の上でマウスの右側をクリックして，空欄になっている「パラメータ」の分散に1と書くと，設定が変わります。

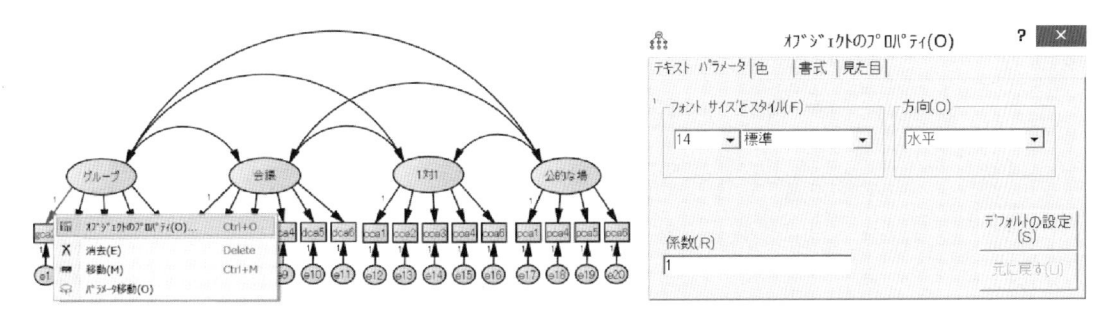

図 8-6　制約の解除・設定方法

3-2　モデルの出力を設定

「分析のプロパティ」→「出力」→「標準化推定値」にチェックを入れます。また，データの一部に欠損値がありますので，「分析のプロパティ」→「推定」→「平均値と切片を推定」も設定します[4]。項目数が多いため反復回数の不足の可能性があるので，「分析のプロパティ」→「数値解析」で「反復回数の制限」を200に増やしておきます。準備が終わったら「推定値の計算」で分析を実行します。

3-3　適合度の解釈

「テキスト出力の表示」アイコンをクリックすると分析結果のウィンドウが開きます。「モデル適合」の各指標の結果に基づいてモデルの適合度が適切か，どうかを考えてみましょう。まず，χ^2値は844.322，自由度は164，確率は.000と示されました。χ^2値は有意な値ですが，サンプル数の影響を受け有意になりやすいと言われています。今回のデータはサンプル数が700名を超えているので，解釈は限定的になりますが，一応報告しておきます。欠損値が一部の変数にあったため，因子平均と切片を推定したことからGFI，AGFIは出力されませんでした。GFIとAGFIの値を出力するためには欠損値の処理をしてから分析を行う必要があります。CFIは.912，RMSEAは.074でした。

確証的因子分析は因子構造を確認するための分析です。CFIは.95以上，RMSEAは.05以下が望ましいとされ，CFIが.90から.95の間，RMSEAが.05から.10の間はグレーゾーンと言われます。しかし，適合度を上げるためにモデルを修正すること

---

4) Amosでは平均値を0にするのがデフォルトになっています。今回は因子平均の推定には関心がないのでそのままにします。

は因子構造を確認する確証的因子分析の本来の目的を考えると必ずしも適切ではありません。そのため，本研究では，望ましいとされる数値より適合度はやや低いですが，このモデルを最終モデルとします。

3-4　係数の解釈

モデルが確定されたので，係数を解釈することができます。まず，係数を見るとすべての項目が有意であることが分かります（図8-7）。すべての項目の標準化係数が.60以上であることから，各項目は因子と十分な関連性をもっていたと解釈することができるでしょう。

次にコミュニケーション不安の4因子構造を確認するために因子間相関を確認します。因子間相関が高い場合，当該の因子は同じ心的特性を測定していると考えられます。「推定値」をクリックすると係数，標準化係数，切片，共分散，相関係数，分散の結果を確認することができます。全部で6つの因子間相関係数が出力されました（図8-8）。相関係数を確認したところ，因子間相関係数はすべてKline（2004）の指摘する基準 $r=.90$ 以下でした。グループCAと会議CAの相関係数は.882と高い値を示していますが，今回は尺度本来の因子構造に合わせて4因子にします。

3-5　信頼性と妥当性

AVEとオメガ係数を計算し，このモデルの信頼性と妥当性を検証してみましょう。グループCAを例にして計算すると以下のようになります。

係数：（グループ番号1-モデル番号1）

	推定値	標準誤差	検定統計量	確率	ラベル
gca2←グループca	.783	.034	22.894	***	
gca3←グループca	.767	.036	21.565	***	
gca4←グループca	.664	.032	20.673	***	
gca5←グループca	.648	.033	19.744	***	
gca6←グループca	.730	.030	24.386	***	
dca1←会議ca	.818	.034	24.128	***	
dca2←会議ca	.752	.035	21.612	***	
dca3←会議ca	.807	.034	23.598	***	
dca4←会議ca	.755	.030	25.303	***	
dca5←会議ca	.776	.032	24.392	***	
dca6←会議ca	.677	.030	22.796	***	
cca6←1対1ca	.674	.034	19.991	***	
cca4←1対1ca	.766	.038	20.056	***	
cca3←1対1ca	.617	.035	17.497	***	
cca2←1対1ca	.635	.034	18.709	***	
cca1←1対1ca	.821	.039	21.249	***	
pca6←公的な場ca	.722	.035	20.893	***	
pca5←公的な場ca	.740	.031	24.136	***	
pca4←公的な場ca	.849	.036	23.898	***	
pca1←公的な場ca	.689	.036	19.162	***	

標準化係数：（グループ番号1-モデル番号1）

	推定値
gca2←グループca	.745
gca3←グループca	.713
gca4←グループca	.691
gca5←グループca	.668
gca6←グループca	.779
dca1←会議ca	.763
dca2←会議ca	.705
dca3←会議ca	.752
dca4←会議ca	.789
dca5←会議ca	.769
dca6←会議ca	.734
cca6←1対1ca	.693
cca4←1対1ca	.695
cca3←1対1ca	.623
cca2←1対1ca	.657
cca1←1対1ca	.725
pca6←公的な場ca	.707
pca5←公的な場ca	.786
pca4←公的な場ca	.780
pca1←公的な場ca	.661

図8-7　最終モデルの係数と標準化係数

```
                                            Amos出力
┌─ ca2.amw
├─ 分析の要約
├─ グループについての注釈        相関係数: (グループ番号1-モデル番号1)
├─ 変数の要約
├─ パラメータの要約                              推定値
├─ モデルについての注釈          グループca <--> 1対1ca      .596
├─ 推定値                        公的な場ca <--> 会議ca      .777
│  └─ スカラー                   グループca <--> 会議ca      .882
│     ├─ 係数:                   会議ca    <--> 1対1ca      .660
│     ├─ 標準化係数:             公的な場ca <--> 1対1ca     .588
│     ├─ 切片                    公的な場ca <--> グループca .684
│     ├─ 共分散:
│     ├─ 相関係数:
│     └─ 分散:
├─ 最小化履歴
├─ モデル適合
└─ 実行時間
```

図 8-8　相関係数の結果

$$\text{グループCAのAVE} = \frac{.745^2 + .713^2 + .691^2 + .668^2 + .779^2}{5} = .519$$

グループCAのオメガ係数[5]

$$= \frac{(.745 + .713 + .691 + .668 + .779)^2}{(.745 + .713 + .691 + .668 + .779)^2 + (.445 + .491 + .523 + .553 + .393)}$$

$$= .843$$

　AVEは.519，オメガ係数は.843です。AVEは.50以上，オメガ係数は.70以上が望ましいとされていますが，これらの基準を満たしました。他の因子の結果は以下のようになりました。(a) 会議CA：AVE＝.566，オメガ係数＝.903，(b) 1対1CA：AVE＝.462，オメガ係数＝.811，(c) 公的な場CA：AVE＝.541，オメガ係数＝.824です。1対1CAのAVEが.5以下でやや低めですが，オメガ係数が.80を超えているため，良しとしました。この結果からPRCA-24の収束的妥当性と内的整合性が確認できました。

　既にグループCAと会議CAの因子間相関は.882と.90に近い値であることから両因子間の弁別的妥当性は低いことが確認されています。ここでは重相関係数（r^2）とAVEを比較することで，弁別的妥当性をもう一度確認してみます。弁別的妥当性を認めるためには重相関係数よりAVEが高いことを示す必要がありますが，会議CAとグループCAとの重相関係数は.778（.882×.882），会議CAと公的な場CAとの重相関係数は.604（.777×.777）で，いずれもAVEより高い値が示されました。これらの結果をまとめると，会議CAはグループCAおよび公的な場CAとの弁別的妥当性は十分でなく，1対1CAとのみ弁別的妥当性が確認されました。グループCA因子，1対1CA因子，公的な場CA因子はそれぞれ独自性が保たれていますので，AVEと重相関係数の関係から，PRCA-24の弁別的妥当性は部分的に確認されたことになります。

5）誤差は1から標準化係数の2乗を引いて計算しました。例えば，gca2の誤差は（$1-.745^2=.445$）になります。

4 おわりに

　本章では，確証的因子分析について紹介しました。確証的因子分析はSEM分析を行うための最も基礎的なモデルです。確証的因子分析を行ってから，多母集団同時分析を行って集団間の差異を比較したり，DIF分析を行って集団間で異なる働きを見せる項目を特定することができます。また，CFAをベースとして潜在変数間の因果モデルに発展させることも可能です。

　しかし，確証的因子分析の実際の分析場面では，思う通りに分析ができないことも多々あります。モデルが識別されなかったり，モデルの適合度が低くて解釈できない場面に遭遇することも少なくありません。そのときは戸惑わずに落ち着いて，その原因は何かを丁寧に探ることがとても大事です。そうした過程でSEMの理解は増すでしょうし，統計解析のおもしろさや奥深さにも気づくことでしょう。

参考文献

足立 浩平 (2006). 多変量データ解析法―心理・教育・社会系のための入門― ナカニシヤ出版

Bacon, D. R., Sauer, P. L., & Young, M. (1995). Composite reliability in structural equations modeling. *Educational and Psychological Measurement*, 55, 394-406.

Fornell, C., & Larcker, D. F. (1981). Evaluating structural equation models with unobservable variables and measurement error. *Journal of Marketing Research*, 18, 39-50.

Kline, R. B. (2004). *Principles and practice of structural equation modeling* (2nd ed.). New York: Guilford Press.

McCroskey, J. C. (1982). *An introduction to rhetorical communication* (4th ed.). Englewood Cliffs, NJ: Prentice Hall.

守崎 誠一 (2011). 質問紙法 末田 清子・抱井 尚子・田崎 勝也・猿橋 順子 (編) コミュニケーション研究法 (pp. 80-96) ナカニシヤ出版

村上 宣寛 (2006). 心理尺度の作り方 北大路書房

Oliver, M. B. (1993). Exploring the paradox of the enjoyment of sad films. *Human Communication Research*, 19, 315-342.

申 知元・北 琢磨・田崎 勝也 (2013). 議論志向性の文化的要因 日本社会心理学会第54回大会発表

豊田 秀樹 (1998). 共分散構造分析［入門編］―構造方程式モデリング― 朝倉書店

豊田 秀樹 (2000). 共分散構造分析［応用編］―構造方程式モデリング― 朝倉書店

豊田 秀樹 (編) (2003). 共分散構造分析［疑問編］―構造方程式モデリング― 朝倉書店

Yusoff, M. S. B. (2011). A confirmatory factor analysis study on the medical student stressor questionnaire among Malaysian medical students. *Education in Medicine Journal*, 3, 44-53.

第9章　共分散構造分析

原　和也

1　はじめに

　コミュニケーション研究では，構成概念を変数として扱うことが多く，それらの構成概念間における因果関係や相関関係を自由にモデル化し，分析することがあります。例えば，人が「会話をするときに抱く不安感」は「自分の意見をはっきりと述べること」にどの程度マイナスの影響を及ぼすのかを検証したい場合，「コミュニケーション不安」と「自己主張能力」のような構成概念を研究の対象とします。これらの構成概念を潜在変数と呼びます。潜在変数とは，直接観測することができない，理論的に仮定される概念です。そして，潜在変数と潜在変数の関係性を，パス図を用いて分析を試みます。

　このように，複数の構成概念間の関係をモデル化し，検討することができる統計的手法を，共分散構造分析（covariance structure analysis）または構造方程式モデリング（structural equation modeling）と呼びます。狩野・三浦（2002）は，共分散構造分析を「直接観測できない潜在変数を導入し，その潜在変数と観測変数との間の因果関係を同定することにより社会現象や自然現象を理解するための統計的アプローチ」（p. v）と定義しています。共分散構造分析は，確証的因子分析（第8章）とパス解析（第6章）を併せもつ統合的な統計的手法であり，第2世代の多変量解析と呼ばれます。近年，利便性の高い統計ソフトの普及により，研究者は自らの理論的モデルを視覚的に描き，系統立った方法で分析できるようになりました。

2　理論的背景

2-1　基本事項

　共分散構造分析は別名，「潜在変数間のパス解析」と言われます。潜在変数を導入したモデルの場合，確証的因子分析から潜在変数間の関係まで，すべての因果関係を同時に分析できるという利点があります。さらに，モデルとデータの適合度も同時に吟味することができます。Amosを使った共分散構造分析では，パス図を描き，変数

と変数の因果関係を図形と矢印を用いて表現します。そこで，コミュニケーション・プロセスの具体例をもとに，Amos Graphics 22 を用いて描かれたパス図の構造を見ていきましょう。

　私たちは，相手のことを思いやるがゆえ，相手の感情を察して，遠まわしにものを言うことがあります。例えば，友人に対して，その人が傷つくかもしれないことを言う場合などです。このようなメッセージの送信過程を考えると，他者への「思いやり」，相手の感情を読み取る「察し」，そして「間接的な発話」という構成概念が想定されます。そこで，人のコミュニケーションにおける情意面から行動面への流れをもとに，「人の思いやり意識は，察しを経て，間接的発話に結びつくという」という仮説を，潜在変数をもとに図にしてみます（図9-1）。

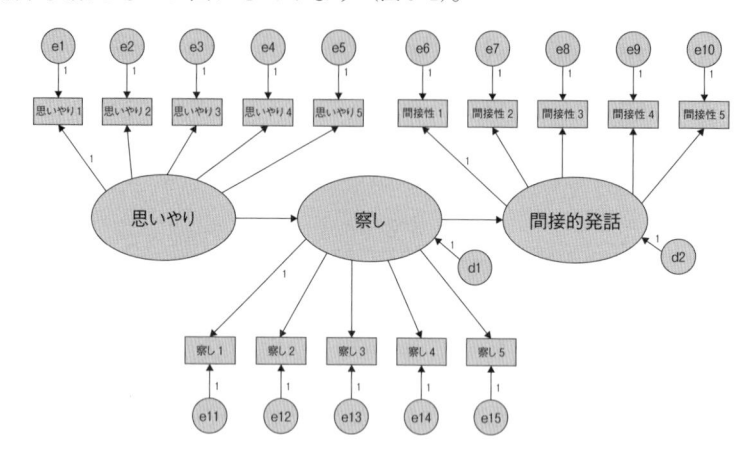

図9-1　思いやり意識が間接的発話に与える影響

　パス図は，「円（楕円）」「長方形」「単方向矢印」「双方向矢印」から構成されます。まずは，基本的な記号から見ていきましょう。各楕円の上部にあるそれぞれ5つの長方形は，観測変数（observed variable）と呼ばれ，アンケート調査などから収集される質問項目への答えが該当します。ここでは，心理尺度における各質問項目のことを指しています。次に，「思いやり」「察し」「間接的発話」を表している楕円は潜在変数（latent variable）と呼ばれ，直接的に観測されない仮定上の構成概念を表しています。ここでは，該当する心理尺度の探索的因子分析（第7章参照）により選ばれた因子のことを表していますが，潜在変数は，複数の質問項目により測定した観測変数から推定されることが一般的です。なぜなら，人の頭の中にある構成概念は直接観察することが難しいからです。また構成概念のとらえ方は，人によってある程度の違いがあるので，1つの項目で測り得るものではないからです。そこで，一般的に1つの潜在変数に対して，3から10個程度の観測変数が用いられます。

　図9-1のモデルにおける3つの潜在変数の間において，それぞれ右側の潜在変数に向かっている2本の単方向の矢印は，独立変数が中間変数を経て従属変数に与えている影響を表しています。「思いやり」のように，他から影響（単方向の矢印）を受けておらず，他に影響を与える変数を外生変数（exogenous variable）と呼びます。そして，「察し」と「間接的発話」のように，パス図において，単方向の矢印の影響を受けており，他の変数の結果となる変数を内生変数（endogenous variable）と呼びます。

もし変数間の因果関係ではなく，相関関係を分析したいのであれば，双方向矢印を用いて，共変関係を設定します。
　観測変数が従属変数となっている円において描かれた「e」は，事前に想定した以外の要因である「誤差」(error term) を表しています。例えば，思いやりを表す潜在変数（因子）は，思いやりを測定する5つの観測変数（項目）により測定されていますが，潜在変数と各項目との対応関係は，まったく同じではありません。数式的に見てみると，各項目は思いやり因子によってある程度説明され，そして残りは思いやり因子以外によって説明されることになります。この思いやり因子で説明できない部分が誤差とみなされます。誤差は，データとして収集し観測したものではなく，直接測定できないものなので，潜在変数とみなされます。同様に，構成概念を表している潜在変数が従属変数となっている円によって描かれた「d」は，潜在変数における誤差を表し，撹乱変数 (disturbance term) と呼ばれます。潜在変数は測定されている変数ではないため，測定の誤差ではありません。確かに，図9-1のモデルにおいて，他者の感情を読み取る行為である察しは，単に思いやり意識からのみ生じるというわけではなく，同様に，間接的に話すことに影響を及ぼす要因は，このモデルに含まれていないものもあり得ます。このように，「間接的発話」の「d」は「思いやり」と「察し」を独立変数としているわけなので，それら2つの変数によって説明できない分散を示しています。誤差も撹乱変数も，モデルの中で説明されない要因（変数）なので，外生変数とみなされます。
　また，図9-1のモデルでは，各潜在変数において，観測変数から伸びているパスのひとつが1に固定されています。そして，誤差変数のパスも1に固定されています。これは，母数を推定する際にその解が定まらないという識別問題への対策です。例えば，このモデルの3つの潜在変数は，15個の観測変数により測定されています。推定するパラメータ数は，パス係数10，潜在変数の分散1，誤差の分散5の，合計16になります。5個の観測変数から得られる情報量は，分散共分散の関係から，kを観測変数とすると，$k(k+1)/2=15$となります。推定するパラメータの数が，この情報量を超えると，負の値になり，モデルの確定はできません。推定されるパラメータの数と情報量の差が，そのモデルの自由度となります。したがって，モデルの確定には，「$df \geqq (k(k+1)/2)-p$」（$df=$自由度，$k=$観測変数の数，$p=$推定する変数の数）という条件を満たす必要があります。そこで潜在変数から観測変数へのパス係数の1つを1に固定し，推定するパスとして扱わないことにします。潜在変数や誤差変数は，もともと特定の単位をもたない研究者が仮定する変数であり，観測変数との相対関係によってのみ確定するものなので，推定されるモデルの「意味」が変わってしまうといった問題はありません（田崎，2008）。
　モデルの識別には，主に2つの方法があります。1つ目は，図9-1のモデルで採用されているように，観測変数から潜在変数に伸びているパスの1つを選び1に固定する方法です。どのパスを選ぶかという基準は特になく，研究者が任意に選びます。心理尺度を使った研究の場合，探索的因子分析により因子負荷量が最も高いと算出された観測変数のパスを選ぶ方法が一般的に用いられます。また，固定されたパスの有意性は検定されません。しかし，個々のパス係数を，非標準化推定値を用いて解釈をす

る場合，1に固定されたパスが解釈の基準となります。また，因子分散の違いを見たい場合もこのように指定し，非標準化推定値を参照し解釈をします。Amosでは，デフォルトで潜在変数から観測変数に向けられたパスの1本は，係数が1に固定されます。また，誤差変数のすべてのパスも自動的に1に固定されています。そして，本章では用いられませんが，もうひとつの方法は，パス係数の代わりに因子分散を定数で固定するもので，「1」がよく用いられます。これにより，因子を標準化し，すべてのパス係数の因子負荷量と有意確率を自由に推定できます。どちらの方法を採用しても，標準化推定値を採用する場合は同じ結果となるので，目的によって使い分けるとよいでしょう。

2-2　段階的アプローチ

　共分散構造分析のパス図を構成する方程式は2種類あります。ひとつは，測定方程式（measurement equation）と呼ばれるもので，構成概念に相当する潜在変数（因子）が観測変数によりどのように測定されているかをとらえた部分です。図9-1では，「思いやり」「察し」と「間接的発話」が該当します。もうひとつは，構造方程式（structural equation）と呼ばれるもので，潜在変数間の因果関係を描写するモデルの部分です。図9-1では，「思いやり意識」から「察し」を経て「間接的発話」に向かうパスに該当します。このように共分散構造分析は，確証的因子分析にあたる測定方程式と，構造方程式にあたる回帰分析（パス解析）を組み合わせてひとつの分析として行っています。

　共分散構造分析を実施するにあたり，Anderson & Gerbing（1998）は，測定方程式から構造方程式へと分析をしていく2つのステップを踏むアプローチを提唱しています。第1のステップは，測定方程式の評価で，複数の観測変数が，いかに潜在変数を測定しているかを確証的因子分析により検証します。第2のステップは，潜在変間のモデルである構造方程式の分析です。前者は後者の前提となります。

　Mulaik & Millsap（2000）はこれらのステップをさらに詳細に分類し，「探索的因子分析」→「確証的因子分析」→「構造方程式の分析」→「モデル全体の精緻化」の4段階からなる分析手順を提唱しています。この中でも探索的因子分析に関しては，心理尺度を使用する場合は必須であると言えます。もし，研究者自身が新たに開発する尺度を用いるのであれば，妥当性の検証を入念に行う必要があります。因子分析を行うにあたり，大きめの標本をとり，ランダムに2分割し分析する方法が奨励されています（平井，2006）。まず，ひとつのデータを用いて質問内容と因子負荷とを総合的に判断し，項目を選択します。そして，もうひとつのデータを用いて因子構造を再確認し，信頼性係数を求め，仮説の検証を行います。

2-3　モデルの評価と適合度指標

　共分散構造分析では，モデルが全体としてどの程度実態を反映しているかについて，モデル自体を評価することができます。その際用いられるのが適合度指標と呼ばれるもので，モデルがデータにどの程度当てはまっているかを意味するものです。モデルの良さを評価するために，「モデルは正しい」という帰無仮説のもと，カイ2乗

検定が用いられます。モデルが正しいということは，それぞれモデルとデータから算出した分散共分散行列に差がないということになります。その際，2つの行列間の差の程度をとらえたカイ2乗値が，統計学的に有意ではないとき（帰無仮説が棄却されないとき）に，両者に差がないということで，モデルは正しいということになります。しかし，カイ2乗検定はサンプルサイズに影響を受けやすく，標本数が大きい場合，結果は有意になる傾向があるのも事実です。この問題を解決するため，複数の適合度指標を報告するのが慣例になっています。

GFI（goodness of fit index）は，モデルの分散・共分散行列がデータの分散共分散行列をどの程度再現できているかを示します。回帰分析における重相関係数（R^2）のように解釈できるものです。モデルの自由度と推定パラメータの数を考慮したのがAGFI（adjusted GFI）で，回帰分析における自由度調整済の R^2（調整済み R^2）のように解釈できます。AGFI は，GFI よりも小さな値になりますが，モデルが複雑でない場合は，近い値となります。どちらも値が1に近いほどデータへの当てはまりが良いとされ，一般的には.9以上であれば説明力のある（当てはまりのよい）モデルであると判断します。GFI と AGFI の差が極端に大きいモデルはあまり好ましくないとされます（小塩，2004）。近年，よく利用される RMSEA（root mean square error of approximation）は，倹約度を考慮した適合度指数で，0.0 が最も良い値であり，.05以下であれば当てはまりが良く，.1 以上は当てはまりが良くないと判断します。適合度の評価に関しては，複数の指標を報告するのが慣例になっていますが，その組み合わせや解釈に関しては様々な見解があります。

モデルの適合度は，モデルの修正をする際の参考にもなります。例えば，モデル内における非有意なパスを削除したり，新たに共分散やパスを追加したりすることによって，適合度を改善させることがあります。扱う変数の数やモデルの複雑さにもよりますが，最初に想定していたモデルが，何の修正もせずにデータにぴったりと適合することは稀であると言えます（狩野・三浦，2002）。しかし，適合度を高めることだけを目的とした修正は避けなければなりません。なぜなら，パス間の関係は，あくまでも実質科学的な理論とその分野の知識にもとづいたものでなければならないからです。

3　ソフトの使用方法と分析例

それでは，共分散構造分析を用いて，日本人の間接的なコミュニケーションについて分析を行います。日本人は，思いやり意識から間接的な発話をすると論じられてきました。例えば，石井（1996）による日本人の「遠慮と察しのコミュニケーション」の理論モデルでは，送り手が遠慮意識にもとづき，間接的であいまいなメッセージを記号化（送信）し，受け手が察しを利かせて，その送り手からのメッセージを記号解釈（理解）する過程を説明しています。この遠慮が同情意識として他者に向けられるとき，それは思いやり意識であると考えられます。そして，非言語的なスキルである察しの技能を利かせて相手の感情を読み取ってから，間接的な発話を行うと考えられます。ここでは，遠慮と察しのコミュニケーション・モデルの遠慮記号化の側面にお

ける基本的な発想を援用し，日本人が，思いやり意識から相手の表情を読み取り，間接的な発話をする過程を検証してみます。

モデルの構築にあたり，「思いやり」は「思いやり尺度」より抽出された因子から他者への同情心としての思いやり意識を表すものを選びました。「察し」は「非言語的感受性スキル尺度」によって得た因子から相手の感情と性格を読み取るスキルを表すものを選びました。「間接的発話」は「会話の間接性尺度」より抽出された因子から間接的なメッセージの生産面を表しているものを選びました。これら3つの因子を潜在変数として使用します。そこで，Hara (2010) のモデルをもとに，「日本人は思いやりにより，他者の感情を察して読み取り，間接的な発話をする」という仮説をモデル化し，分析していきます（図9-2）。このモデルでは，「思いやり」が独立変数，「察し」が中間変数，そして「間接的発話」が従属変数となります。このように，「思いやり」が中間変数である「察し」を介し「間接的発話」へ及ぼすような影響を，間接効果と言います。また，今回は人が「思いやり」から直接「間接的発話」を行う可能性も考慮に入れ，「思いやり」から「間接的発話」に直接的なパスを引きます。このようにある変数が他の変数へ直接的に影響を及ぼすことを直接効果と言います。今回は，この直接効果と間接効果の比較を行います。

分析は，一般的に以下の手順で進めていきます。

① ソフトウェアで研究者自身による仮説モデルを描く。
② データを指定して，分析を行う。
③ 適合度の指標を確認する。
④ パス係数を確認する。
⑤ 仮説どおりの結果が得られれば終了するが，有意ではないパスがあったり，適合度が十分でないときは，パス図を書き直すなどの修正作業をし，再分析する。

3-1 Amos の基本設定

パソコンの画面に，［Amos Graphics］を起動すると，メインウィンドウが表示さ

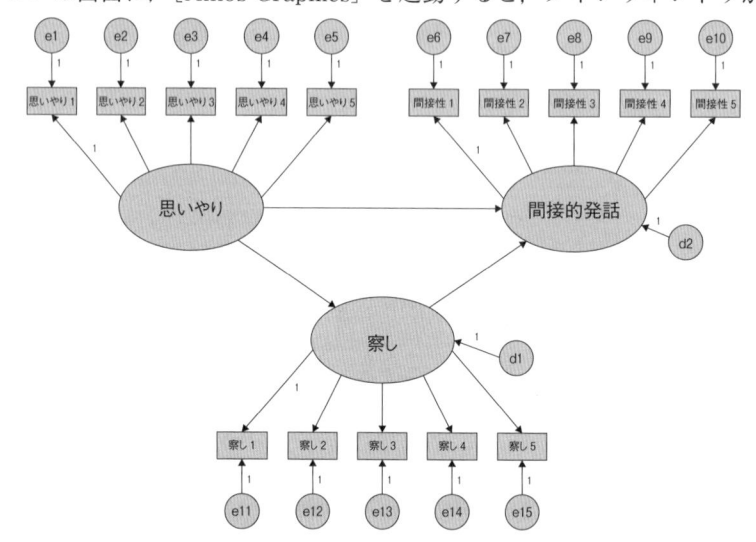

図 9-2 思いやりが察しを通じて間接的発話に与える影響

れます。そこに，仮説モデルを描いていきます。最初に，潜在変数を［直接観測されない変数を描く］（アイコン◯）をクリックし，画面上でクリックをして潜在変数を描きます。因果関係を表すパスを表す矢印は，［パスを描く（一方向矢印)］（アイコン←）で描きます。そして，［潜在変数を描く，あるいは指標変数を潜在変数に追加］（アイコン）を使用し，使用する観測変数の数だけクリックし指標を作成します。作成された指標において，潜在変数から観測変数に向かっているパス係数の1つが「1」に固定されています。また，すべての誤差変数のパスも「1」に固定されています。図9-2では，1つの潜在変数に対して5つの観測変数が設定されていますが，同じセットをコピーしたい場合，［オブジェクトをコピー］（アイコン）を使い，潜在変数をドラッグしマウスを移動させコピーします。そして，［対称性を保存］（アイコン）をクリックし，両方のアイコンが有効な状態で，コピーしたいセットの潜在変数をクリックし，貼り付けたい場所にドラッグします。また，モデル全体の見やすさを考慮し観測変数の位置を移動させたい場合，［潜在変数の指標変数を回転］（アイコン）をクリックすると，潜在変数のセットが時計回りに90度回転します。そして，単方向の矢印の影響を受けている内生変数である潜在変数には，［既存の変数に固有の変数を追加］（アイコン）より誤差変数を設定します。

　パス図が完成したら，データファイルの設定を行います（図9-3）。［データファイルを選択］（アイコン）をクリックし，［データファイル画面（D)］で，使用するファイル名をクリックし，設定したいデータを選びます。［OK］ボタンをクリックし，データファイルを閉じます。

　続いて，それぞれの変数に変数名をつけます。まず観測変数に対してですが，［データセット内の変数一覧］（アイコン）をクリックし，［データセットに含まれる変数］ウィンドウを表示させます。するとデータファイル内にある変数名が表れますので，パス図の観測変数までドラッグして落とします。潜在変数は，［オブジェクトのプロパティ］（アイコン）を使い，［文字］のタブから変数名を入力します。誤差変数は，大量にある場合，［ツール］メニューの［マクロ］の中にある［Name Unobserved Variables］より，自動的に割り当てることもできます。

　分析にあたり，［分析のプロパティ］（アイコン）を開き，［表示（V)］メニューから［分析のプロパティ（A)］を選択します（図9-4）。［出力］のタブをクリックし，［最小化履歴（H)］［標準化推定値（T)］［重相関係数の平方（Q)］に

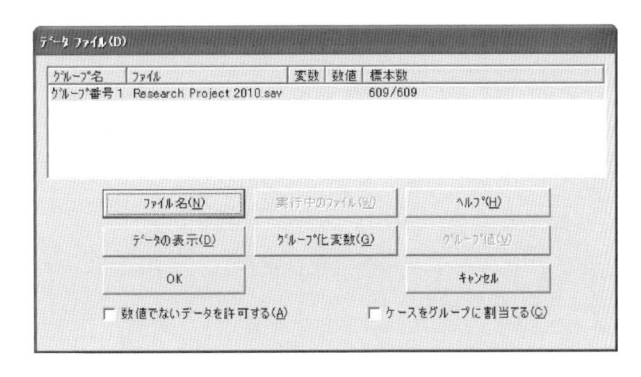

図9-3　データの設定

チェックを入れます（図9-4）。また，今回は潜在変数が3つあることもあり，［間接，直接，または総合効果（E）］にもチェックを入れておくとよいでしょう。

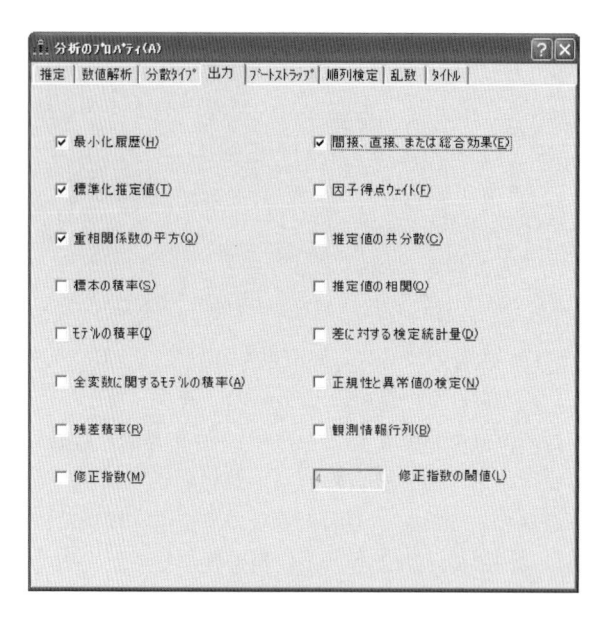

図9-4 分析のプロパティ

　必要なチェックを入れ終えたら，［分析のプロパティ（A）］ウィンドウを閉じます。分析の実行は，ツールバーの［推定値を計算］（アイコン ）をクリックします。その際，ファイルを保存するよう指示が出るので，専用のフォルダを用意しておいた方がよいでしょう。分析が無事に終了すると，「最小値に達しました」と左側の枠内に表示されます。

　しかし，ときにエラーが生じることがあります。例えば，反復計算が停止し解が得られない場合，［テキスト出力の表示］からモデルについての注釈を確認すると，「モデルが識別されませんでした。更に制約がx個必要です」と表示されることがあります。その際，識別性が確保できていないことが想定されます。また，「次の分散は負です」と表示され，［推定値］に「この解は不適解です」と表示されることもあります。定義上，分散は2乗した値なので負の値になることはありません。しかし，共分散構造分析では，母数の推定は適合度関数の極小値を見つけることにあるため，分散の推定値が負になってしまうことがあります（豊田，1998）。このような推定値は，ヘイウッド・ケースと呼ばれます。原因としては，標本の大きさや，モデルの識別性の問題が考えられます。その他に，観測変数名の間違いや誤差変数の付け忘れもエラーの原因となります。

　［出力パス図の表示］（アイコン ）をクリックすると，パス図内に分析結果が表示されます。［出力パス図の表示］アイコンより，［パラメータ形式］ウィンドウ内の［標準化推定値］をクリックします。標準化推定値は，平均を0，分散を1に標準化した値で，$-1.00 \sim +1.00$の値をとり，回帰分析の標準偏回帰係数に該当します。

4 結果の解釈

まず，モデルに対する適合度指標を見てみます（図9-5）。「テキスト出力」の「モデルについての注釈」でカイ2乗値を見てみると，有意な結果となりましたが，これはサンプルサイズからの影響が多分に考えられます。続いて GFI，AGFI，RMSEA を見てみると，いずれの値も十分な当てはまりの良さを示しています。これらの適合度指標をまとめるとこのようになります（$\chi^2(87)=129.602$, $p<.05$, $\chi^2/df=1.490$, GFI＝.973，AGFI＝.963，RMSEA＝.028）。

CMIN

モデル	NPAR	CMIN	自由度	確率	CMIN/DF
モデル番号1	33	129.602	87	.002	1.490
飽和モデル	120	.000	0		
独立モデル	15	1454.409	105	.000	13.852

RMR, GFI

モデル	RMR	GFI	AGFI	PGFI
モデル番号1	.048	.973	.963	.706
飽和モデル	.000	1.000		
独立モデル	.210	.693	.650	.607

RMSEA

モデル	RMSEA	LO 90	HI 90	PCLOSE
モデル番号1	.028	.017	.038	1.000
独立モデル	.145	.139	.152	.000

図9-5 モデルの適合度の要約

次に，モデル内のパス係数を見ていきます。Amos の画面上に，個々のパス係数が表示されます（図9-6）。しかし，パス係数が有意であったか否かは出力されないので，［テキスト出力の表示］（アイコン）から［推定値］をクリックし，［係数］から［確率］をチェックし，有意水準の確認をします（図9-7）。分析の結果，「思いやり」から「察し」へのパスは5％水準で有意であり，また「察し」から「間接的発話」へのパスは，1％水準で有意でした（「***」という表記は，有意確率が非常に小さい値であることを示しています）。しかし，「思いやり」から「間接的発話」へのパスは有意ではありませんでした。したがって，日本人は，他者に対して，単に思いやりの感情を抱くだけでは，遠まわしな発話をしないことが分かります。個々のパスを見ていくと，「思いやり」から「察し」へのパス係数が $\beta=.16(p<.05)$，「察し」から「間接的発話」へのパス係数が $\beta=.30(p<.001)$ でした。「思いやり」が「察し」を経由して「間接的発話」へ及ぼしている影響（間接効果）は，「思いやり」から「察し」へのパス係数である .16 と「察し」から「間接的発話」へのパス係数である .32 の積により算出します（.16×.32＝.051）。その結果，間接効果そのものは極めて弱いものであると分かりました。したがって，本モデルでは，「察し」から「間接的発話」のパスが，一番影響力があるものとみなされ，日本人の間接的な発話においては，思いやり意識よりも，目の前の相手の感情を瞬時に察して読み取ることの方が，影響力

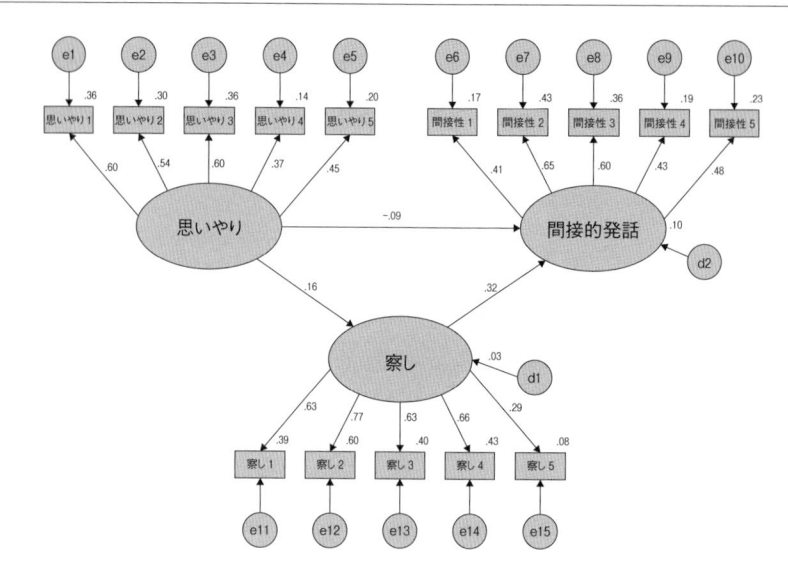

図 9-6　仮説モデルの分析結果 1

係数:(グループ番号1―モデル番号1)

	推定値	標準誤差	検定統計量	確率	ラベル
察し　　　←---思いやり	.162	.057	2.826	.005	
間接的発話←---察し	.211	.045	4.678	***	
間接的発話←---思いやり	-.059	.041	-1.448	.148	

図 9-7　有意水準の確認

があることが分かりました。なお，直接効果と間接効果は，［テキスト出力の表示］の［推定値］からも確認できます。

　また，図 9-6 において，「察し」の右肩にある .03 と，「間接的発話」の右肩にある .10 は，重相関係数の平方，すなわち決定係数 (R^2) を示しています。この係数は推定値に対して，独立変数が従属変数の変動をどのくらい説明しているかを示しており，1 に近いほど予測精度が高いと言えます。したがって，このモデルにおいては，「思いやり」と「察し」は直接効果と間接効果を合わせて，「間接的発話」の分散を 10％説明していることになります。

　今回の分析では，「思いやり」から「間接的発話」へのパスが有意ではなったのですが，モデル全体の適合度が高い場合，個々のパス係数の有意性よりも，モデル全体の適合度を優先して考える方が一般的です（室橋，2003）。なぜなら，パスの有意性検定は独立したものではなく，有意ではないパスを削除すると，残りのパスの係数が変化したり，検定結果が変化したりする場合があるからです。したがって，このようなパスを削除するか否かの判断は，あくまでも理論にもとづいてなされるべきであると言えます。

　そこで，今回はあえて有意ではなかったパスを削除し，再度分析をし，適合度指標とパス係数の変化を見てみることにします。Amos の画面に戻り，有意ではなかった「思いやり」から「間接的発話」へのパス係数を［オブジェクトを消去］（アイコン ✕）

で削除し，分析をします（図9-8）。すると，以下のような適合度が算出されました：
$\chi^2(88) = 131.719, p < .05, \chi^2/df = 1.497, \text{GFI} = .973, \text{AGFI} = .963, \text{RMSEA} = .029$。
その結果，カイ2乗値は改善し，GFIとAGFIは変わらず，RMSEAが.001変化しました。また，「察し」から「間接的発話」へのパス係数が.02下がり，従属変数の決定係数も.001低下しました。僅差であるとはいえ，このような変化をもたらすことになります。共分散構造分析の目的は仮説の検証ですが，理論にもとづき変数と変数の間の関係性を試しながら，理論にもデータにも適合するモデルを探っていくことが重要です。

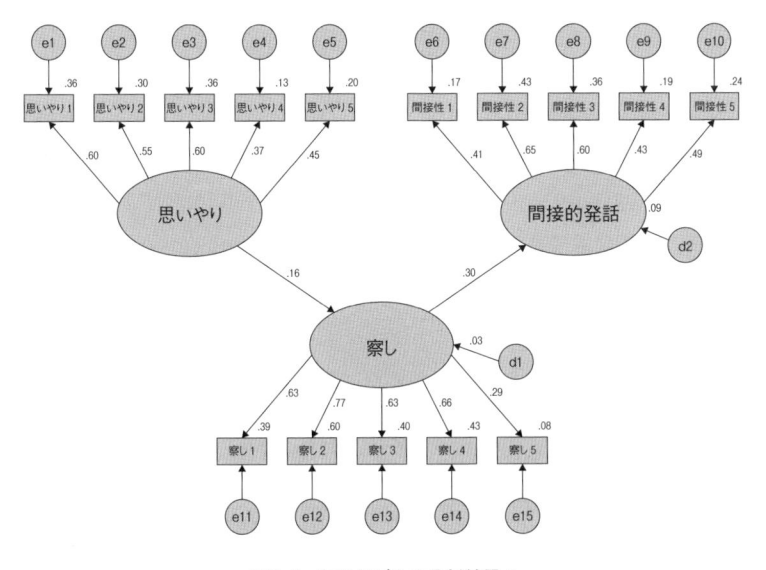

図9-8 仮説モデルの分析結果2

5 おわりに

　Amosを利用しての共分散構造分析は，柔軟にモデルを構成し，分析できることが大きな特徴です。心理尺度を使った研究では，探索的因子分析によって明らかにされた因子を潜在変数として扱うことにより，直接観測できない構成概念を測定し，潜在変数同士の関係性を数値化して把握することができます。さらに，データとモデルの当てはまりを適合度指標によって評価し，各種適合度指標と照らし合わせながらモデルの修正を行い，最善のモデルを探っていくというアプローチも考えられます。今回扱った多重指標モデルは，複数の因子分析や回帰分析を，ひとつのモデルにまとめて分析するという測定精度の高い分析です。

　また，共分散構造分析では，異なった集団間での比較も可能であり，そのような分析法を多母集団同時分析と呼びます。この分析は，複数の母集団から抽出された標本を個別のものとしてではなく同時に分析し，モデルにおける母集団間の差異の有無を複数の適合度指標を用いて検証するものです。その際に，使用する心理尺度が，集団間で測定上の等価性を示しているかどうかを検証しなければなりません（この問題は第12章で扱います）。また，モデルにおける潜在変数と潜在変数の間のパス係数の等

価性も検証する必要があります。これにより，集団間で構造方程式の個々のパス係数の差と有意性を検証することができます。

　本章の事例で紹介したように，変数と変数の関係をモデルとして扱うことができる共分散構造分析は，コミュニケーションにおけるメッセージの伝達過程を描写し，分析することに適しています。Cappella（1991）は，人々がメッセージを交換する過程は，いかなるコミュニケーション理論においても重要な点であるとし，メッセージがどのように理解されるかを解明することは，あらゆる形態の人間コミュニケーションにおいて必須の検証すべき問いであると述べています。その意味でも，研究者が自由に理論モデルを提唱し，統計学的に検証ができる共分散構造分析は，今後様々な理論モデルの検証が期待される有益なアプローチであると言えます。

引用文献

Anderson, J. C., & Gerbing, D. W. (1988). Structural equation modeling in practice: A review and recommended two-step approach. *Psychological Bulletin, 103*, 411-423.

Cappella, J. N. (1991). Review of Stephen W. Littlejohn, *Theories of human communication* (3rd ed.). *Communication Theory, 1*, 165-171.

Hara, K. (2010, June). *Omoiyari (sympathy) and conversational indirectness in Japanese interpersonal communication.* Paper presented at the Intercultural Communication Division of the 60th Annual Conference of the International Communication Association, Singapore.

平井 洋子（2006）．測定の妥当性からみた尺度構成―得点の解釈を保証できますか―　吉田 寿夫（編著）　心理学研究法の新しいかたち（pp. 22-49）　誠信書房

石井 敏（1996）．対人関係と異文化コミュニケーション　古田 暁（監修）　異文化コミュニケーション　改訂版（pp. 121-140）　有斐閣

狩野 裕・三浦 麻子（2002）．グラフィカル多変量解析―目で見る共分散構造分析―　増補版　現代数学社

室橋 弘人（2003）．有意ではないパス係数の考え方　豊田 秀樹（編著）　共分散構造分析［疑問編］（p. 151）　朝倉書店

Mulaik, S. A., & Millsap, R. E. (2000). Doing the four-step right. *Structural Equation Modeling, 7*, 36-73.

小塩 真司（2004）．SPSSとAmosによる心理・調査データ解析　東京図書

田崎 勝也（2008）．社会科学のための文化比較の方法―等価性とDIF分析―　ナカニシヤ出版

豊田 秀樹（1998）．共分散構造分析［入門編］　朝倉書店

第10章 確証的因子分析による多特性・多方法行列の検証

田崎勝也

1 はじめに

　コミュニケーションの研究では、聴く力や伝える力などの基本的なコミュニケーション能力を初め、対人関係や関係維持に関わる能力、ディスカッション力やアサーティブネスなど、コミュニケーション行動から推察できる抽象概念を研究対象とすることが少なくありません。こうした抽象的な事柄は構成概念（psychological constructs）と呼ばれ、「こういった心理特性が背後にあると仮定するとコミュニケーション行動をうまく説明できる」と研究者が考えているいわば仮説的な構成体です。

　コミュニケーションの量的研究では、まずこうした構成概念を数量化する必要があります。数量化するための装置を測定モデル（measurement model）と呼びますが、架空の構成体を測定することは簡単ではありません。そのため、うまく測定できているか、測定モデルの良し悪しを検見することが分析上の重要なプロセスになります。一般的には、信頼性と妥当性の両側面から、測定モデルの性能を検討します。

　本章で紹介する多特性・多方法行列は測定モデルの妥当性を検討するひとつのアプローチです。その中でもキャンベルとフィスク（Campbell & Fiske, 1959）によって見出された多特性・多方法行列（multitreat-multimethod matrix: MTMM）は多くの研究者に知られ、歴史もある検証法です。近年進化が続く共分散構造分析（*i.e.*, 確証的因子分析）の分析的枠組みを利用することで、よりスマートに分析を行うことができるようになりました。本章では、確証的因子分析を援用した多特性・多方法行列の検証方法を解説していきます。

2 理論的背景

　冒頭でも述べたように、構成概念は実体をともなわない架空の概念で、直接観察することはできません。こうした構成概念を数値化するためには、架空の概念がどのような観察可能な事象に反映されているかを考えなくてはなりません。例えば、質問紙調査で使用する質問項目への回答や心理実験で用いる脈拍や瞳孔反射などの身体反応

は，協力者がもつ何らかの潜在的な心理特性や行動傾向が回答や反応など観測可能な事象として現れていると考えます。これが測定モデルの基本的な考え方です。そして，数値化した対象（*i.e.*, 変数）を統計モデルにかけ，構成概念自体の特徴や構成概念間の関係性を検証します。つまり測定モデルは観察不可な構成概念を観察可な事象へと橋渡しする役割をもっているのです。

　こうした測定モデルの基本概念を視覚化したのが図10-1です。モデル上部には直接観察することができない抽象的領域が，モデルの下部には可視的な事象をとらえた具象的領域が布置されています。モデルを縦方向に眺めていくと，構成概念Aと構成概念Bはそれぞれ，数量化され観測可能な変数である観測変数Aと観測変数Bと結ばれています。これが測定モデルで，ここでは2セットありますが，いずれも構成概念と観測変数が，操作化と呼ばれるマッチング作業を経て，対応関係にあります。次にモデルを横方向に見ていきましょう。抽象的領域では，研究者の仮説によって構成概念間の関係が想定され，具象的領域ではそれに対応する形で，観測変数間には数量的な関係で結ばれています。つまり「観測変数間に定量的な関係が示されるなら，観測変数と対応関係にある構成概念間にも理論的な結びつきがあるはずだ」という仮定をもとに仮説の検証を行います。ただこうした仮定が成立するためには，構成概念と観測変数がしっかりと対応していること，つまり測定モデルが適切かつ正確に測定をしていることが確認すべき重要な前提事項になります。

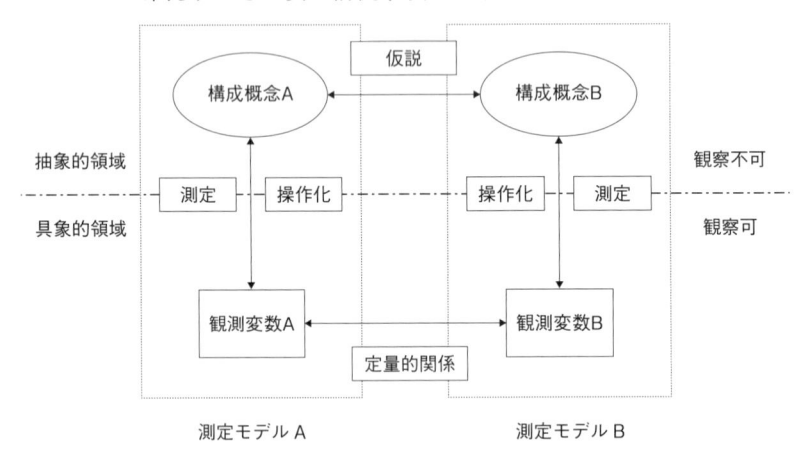

図10-1　構成概念の測定モデル（田崎，2008）

　測定モデルの適否は信頼性と妥当性の側面から検討されます（田崎，2013）。信頼性は「正確に測定できているか」といった測定の正確さを問題にします。例えば，測るたびに値が変わってしまうような体重計では，信頼性が高い測定はできません。信頼性に関しては本章では詳しくはふれませんが，第8章でも簡単に解説しているように，コミュニケーションの量的研究では，クロンバックのα係数やマクドナルドのオメガ係数などを算出して評価するのが一般的です。一方妥当性は「測りたいものを測っているか」を問題にします。例えば身長を測定するときに身長計を用いることは妥当ですが，体重計を用いることは妥当ではありません。つまり妥当性は測定の「正しさ」を問題にしています（村上，2006）。妥当性は，測定自体の目的と密接に関連していることから，信頼性係数のようにひとつの指標として表すことが難しい概念で

す。そのため，妥当性を示す複数のエビデンスを提示することが望ましいとされています（Angoff, 1988）。

　妥当性を評価するために，測定の目的を考えなければならない理由について，もう少し詳しく見てみましょう。学力テストも「学力」という構成概念を測る測定の一種ですので，みなさんにとってなじみのある入学試験や選抜試験を例にとり考えてみます（田崎，2008）。車のエンジンの仕組みについて説明する英語長文問題があったとします。この問題を大学の入学試験の問題として出題したところ，男性の受験生の正答率が女性の受験生のそれよりも高かったとします。この問題は妥当でしょうか。答えはNO！です。なぜなら，本来英語の読解力を測定するべき長文問題が，車の仕組みに関する知識を問う問題として機能している可能性があるためです。ではこの問題が，ある企業で，機械工学に関係した業務への選抜に用いられた場合はどうでしょうか。このケースでは「妥当ではない」とは必ずしも言えません。なぜなら，業務には機械工学の知識が必要で，それが選抜テストの重要な測定対象になっているためです。このように，測定の妥当性を決めるためには，測定自体の目的や測定対象の性質を慎重に検討する必要があるのです。

　こうした妥当性概念の多面的・多義的な特性から，これまでにも○○妥当性と名の付く様々な種類の妥当性が提案されてきました。構成概念妥当性，基準関連妥当性，内容妥当性，結果妥当性，弁別的妥当性……など挙げると切りがないくらいあります。一方で近年では妥当性を統一の概念としてまとめる動きがあります（村上，2006）。これまでに見出されてきた種々の妥当性は「測りたいものを測っているか」という妥当性の基本的かつ根源的な問いに対する証拠のひとつに過ぎないとする見解が示されたのがきっかけでした（Messick, 1989）。こうした視点に立てば，数々の○○妥当性は妥当性を示唆するエビデンスを整理したに過ぎず，妥当性の種類を示すものではないことになり，さらに○○妥当性という呼び方に関しても，互いに無関係で独立した妥当性の種別を示すような印象を与えることから，再考することが望ましいとする見解もあります（平井，2006）。

2-1　多特性・多方法行列による妥当性の検討

　近年では拡張しすぎて分かりづらくなってしまった妥当性の概念を整理する動きがあるものの，歴史的には，(a) 内容的な根拠（内容的妥当性）：測定したい内容を十分に反映した測定か，(b) 基準関連的な根拠（基準関連的妥当性）：測定値は外的な評価や基準と相関があるか，(c) 構成概念的な根拠（構成概念的妥当性）：測定値は本当に測定すべき概念を測っているか，の3側面を中心に妥当性が検討されてきました（AERA, APA, & NCME, 1999）。本章で紹介する多特性・多方法行列は，構成概念的な妥当性を示す根拠のひとつとして，測定モデルの構造的な側面から検証する方法です。MTMMは「方法は異なるが同じ概念を測定している場合には相関は高くなり，また同じ方法を用いても対象となる概念が異なる場合には相関は低くなる」ということを前提に，構成概念間の相関行列を通して妥当性を確認します。前者は収束的な妥当性（convergent validity），後者は弁別的な妥当性（discriminant validity）のエビデンスと考えることができます（Campbell & Fiske, 1959）。

こうした MTMM の特性を視覚的に確認してみましょう。図 10-2 は異なる測定対象である概念 A と概念 B に対して，異なる測定法である方法 1 と方法 2 によって測った場合を想定し，その結果を相関行列としてまとめたものです。まず緑色の部分ですが，ここでは同一の測定対象に対して異なる方法で測定した結果の相関ですから，測定がうまくいっているなら，この相関係数は高くなるはずで，収束的な妥当性のエビデンスと考えることができます。一方，オレンジの部分は，異なる測定対象に対して，同一の測定法を用いて測っているので，やはり適切な測定が行われているなら，当該の相関係数は低くなるはずです。つまり，弁別的な妥当性の根拠とすることができます。以上の 2 つの相関係数をもとに MTMM では収束的および弁別的な妥当性の検証を行いますが，これらの他にも当該の行列では妥当性に関連する係数が 2 つ示されます。黄色の部分は無相関領域とされ，異なる方法を用いて異なる対象を測定しているので，ここでの相関係数は限りなくゼロに近い値が出ることが想定されます。また対角線上の青色の部分には信頼性係数が示され，MTMM 行列で示される妥当性の根拠と合わせて測定モデルの良不良を検討します。

		方法 1		方法 2	
		A 1	B 1	A 2	B 2
方法 1	A 1	rA1A1	rA1B1	rA1A2	rA1B2
	B 1		rB1B1	rB1A2	rB1B2
方法 2	A 2			rA2A2	rA2B2
	B 2				rB2B2

図 10-2　MTMM 行列の例

　MTMM 行列はキャンベルとフィスクによって 1959 年に概念化された歴史のある方法ですが，これまで有効に活用されてきたとは必ずしも言えません。これは主に分析手法に関連する制限によるもので，異なる概念および分析法が縦横に展開する関係を包括的・効果的に検証する手段がなかったことが主因と考えられています（Brown, 2006）。近年 MTMM 行列を用いた妥当性の検証に関心が高まっている背景には，確証的因子分析（confirmatory factor analysis: CFA）を基盤とした分析法の拡充や統計ソフトの充実によって，応用範囲が広がったことがあります。具体的には「概念」と「方法」をそれぞれ因子としてモデル化し，CFA の分析的枠組みを利用することで，MTMM 行列により示される妥当性の収束的および弁別的 2 側面を効果的に検証することができます。また MTMM データへ CFA を援用することで，測定手法によって生じる効果量を確認し測定手段に関連する「方法バイアス」の有無を検討することも可能です。CFA を基盤としたアプローチには様々な派生モデルがありますが，本章では尤度比をベースにネストモデルと比較する CFA を用いた一般的なアプローチ（Widaman, 1985）と CFA の分析的枠組みの中で簡略化を進めた Correlated Uniqueness（CU）モデル（Marsh & Grayson, 1995）という代表的な 2 モデルを取り上げたいと思います。

3 分析例

　さて，ここでは実際にデータを用いて収束的および弁別的な側面から妥当性の検証を行ってみます。小・中学生を対象に行われた対人および学業コンピテンス（social & academic competence）に関する調査データを用い（Byrne & Bazana, 1996），妥当性の2側面の検証を行ってみます（Byrne, 1998, 2006, 2012）。この調査では，社会性，学業全般，英語力，数学力の4領域に関して自身がどの程度優れているか，自己評価に加えて，3名の社会的他者（教師，親，友人）から評価を得ています。つまり4つの構成概念（"social competence""academic competence""English competence""Math competence"）に対して，4つの異なる手法（"self rating""teacher rating""parent rating""peer rating"）を用いて測定しています。

　実際に分析に用いるMTMMデータは中学1年生のコンピテンスについて193名の関連者から収集したものです。まず相関分析を行い，変数間の関係を把握してみましょう（図10-3参照）。相関行列に示された変数はコンピテンスに関連する構成概念に対して，7件法のリカート尺度を用いて，4つのいずれかの手法で得た得点になります。例えば，"SCself" は "social competence" を自己評価によって得た得点を，"ACtch" は "academic competence" に対する教師からの評価を意味します。図10-2と同様，緑色の部分の相関は収束的な妥当性を示す部分ですので，相関係数は高くなることが期待されます。オレンジで示された箇所は，弁別的な妥当性を見るところで，低い相関係数が算出されていなければなりません。黄色の係数は，いずれの妥当性とも関係がない部分ですので，ゼロに近い相関係数が期待されるところです。青色の対角線は信頼性係数が提示される部分ですが，今回は単数項目による測定でアルファ値が計算できないため，1になっています。さて，相関係数の高低に着目して図10-3を眺めてみましょう。確かに理論どおりに妥当性の2側面が算出されている印象もありますし，そうでない感じもします。ここがMTMM行列の解釈の難しいところで，批判の対象でもあります（Brown, 2006）。このように実データを用いた分析では，相関係数を眺めているだけでは，収束的および弁別的な側面の根拠を読み解くのは容易ではなく，どうしても主観的な解釈に陥りがちです。

3-1　モデル全体からの妥当性の検討

　続いて，CFAを用いてMTMMデータを分析してみます。「4概念 × 4手法」からなるモデルを，統計ソフトAmosを用いて視覚化すると図10-4のようになります。中央に四角形で囲まれたものが観測変数です。これらの観測変数をもとに4つの特性因子（楕円）が測定されていますが，異なる測定法から得た評価でもあるので，各種方法論からの影響があると考えて，方法因子（楕円）をモデル化し，観測変数へパスを引きます。

　以上のようなCFAモデルの解を確定させるためには，以下の5つの条件が必要になります（Widaman, 1985）。説明が重複するところもありますが，ここで確認のためにも明文化しておきます。

	SCself	ACself	ECself	MCself	SCtch	ACtch	ECtch	MCtch	SCpar	ACpar	ECpar	MCpar	SCpeer	ACpeer	ECpeer	MCpeer
SCself	1	.301**	.212**	.168*	.349**	.132	.054	.178*	.506**	.138	.106	.124	.266**	.098	.045	.138
ACself	.301**	1	.607**	.666**	.091	.438**	.396**	.388**	.170*	.455**	.405**	.504**	.184**	.429**	.331**	.374**
ECself	.212**	.607**	1	.322**	-.021	.251**	.284**	.232**	.011	.374**	.545**	.295**	.202**	.332**	.310**	.282**
MCself	.168*	.666**	.322**	1	.082	.322**	.230**	.455**	.157	.338**	.185**	.617**	.126	.244**	.226**	.340**
SCtch	.349**	.091	-.021	.082	1	.286**	.149	.150*	.300**	.157	.014	.125	.256**	.141*	.054	.087
ACtch	.132	.438**	.251**	.322**	.286**	1	.764**	.642**	.265**	.467**	.396**	.401**	.251**	.398**	.380**	.322**
ECtch	.054	.396**	.284**	.230**	.149	.764**	1	.506**	.172*	.420**	.448**	.328**	.197**	.369**	.408**	.310**
MCtch	.178*	.388**	.232**	.455**	.150*	.642**	.506**	1	.237**	.460**	.324**	.512**	.161*	.330**	.306**	.375**
SCpar	.506**	.170*	.011	.157	.300**	.265**	.172*	.237**	1	.298**	.182*	.260**	.228**	.063	.039	.117
ACpar	.138	.455**	.374**	.338**	.157	.467**	.420**	.460**	.298**	1	.526**	.644**	.207**	.242**	.229**	.245**
ECpar	.106	.405**	.545**	.185**	.014	.396**	.448**	.324**	.182*	.526**	1	.384**	.211**	.302**	.313**	.234**
MCpar	.124	.504**	.295**	.617**	.125	.401**	.328**	.512**	.260**	.644**	.384**	1	.220**	.242**	.232**	.322**
SCpeer	.266**	.184**	.202**	.126	.256**	.251**	.197**	.161*	.228**	.207**	.211**	.220**	1	.405**	.329**	.278**
ACpeer	.098	.429**	.332**	.244**	.141*	.398**	.369**	.330**	.063	.242**	.302**	.242**	.405**	1	.662**	.695**
ECpeer	.045	.331**	.310**	.226**	.054	.380**	.408**	.306**	.039	.229**	.313**	.232**	.329**	.662**	1	.519**
MCpeer	.138	.374**	.282**	.340**	.087	.322**	.310**	.375**	.117	.245**	.234**	.322**	.278**	.695**	.519**	1

Notes. *$p < .05$. **$p < .01$. ***$p < .001$

図10-3 MTMMデータの相関行列

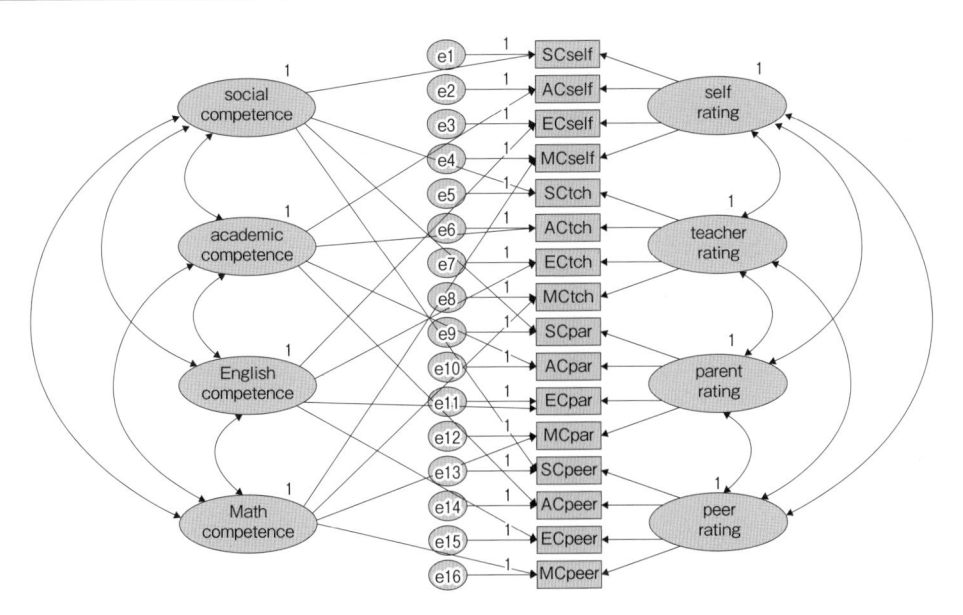

図 10-4 MTMM の CFA モデル

(a) MTMM データを CFA で識別するためには，特性因子と方法因子が最低でも3つずつ必要になる。
(b) 対象となる概念の数を T，手法の数を M とすると，T×M 個の観測変数をもとに，特性因子と方法因子を推定する。
(c) それぞれの観測変数は特性因子と方法因子の双方にパスをもつ。
(d) 特性因子間および方法因子間の因子間相関は自由推定できるが，特性因子と方法因子の相関は通常ゼロに固定する。
(e) 誤差分散は自由推定するが，通常誤差分散間の相関は許さない。

これら5つの条件に加えて，CFA を用いた MTMM では，モデル識別のために因子分散を1に固定します（Byrne, 2012）。通常の CFA では，モデル確定のためにパス係数のひとつを1に固定する制約を課しますが，妥当性の検証にパス係数を評価する必要性から，代わりに因子分散を1に固定するという措置をとります。なお本章では Amos の使用法については詳しくは解説しません。基本的には CFA の分析と同じ手順になりますので，Amos の分析法に関しては，第8章や第12章を適宜参照するようにしてください。

CFA を用いた MTMM データの検証はモデル全体の評価とパス係数の評価と2側面から行います（Byrne, 2006）。まずはモデル全体の比較を通して，妥当性を検討してみます。Widaman（1985）によるモデル間比較にもとづく方法では，図 10-4 のようなモデルをベースラインに，このモデルから派生した一連のネストモデルとの比較を通して，妥当性の収束的側面と弁別的側面を検証します。まず，図 10-4 のモデルを実行してみましょう。分析が完了したら「テキスト出力の表示」のアイコンをクリックして，「モデルについての注釈」を選択すると，図 10-5 のような出力が表示されていました。

モデルについての注釈（グループ番号1-モデル番号1）

次の分散は負です。（グループ番号1-モデル番号1）

```
   e2
 -.124
```

次の行列は正値定符号ではありません。（グループ番号1-モデル番号1）

	Math_competence	English_competence	academic_competence	social_competence
Math_competence	1.000			
English_competence	.380	1.000		
academic_competence	.863	.893	1.000	
social_competence	.211	.147	.319	1.000

図10-5　ヘイウッド・ケースの例

　これは第8章（109ページ）でも議論していますが，誤差分散の推定値がマイナスになるなどの不適解が出力される「ヘイウッド・ケース」として知られる問題です。直感的にも感じていただけると思いますが，図10-4のモデルは大変複雑です。このように複雑なモデルの分析ではどうしても不適解が算出されやすく，CFAを用いたMTMMデータの分析では77％で不適切な解が出力されたという報告もあります（Marsh & Baily, 1991）。特に（a）サンプルサイズが小さい，（b）次元性に問題がある，（c）特性因子と方法因子のパス係数がほとんど同じ推定値である，などの不具合があるときにヘイウッド・ケースを起こしやすいようです（Byrne, 2012）。詳しくは後述しますが，CUモデル（Marsh & Grayson, 1995）という簡略化したCFAモデルが注目される背景には，こうした不適解の問題があります。

　Bagozzi（1993）はMTMMデータのCFA分析では適切なソリューションが得られたモデルのみ，解釈を施すようにと注意喚起しています。不適解が出されたときの対処法としては，該当部分の推定値をゼロに固定したり，同じような測定特性をもつ推定値で補ったりする方法があります（Marsh, Byrne, & Craven, 1992）。今回はe5の推定値の.06をe2の推定値として指定して再分析をしました（「分析のプロパティ」のアイコンをクリック→パス図のe2の部分を指定→パラメータのタブをクリックし，「分散」の小窓に.06と入力）。図10-6は不適解を修正したベースラインモデルと推定値です。モデル全体では$\chi^2(77)=80.11$, $p=.385$, $\chi^2/df=1.039$, CFI=.998, GFI=.953, AGFI=.917, RMSEA=.014となり，データとの十分なフィットを示しました。ベースラインモデルはネストモデルとの比較の際の基準となるため，データとの十分な適合度を示す必要があります。

　この修正ベースライン（Model 1）と一連のネストモデルを比較し，妥当性の2側面を検証していきます。まず4つの方法因子だけをモデル化したModel 2を作成します。具体的には特性因子の部分を削除した図10-7のようなモデルを想定します。これは特性因子の収束的な妥当性を示す根拠となるモデルです。もしModel 2の適合度が，Model 1のそれと比較して，明らかに低下しているようなら，Model 1は異なる方法で測定された4つの特性因子によって分散共分散の関係をより説明できていることになります。つまり，特性因子に関して十分な収束的な妥当性を備えていたと解釈

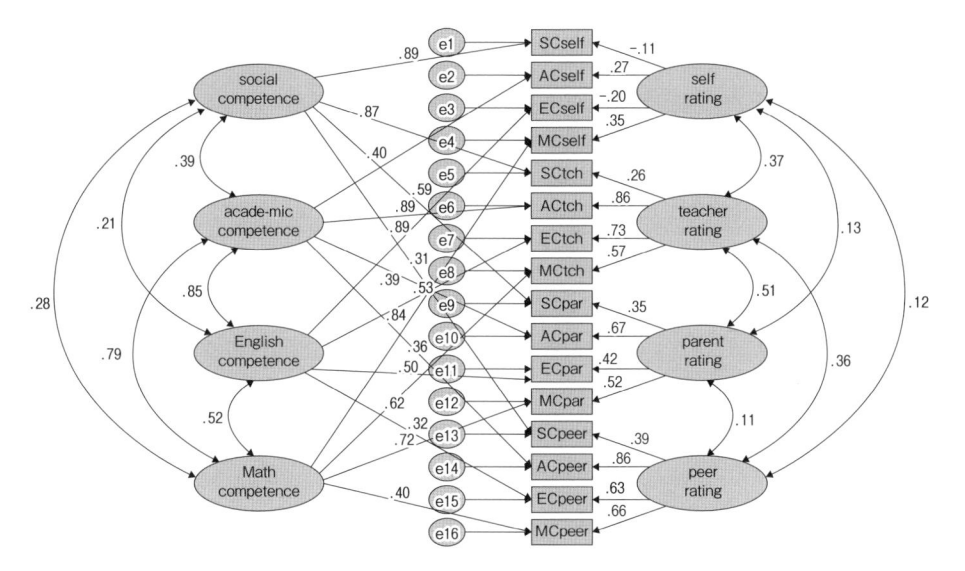

図 10-6　修正ベースラインモデルと標準化推定値

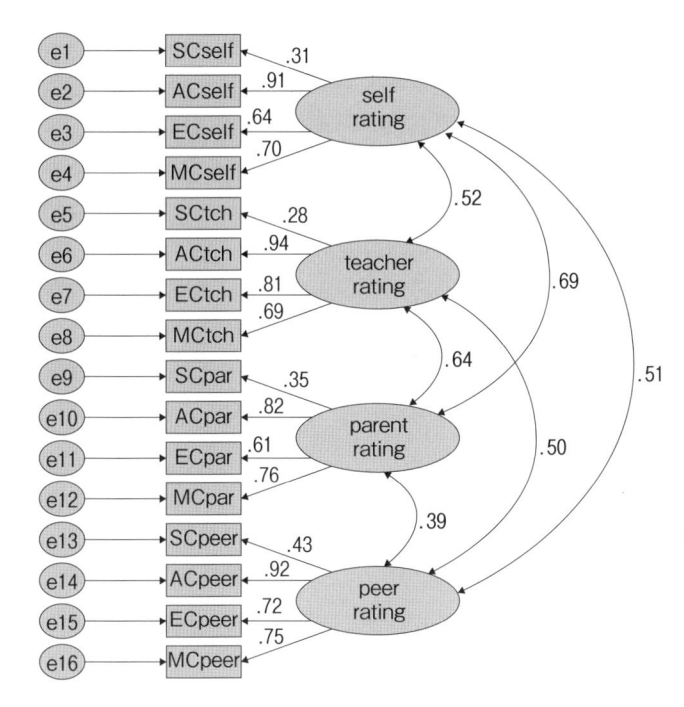

図 10-7　特性因子の収束的妥当性を検証する Model 2 と標準化推定値

することができます。実際に分析を行ってみると，Model 2 の適合度は $\chi^2(99) =$ 337.351, $p = .000$, $\chi^2/df = 3.408$, CFI $= .827$, GFI $= .805$, AGFI $= .733$, RMSEA $= .112$ となりました。詳細な検証は後述しますが，修正ベースラインモデルの適合度と比較すると，データとのフィットは悪化しているように見えます。

次に，特性因子，方法因子それぞれの弁別的な妥当性の検証するため 2 つのモデルを用意します。特性因子間の完全な相関を認めた Model 3 では，コンピテンスを 4 つの側面に分けるのではなく，いわばコンピテンスの 1 因子モデルを想定して，特性因

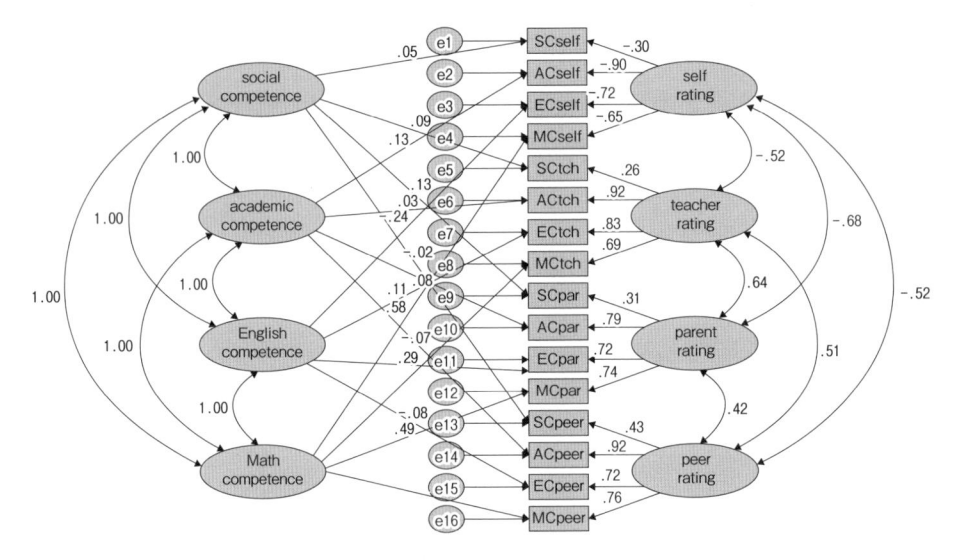

図 10-8 特性因子の弁別的妥当性を検討する Model 3 と標準化推定値

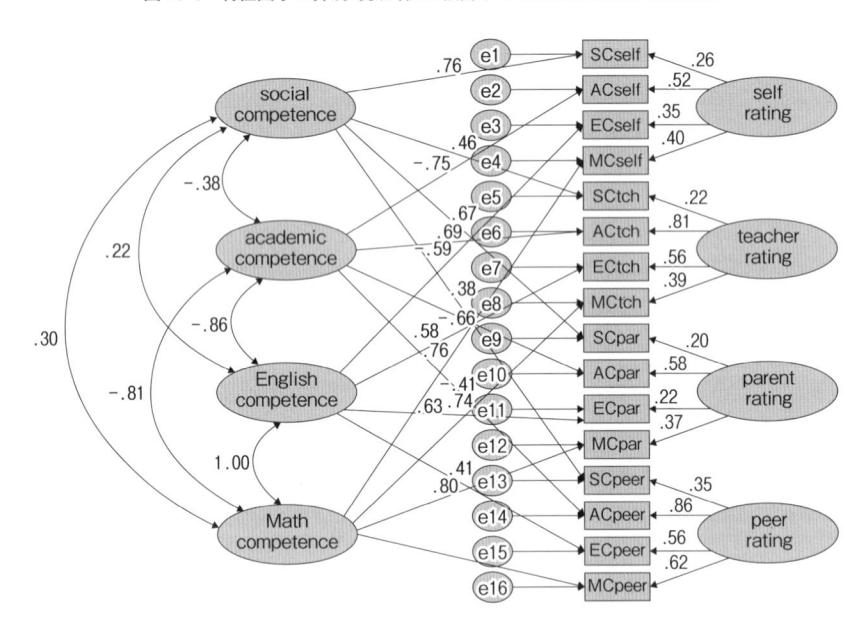

図 10-9 方法因子の弁別的妥当性を検証する Model 4 と標準化推定値

子の弁別的な妥当性の有無を検討します（図10-8参照）。Model 1 と比較して，Model 3 のフィットが低下しているようなら，4特性因子モデルの弁別的な妥当性を示すエビデンスとなります。同様のロジックで，Model 4 では方法因子間の弁別的妥当性を検証します。制約の方法はちょうど正反対になりますが，Model 4 では方法因子間に無相関を仮定し，Model 1 との比較を通して，方法因子の部分の弁別的な妥当性を試します（図10-9参照）。分析の結果，データとの適合度は Model 3 では $\chi^2(83) = 207.06$, $p = .000$, $\chi^2/df = 2.495$, CFI $= .910$, GFI $= .876$, AGFI $= .797$, RMSEA $= .088$ となり，Model 4 では $\chi^2(83) = 116.77$, $p = .009$, $\chi^2/df = 1.407$, CFI $= .975$, GFI $= .930$, AGFI $= .886$, RMSEA $= .046$ と算出されました。

表10-1 は4つのモデルのデータ適合度をまとめたものです。一般に，Model 1 は

表 10-1　MTMM モデルの適合度

	χ^2	df	χ^2/df	CFI	GFI	AGFI	RMSEA
Model 1	80.11 ns	77	1.039	.998	.953	.917	.014
Model 2	337.35***	99	3.408	.827	.805	.733	.112
Model 3	207.06***	83	2.495	.910	.876	.797	.088
Model 4	116.77**	83	1.407	.975	.930	.886	.046

Notes. **$p<.01$,　***$p<.001$

表 10-2　尤度比検定の結果

	▲χ^2	▲df	▲CFI
収束的な妥当性の検証			
Model 1 vs. Model 2（特性）	257.24***	22	.171
弁別的な妥当性の検証			
Model 1 vs. Model 3（特性）	126.95**	6	.088
Model 1 vs. Model 4（方法）	36.66**	6	.023

Notes. **$p<.01$,　***$p<.001$

制約が最も少ないモデルとなるため，データとの適合度は高く示されます。ここで検証した4つのモデルにおいても，Model 1 が一番データとのフィットが良いモデルになっています。モデルの適否を具体的に比較検討するため，Widaman（1985）の検証法では，ネストモデル（Model 2～Model 4）で課した制約によって適合度が Model 1 からどの程度低下しているか，尤度比検定（likelihood ratio test: LRT）という手法を用いて調べていきます。第 12 章でも等価性を決定付ける DIF 項目の有無の確認をするために LRT を用いています。LRT ではベースラインモデルとネストモデルの間でカイ2乗値の差異を求め，自由度の縮減に照らして，有意に乖離しているかを検見します。表 10-2 を見てみましょう。Model 2 から Model 4 のカイ2乗値は Model 1 のそれと比較して有意に離れており，一連のネストモデルでそれぞれ課した収束的および弁別的な妥当性の根拠となる制約によって，データとのフィットが明らかに悪化していることが分かりました。

　ちなみに表 10-2 では適合度指標のひとつ CFI 値の増減も示しています。尤度比検定でベースになるカイ2乗値はサンプル数の影響を受けやすく，大規模データでは有意になりやすいといった弱点があります。そのため近年，カイ2乗値に代わる指標の探究が精力的に行われています。▲CFI もそうした代替案のひとつで，Cheung & Rensvold（2002）は，シミュレーションの結果にもとづき，CFI 値の差が 0.02 以上ある場合にはモデル間の差異を認め，0.01 以上 0.02 未満では差異を疑い，0.01 未満では差異なしとする新たな基準を提案しています。本分析では，CFI と LRT の結果は双方とも，弁別的および収束的な妥当性を示す根拠として，矛盾なく示されています。

3-2 パラメータ値からの妥当性の検証

　LRT をベースとした一連のネストモデルとの比較による検証に加えて，個々のパラメータを検証することで測定モデルの妥当性を検討することができます。特に妥当性に関連する要因の分散説明率を求めると，測定モデルの妥当性を総合的に考察することができます。例えば，項目の全分散量は，特性因子からのパス係数の 2 乗値で示される特性に起因する分散，方法因子からのパス係数の 2 乗値で示される方法から生じる分散，そして項目独自の分散の 3 つの構成要素に分解することができます（Marsh & Grayson, 1995）。それでは上記のベースラインモデルにおける特性因子および方法因子に関連する推定値をもとに妥当性を見ていきます。表 10-3 は前出の Model 1 における標準化推定値をまとめたものです。収束的な妥当性を検討するには，特性因子に付随するパス係数の大きさを確認します。例えば，特性因子に付随するパス係数はすべて有意になっており，収束的な妥当性のエビデンスと考えることができます。特に "Math competence" に関する測定では，4 手法を通じて高い水準で推定値が出力されており，適切に，かつ，安定的に測定が行われていることが分かります。

　一方で，方法因子に負荷するパス係数と個々に比較すると違った様子が見えてきます。"self rating" の行を見ると，すべての特性因子に付随するパス係数の絶対値は方法因子に負荷するパス係数を上回っており，それらは "Math competence" を除いて非有意になっています。ただこうした「理想的」なパス係数間の関係性が見られたのは "self rating" だけで，他の測定方法では方法因子に負荷するパス係数の絶対値は特性因子のそれより高かったり，また有意であったりしています。全体的には半分強のパス係数でこうした逆転現象が見られ，特性因子の測定には方法の違いから発生する影響がそれなりにあったことを示しています。パス係数を 2 乗して分散説明率に変換

表 10-3　Model 1 のパス係数の標準化推定値

	SC	AC	EC	MC	SR	TR	PAR	PER
selfrating(SR)								
social competence(SC)	.893				-.114a			
academic competence(AC)		.865			.269a			
English competence(EC)			.893		-.197a			
Math competence(MC)				.839	.352			
teacher rating(TR)								
social competence	.401					.258		
academic competence		.392				.856		
English competence			.394			.731		
Math competence				.503		.574		
parent rating(PAR)								
social competence	.59						.346	
academic competence		.527					.67	
English competence			.617				.425	
Math competence				.716			.523	
peer rating(PER)								
social competence	.312							.386
academic competence		.356						.863
English competence			.318					.633
Math competence				.397				.657

Notes. 上記の値はパス係数の標準化推定値；a は 5 ％水準で非有意

表10-4 Model 1 の因子間の相関行列

MEASURES	特性 SC	AC	EC	MC	方法 SR	TR	PAR	PER
social competence (SC)	1							
academic competence (AC)	.393	1						
English competence (EC)	.211	.851	1					
Math competence (MC)	.282	.786	.52	1				
selfrating (SR)					1			
teacher rating (TR)					.374	1		
parent rating (PAR)					.126a	.512	1	
peer rating (PER)					.118a	.357	.112a	1

Notes. 上記の値はパス係数の標準化推定値；a は 5 ％水準で非有意

すると、妥当性係数（validity coefficient）として解釈することが可能です（Byrne, 2006）。そのため、第 8 章で紹介した Fornell & Larcker（1981）に従い、特性因子と方法因子の平均分散抽出（average variance extracted: AVE）を算出すれば、より詳しく妥当性の収束的側面を検討できます。いずれにしても、方法因子に関連する分散は「方法バイアス」と考えることができ、限りなくゼロになることが望まれます。モデル間の比較では収束的な妥当性は示されていましたが、個々のパラメータを検討すると、特性因子の収束性は 4 手法間で一様ではなく、今回分析した MTMM データの中では "self rating" が最も方法的なバイアスが少ない測定法であったことが分かります。

次に、パラメータの推定値を通じて、弁別的な妥当性を検討してみます。LRT を用いたモデル間比較を通してモデルの全体の弁別的な妥当性は確認できていますが、パラメータを詳細に検討することで妥当性が危ぶまれる箇所を特定することができます。弁別的な側面の妥当性をパラメータレベルで検見するには、因子間相関を通して検討します（表10-4参照）。特性因子および方法因子、双方とも異なる特性もしくは異なる手法を対象としていることから、因子間の相関係数は低い値が示されることが期待されます。特性因子間の相関係数を見てみると、いずれの因子間相関も有意で、中には "academic competence" と "English competence"（r=.851）、"academic competence" と "Math competence"（r=.786）など、高い相関関係を示す因子がありました。ただ "academic competence" が一般的な学力を対象にしており、"English competence" や "Math competence" の能力は一部 "academic competence" に内包される下位能力と考えるなら、こういった高い相関が示されるのも理解できます。一方、方法因子間に関しては、一部に関係性が見られたものの（例えば、"self rating" と "teacher rating" や "parent rating" と "teacher rating"）、総じて非有意な低い相関が示され、弁別的な妥当性が示されていることが分かります。

3-3 Correlated Uniqueness Model

最後に，Marsh & Grayson（1995）によって見いだされた CU モデルについて簡単に解説したいと思います。上記の CFA を用いた解析法は，MTMM 行列をベースに，キャンベルとフィスクの基本概念に従って，妥当性の収束的・弁別的な側面を検討できるといった利点がある一方で，モデルの複雑性から，不適解を出しやすいといった問題がありました。ここで紹介する CU モデルは簡略版の CFA モデルで，具体的には Model 1 における方法因子の部分を省略し，さらに誤差分散に相関を付けたモデルになります。方法因子を簡略化することで推定が安定するため，不適解を示すことは少なくなり，実に 98％ の CU モデルで適切に解が示されたという報告もあります（Marsh & Baily, 1991）。一方で簡略化による弊害も少なくありません。CU モデルでは，誤差分散間に相関を想定します。仮に方法の弁別的な妥当性が認められるなら，誤差分散間の相関は低く算出されるはずです。反対に，弁別性が十分でないなら，誤差分散の相関は高くなることが期待できます。ただ，CU モデルでは方法因子がモデル化されていないため，異なる測定の間の相関はゼロを想定することになり，実データの観点からはこれはやや非現実的な仮定です。結果的にはこうした強い仮定のもとに示される誤差分散の相関関係から弁別的な妥当性を解釈するのは難しくなります。例えば「どの特性へのどの方法にバイアスが考えられるか」といった疑問には必ずしも明確な回答を示すことできないといった限界もあります（Brown, 2006）。また方法が 3 つの場合には，CU モデルは前出の Model 4 と「同値モデル」になり，パラメータの推定値やデータとの適合度はすべて同じ値が出力されるため，方法因子に関する次元性が確認できなくなるといった問題点も挙げられています（Marsh & Grayson, 1995）。

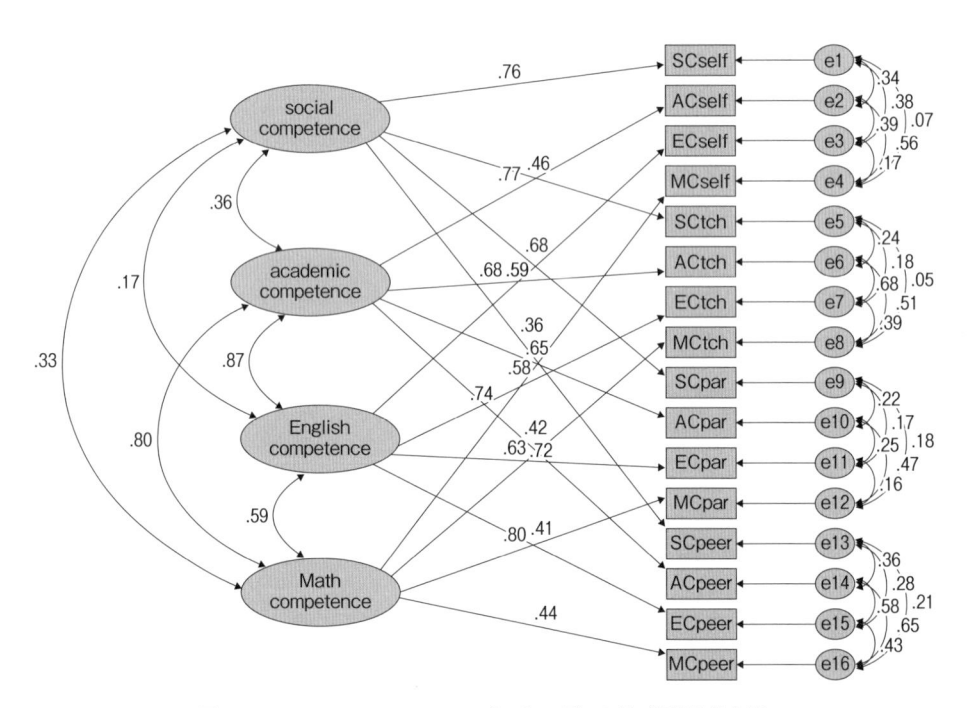

図 10-10　Correlated Uniqueness（CU）モデルの例（標準化推定値）

図10-10は前出のコンピテンスのデータに対してCUモデルを用いて分析したものです。既述のように，このモデルでは，4つの方法因子はすべて削除され，その代わりに誤差分散が両矢印の相関関係で結ばれています。このモデルの適合度は$\chi^2(74)=96.473$, $p=.041$, $\chi^2/df=1.304$, CFI $=.984$, GFI $=.943$, AGFI $=.895$, RMSEA $=.040$で，データとの十分な適合性を示し，また不適解は算出されませんでした。CUモデルは既出のModel 1のネストモデルではないため，LRTをベースとしたモデル間比較による検証には向いていません（Marsh & Grayson, 1995）。そのため，妥当性の2側面に関する検証はパス係数にもとづいて行います。

まず，特性因子に関する収束的・弁別的な妥当性を検討してみましょう。基本的には一般的なCFAによるアプローチと同じように，収束的な妥当性は因子に負荷するパス係数の実質的な大きさに，弁別的な妥当性は低い因子間相関によって示されると考えます。図10-11を見ると，特性因子に負荷するパス係数は全体では.362〜.796で

係数：（グループ番号1－モデル番号1）

			推定値	標準誤差	検定統計量	確率	ラベル
scself	←---	social_competence	.543	.058	9.429	***	
sctch	←---	social_competence	.316	.053	5.899	***	
acself	←---	academic_competence	.454	.040	11.307	***	
actch	←---	academic_competence	.424	.049	8.699	***	
scpar	←---	social_competence	.547	.064	8.489	***	
scpeer	←---	social_competence	.403	.086	4.702	***	
acpar	←---	academic_competence	.413	.046	8.893	***	
acpeer	←---	academic_competence	.422	.066	6.341	***	
ecself	←---	English_competence	.393	.042	9.299	***	
ectch	←---	English_competence	.447	.055	8.156	***	
ecpar	←---	English_competence	.499	.051	9.747	***	
ecpeer	←---	English_competence	.419	.074	5.696	***	
mcself	←---	Math_competence	.610	.057	10.727	***	
mctch	←---	Math_competence	.537	.059	9.124	***	
mcpar	←---	Math_competence	.695	.060	11.656	***	
mcpeer	←---	Math_competence	.447	.070	6.392	***	

標準化係数：（グループ番号1－モデル番号1）

			推定値
scself	←---	social_competence	.757
sctch	←---	social_competence	.464
acself	←---	academic_competence	.766
actch	←---	academic_competence	.593
scpar	←---	social_competence	.679
scpeer	←---	social_competence	.362
acpar	←---	academic_competence	.647
acpeer	←---	academic_competence	.423
ecself	←---	English_competence	.683
ectch	←---	English_competence	.582
ecpar	←---	English_competence	.720
ecpeer	←---	English_competence	.412
mcself	←---	Math_competence	.743
mctch	←---	Math_competence	.634
mcpar	←---	Math_competence	.796
mcpeer	←---	Math_competence	.442

図10-11　CUモデルの推定値のアウトプット

推移し,すべて 0.1％水準で有意な関係性を示しています。特性因子ごとに見ても,特に推定値が落ち込んでいる因子はありませんでした。一方因子間相関については,"academic competence" と "Math competence"（$r=.800$）, "academic competence" と "English competence"（$r=.868$）の間の因子間相関が相対的に高く,弁別的な妥当性が疑われる箇所がありました（図 10-12 の初頭部分）。ただこれらの因子間相関は前出の CFA を用いたアプローチでも検出されていたところで,当該の相関係数が「弁別性なし」と結論付けるほどの値なのかについては議論の余地があります。因子間の弁別性の基準に関しては諸説あり,例えば Kline (1998) は,因子間相関が.9 を超えないことを基準として提示していますし,前出の Fornell & Larcker (1981) によれば,因子間相関係数を 2 乗した値が AVE を上回らないことを条件に挙げています。いずれにしても実データにおいてすべての因子間相関で無相関やゼロに近い係数を示すことは稀であり,「完璧な」弁別的な妥当性を期待するのは現実的ではないのかもしれません。

　方法の効果については,誤差分散が互いにどの程度相関しているかという視点から判断していきます。図 10-12 を見ると,"peer rating" の誤差分散を示す e13 から e16 の間に比較的高い相関係数が見られることから,この手法に関連する測定に何らかの

共分散：（グループ番号 1 - モデル番号 1）

			推定値	標準誤差	検定統計量	確率	ラベル
social_competence	<-->	academic_competence	.356	.088	4.066	***	
academic_competence	<-->	English_competence	.868	.037	23.584	***	
English_competence	<-->	Math_competence	.591	.068	8.708	***	
social_competence	<-->	English_competence	.167	.098	1.711	.087	
academic_competence	<-->	Math_competence	.800	.040	19.994	***	
social_competence	<-->	Math_competence	.325	.088	3.699	***	
e1	<-->	e2	.060	.022	2.766	.006	
e1	<-->	e3	.074	.022	3.405	***	
e1	<-->	e4	.019	.028	.661	.508	
e2	<-->	e3	.062	.020	3.145	.002	
e4	<-->	e3	.040	.024	1.693	.090	
e2	<-->	e4	.117	.027	4.339	***	
e5	<-->	e6	.083	.029	2.883	.004	
e5	<-->	e7	.050	.030	1.634	.102	
e5	<-->	e8	.018	.032	.568	.570	
e6	<-->	e7	.245	.037	6.720	***	
e6	<-->	e8	.192	.036	5.364	***	
e7	<-->	e8	.158	.037	4.315	***	
e9	<-->	e10	.063	.028	2.288	.022	
e9	<-->	e11	.049	.028	1.726	.084	
e9	<-->	e12	.055	.034	1.641	.101	
e10	<-->	e11	.059	.025	2.297	.022	
e10	<-->	e12	.120	.031	3.867	***	
e11	<-->	e12	.041	.029	1.384	.166	
e13	<-->	e14	.338	.075	4.492	***	
e13	<-->	e15	.269	.075	3.566	***	
e13	<-->	e16	.194	.073	2.674	.008	
e14	<-->	e15	.484	.074	6.559	***	
e14	<-->	e16	.533	.074	7.182	***	
e15	<-->	e16	.364	.069	5.250	***	

図 10-12　誤差分散の相関

方法的なバイアスがあったことが疑われます。

4　おわりに

　多特性・多方法行列にもとづき，収束的な側面と弁別的な側面から構成概念妥当性を検証する画期的なアイディアが世に出されて 50 年以上経った今日においても，キャンベルとフィスクの方法は妥当性の検証において中心的な役割を果たしています。近年では共分散構造分析法の拡充や統計ソフトの充実に伴い，MTMM データをさらに洗練した形で分析できるようになりました。こうした分析手法の進展によって，当初から問題視されていた「潜在変数ではなく，観測変数を基盤としている」（Marsh & Grayson, 1995, p. 196）といった懸念も克服しさらなる発展を遂げています。

　一方で複雑化する MTMM モデルに分析法が十分に対応できていない点もあります。本章でも見てきたように，CFA を用いた解析法はキャンベルとフィスクによって示されたアイディアを忠実に再現できるといった特徴がある反面，モデルの複雑性からヘイウッド・ケースに代表される不適解を生じることが多く，「分析できない」といった問題に遭遇することも少なくありません。分析例の最後に紹介した CU モデルはこうした問題に対処するために見出された分析法です。ただ，不適解は格段に減るものの，解釈が難しくなるといった問題や，さらには，やはりキャンベルとフィスクのオリジナルな検証法を忠実に再現できないことが懸念事項として挙げられます。実際には，多くの研究者が指摘するように，まずは一般的な CFA を用いて分析・解釈を試み，もし不適解を生じた場合には，CU モデルを試してみるというのが現実的な「落としどころ」になるのではないかと思います。また，双方のモデルを試してみるためには，最低でも 4 つの方法因子と 3 つの特性因子を用意できるように研究計画を立てなければならない点は注意が必要です（Marsh & Grayson, 1995）。

引用文献

AERA, APA, & NCME (1999). *Standard for educational and psychological testing*. Washigton, DC: American Psychological Association.

Angoff, W. H. (1988). Validity: An evolving concept. In H. Wainer & H. I. Baum (Eds.), *Test validity* (pp. 19-32). Hillsdale, NJ: Lawrence Erlbaum.

Brown, T. A. (2006). *Confirmatory factor analysis for applied research*. New York: Guilford Press.

Bagozzi, R. P. (1993). Assessing construct validity in personality research: Applications to measures of self-esteem. *Journal of Research in Personality, 27*, 49-87.

Byrne, B. M. (1998). *Structural equation modeling with LISREL, PRELIS, and SIMPLIS: Basic concepts, applications, and programming*. Mahwah, NJ: Lawrence Erlbaum.

Byrne, B. M. (2006). *Structural equation modeling with EQS: Basic concepts, applications, and programming*. Mahwah, NJ: Lawrence Erlbaum.

Byrne, B. M. (2012). *Structural equation modeling with Mplus: Basic concepts, applications, and programming*. Mahwah, NJ: Lawrence Erlbaum.

Byrne, B. M., & Bazana, P. G. (1996). Investigating the measurement of social and academic competence for early/late preadolescents and adolescents: A multitrait-multimethod analysis. *Applied Measurement in Education, 9*, 113-132.

Campbell, D. T., & Fiske, D. W. (1959). Convergent and discriminant validation by the multitrait-multimethod matrix. *Psychological Bulletin, 56,* 81-105.

Cheung, G. W., & Rensvold, R. B., (2002). Evaluating Goodness-of-fit indices for testing measurement invariance. *Structural Equation Modeling, 9,* 233-255.

Fornell, C., & Larcker, D. F. (1981). Evaluating structural equation models with unobservable variables and measurement error. *Journal of Marketing Research, 18,* 39-50.

平井 洋子（2006）．測定の妥当性からみた尺度構成―得点の解釈を保証できますか―　吉田 寿夫（編）　心理学研究法の新しいかたち（pp. 21-49）　誠信書房

Kline, R. B (1998). *Principles and practice of structural equation modeling.* New York : Guilford Press.

Marsh, H. W., & Baily, M. (1991). Confirmatory factor analyses of multitrait-multimethod data: A comparison of alternative models. *Applied Psychological Measurement, 15,* 47-70.

Marsh, H. W., & Grayson, D. (1995). Latent variable models of multitrait-multimethod data. In R. H. Hoyle（Ed.）, *Structural equation modeling: Concepts, issues, and applications*（pp. 177-198）. Thousand Oaks, CA: Sage.

Marsh, H. W., Byrne, B. M., & Craven, R. (1992). Overcoming problems in confirmatory factor analyses of MTMM data: The correlated uniqueness model and factorial invariance. *Multivariate Behavioral Research, 27,* 489-507.

Messick, S. (1989). Validity. In R. L. Linn (Ed.), *Educational measurement* (pp. 13-103). New York: McMillan.

村上 宣寛（2006）．心理尺度のつくり方　北大路書房

田崎 勝也（2008）．社会科学のための文化比較の方法―等価性とＤＩＦ分析―　ナカニシヤ出版

田崎 勝也（2013）．信頼性と妥当性　石井 敏・久米 昭元（編著）　異文化コミュニケーション事典（pp. 210-211）　春風社

Widaman, K. F. (1985). Hierachically nested covariance structure models for multitrait-multimethod data. *Applied Psychological Measurement, 9,* 1-26.

第11章 分散分析を用いたDIF分析

本山美希

1 はじめに

　異なる文化圏の人々を比較するというと，どのようなケースが思い浮かぶでしょう。日本人とロシア人などの2国間での比較，若者とお年寄りといった異なる世代間での比較など，様々なグループ間での比較が考えられます。このような比較文化研究においては，「どの回答者グループにおいても，質問項目が同じように機能しているか」，すなわち「ある質問項目で明らかにしたいものを，各文化圏で同じように測定できているのか」という点に常に留意しなければなりません。文化圏によって異なる機能をもつ質問項目を使用してしまうと測定の等価性が脅かされ，結果として調査そのものの信憑性をも揺るがすことになるからです。このような事態を回避するためには，特異項目機能（differential item functioning: DIF）の検証が重要となります。本章では，このDIFについて概要を説明すると同時に，それを検証するDIF分析の手法を紹介します。

1-1 DIFの歴史背景

　DIF分析は比較文化研究の潮流から現れたものではなく，もともとは教育測定に用いるテストの働きを検証する「テスト理論」の一領域として発達してきました。1960年代にアメリカで本格化した公民権運動が盛り上がるにつれて，エスニック・マイノリティーや社会的弱者の環境・権利といったものに意識が向くようになる中，教育測定に用いるテストにおける公平性にも注目が集まるようになりました。学力テストの設問の中には，黒人をはじめとしたエスニック・マイノリティーにとって不利なものが含まれているのではないかという議論が起こり，「テストの妥当性」が疑われるようになったのです。このような社会的背景のもと，「テストの公平性」を客観的に検証するための手法が発達していきました。DIFのような項目分析は，このような社会的要請に応える形で生まれ発展してきたと言えます。

1-2　DIF の比較文化調査への応用

　テスト理論の一領域として発達してきた DIF が比較文化研究に応用されている理由は，比較文化研究で用いる研究デザインの特性に大きく起因しています。推測統計学の父と呼ばれるフィッシャー（Fisher, R. A.）は，実験法における三大原則を提唱したことで知られていますが，その一つに「無作為化の原則」というものがあります。これは，目的以外の要因が一定の偏りをもって実験データに影響を与えないために行うもので（栗原，2011），社会科学の実験においても無作為配置を行うことで実験協力者のもつ個人差を確率論的に相殺することができます（田崎，2008）。この「無作為化の原則」に従い無作為に実験協力者を選び出し，目的にもとづいて編成された「実験群」と比較対象となる「統制群」に分けて比較検証を行う研究デザインを，実験法と呼びます。要件以外すべての条件が同じになるようにコントロールされており，比較対象集団間の同質性が確保されていると言えることから，比較検討が可能になる研究デザインです。

　これに対して，比較文化研究で用いられる研究デザインは，準実験法と呼ばれます（Van de Vijver & Leung, 1997）。準実験法が実験法と大きく異なる点は，無作為配置の実施が不可能であるという点です。比較文化研究では，国籍や性別という意図的に分けられない個人の属性をもとにグループ分けをするため，無作為配置を行うことができません。そのため，比較対象集団の同質性が担保されているとは限らないという問題が常につきまといます。そこで重要になってくるのが，バイアスの統制です。バイアスとは，比較したいグループ間でテストの測定概念や意味理解が異なることで生じる「偏り」のことで，無作為配置が行えない属性にもとづいて比較する比較文化研究は，バイアスの影響を特に受けやすい研究であると言われています（Van de Vijver & Leung, 1997）。このバイアスが統制されており，測定したい構成概念が測定に用いる設問群にきちんと反映されている，すなわち等価性が確保されていることが，異なる文化圏の対象者に実施した調査結果を比較検討するにあたっては欠かせない条件です。

　比較集団間で等価性が確保されているかどうか，項目レベルで検討する際に用いることができる手法が，まさに DIF 分析です。先に見たように，そもそも DIF 分析は，文化的背景を問わず公平に学力を測れているテスト項目かどうかを検討する手法として発展してきました。このことを考えると，比較文化研究への DIF 分析の応用はごく自然なことと言って差し支えないでしょう。

2　DIF の理論的背景

2-1　3 種類のバイアス

　項目レベルで等価性が確保されているかどうか検証する DIF 分析は，すなわち項目レベルでバイアスの有無を調べる手法と言えます。ところで，このバイアスには具体的にどのようなものがあるのでしょうか。Van de Vijver & Leung（1996）は，比較文化研究で見られるバイアスを大きく 3 種類に大別して紹介しています。ここでは，その 3 種類のバイアスとそれらの特徴について詳しく見ていきます。

まず1つ目は，概念的バイアスです。これは測定でとらえようとしている概念が，比較対象となる文化グループ間で一致していないときに発生します。例えば，家族とのコミュニケーションをテーマとした比較文化研究で「親孝行」について測定したいとしたら，「親孝行」の概念はどの対象文化圏でも本当に同じかどうかをまず考える必要があるでしょう。Van de Vijver & Leung（1997）は，例えば中国での「親孝行」の通念には，西欧圏で一般的に認識される「良き息子，良き娘」の定義以上に広い意味合いが含まれていると指摘しました。中国人の回答者にとっての「親孝行」には，「親の世話をするべきだ」「親にはよくしなくてはならない」「親の要求には従うべきだ」というように，西欧圏での「親孝行」にはない意味合いまで加味されていると述べています。また，概念的バイアスは，その測定自体に概念が欠如している，また十分に反映されていないことを示すバイアスとも言うことができます。ある測定でとらえようとしていた概念が，そもそも研究対象としている文化圏には存在しないという場合などが，これに当てはまります。

　2つ目は，方法論的バイアスです。このバイアスはその名のとおり測定の手法によって起きるバイアスのことであり，とらえたい概念はきちんと反映できているものの，測定方法が原因でグループ間に差が現れてしまう場合に発生します。例えば，近年パソコンやタブレット端末を用いたインターネット調査が増加傾向にあります。この手法は紙の調査票を用いる従来のものと異なり，調査票回収やデータ入力にかかる時間的コストを大幅に削減できることが大きな強みです。しかしこの調査手法を，インターネット普及率が2013年時点で8割超の日本と5割を割り込む南アフリカ，この2か国の対象者に実施するとしたらどうでしょうか。回答に用いるインターネットや使用端末への慣れが，両国対象者の間で大きくかけ離れていることは想像に難くありません。また，一般的な世帯年収の家庭でも多くがインターネットへアクセスできる日本と異なり，インターネット普及率の低い南アフリカでは，そもそも富裕層やエリート層など限られた人々しかインターネット調査にアクセスできない可能性もあります。これではいくら概念的バイアスを統制した質問を投げかけても，手法が原因で結局バイアスが生まれてしまいます。このようにして発生するバイアスが，方法論的バイアスです。

　これまでに見てきた概念的バイアスおよび方法論的バイアスは，測定対象もしくは測定自体に関するバイアスでした。これに対して，3つ目のバイアスは項目的バイアスと呼ばれるもので，その名のとおり項目レベルで測定の不具合を示します。例えば，若者の結婚観についての比較文化研究を行うため，「自身が結婚を決める際に重視するポイント」について尋ねる項目を立てたとします。恋愛結婚が9割を占める昨今の日本で暮らす若者ならば，この質問に違和感を覚えることなく答えられることでしょう。しかし，日本と比較対象となる他文化圏の中には，親が決めた相手と結婚することが一般的であり，「自身が結婚を決める」ということにあまり馴染みのない若者もいるかもしれません。そのような文化圏の若者にとってこの項目は的外れな内容になっている可能性が高く，正しく「結婚観」を測ったデータにはなり得ないことが懸念されます。このように，測定したい概念が通文化的なものだとしても，項目内容次第ではうまく測定することができません。文化間で測定したい概念と項目内容に項

目レベルで離齬がある場合，項目的バイアスが発生してしまうのです。また，翻訳が不適切で質問項目の表現に問題がある場合にも，項目的バイアスは発生します。例えば，ことわざや慣用句などの言い回しはその国の文化が反映されている場合が多く，外国語に訳すとニュアンスが変わってしまうことが少なくありません。その結果，本来測定したかったことから質問項目が外れてしまうと，これも項目的バイアスの原因になります。

以上，Van de Vijver & Leung（1996）の提唱する3種類のバイアスについて見てきましたが，いずれのバイアスも測定過程の様々な場面で生じる恐れがあります。そして結果的には項目への反応差となって顕在化し，測定の等価性を脅かす原因になってしまうのです。この「対象集団間で項目の働きが異なること」を，本章で扱う分析の名前にもなっている DIF, differential item functioning, 特異項目機能と呼んでいます。DIF 項目は，その名のとおり「集団間で異なる働きをする項目」です。

しかしながら，集団間で異なる反応を示す項目がすべてバイアス項目であるとは限らないということにも留意しておく必要があります。測定に問題がなく，測定目的と対象概念にずれも生じていない上で態度や能力といった項目への反応にグループ間で差が見られる場合，この差は「インパクト」と呼ばれ，バイアスとは明確に区別されます。観測された差がバイアスなのかインパクトなのかを判断するにあたっては，テストの測定目的や対象概念を考慮し，多角的に検討する必要があります。

2-2 均一 DIF と不均一 DIF

結局のところ，DIF 項目は上記3つのバイアスのいずれかないしは複数が原因となって発生するものの，そのバイアスの種類を正確に探り当てることは，残念ながら難しいのが現状です。しかし，どのような種類のバイアスにより DIF 項目になってしまったかは分からないとしても，「異なるグループに属し，何かしらの態度や能力について同程度と評価されている者同士が，測定に用いるある設問項目について同程度の正答率ないしは態度を示さなかった」場合，そこには何かしらのバイアスの介在が疑われます。

この「同程度の正答率（態度への肯定率）」を主に決めるのは，設問項目の難しさを示す「困難度」と，個人の特性をどれだけ敏感に識別して振り分けているかを示す「識別力」という，2種類の項目機能です。ある設問項目に関して，この「困難度」についてグループ間の違いを検証する DIF は均一特異項目機能（uniform bias，以下，均一 DIF）と呼ばれており，「識別力」についてグループ間の違いを検証する DIF は不均一特異項目機能（nonuniform bias，以下，不均一 DIF）と呼ばれています。これら2種類の DIF について，以下，田崎（2011）がワークショップで使用したグラフを用いて見ていきましょう。

2種類の DIF に先立ち，まずは均一 DIF・不均一 DIF のどちらも含まれない，純粋に「インパクト」としての得点差が現れている項目をグラフ化したものを提示しましょう。今回は，AとBの2グループの実験協力者が，配点が各問5点，5つの問題からなる25点満点のテストを受験したときを想定して考えます。DIF 分析は様々な検証手法が考案されていますが，本章で用いるのは，多くの汎用統計ソフトで実施が

可能であることから最も手軽な分析手法のひとつとされている分散分析法（ANOVA）のモデルです。図 11-1 の線形モデルは，縦軸に検証したい設問の項目得点を 0 〜 5 点，横軸にテストの合計を 0 〜 25 点とプロットしてあります。また，グループ内での得点分布の散らばりを示す楕円と，合計点と項目得点が線形関係で図示された回帰直線が描かれています。回帰直線上にある x は，各グループの平均値です。

まず，図 11-1 のグラフ横軸で各グループについて合計点の平均を見ると，グループ A は 18 点，グループ B は 10 点であることが分かります。続いて，各グループ内で平均値付近の合計点をもつ対象者が獲得すると思われる，本設問項目の項目得点を縦軸から見てみましょう。グラフ内の回帰直線によると，このような対象者が本設問項目で得ると予測される項目得点の推定値は，グループ A で 3.2 点，グループ B で 2.5 点です。つまり，合計点平均でも本項目の得点でも，グループ A の方がグループ B に比べて高い得点を示すと予測されることが，このグラフから分かりました。このことから，合計点に示されるグループ間での能力の差がそのまま設問の得点差に反映されている可能性が高く，この設問はインパクト項目であると結論付けることができます。

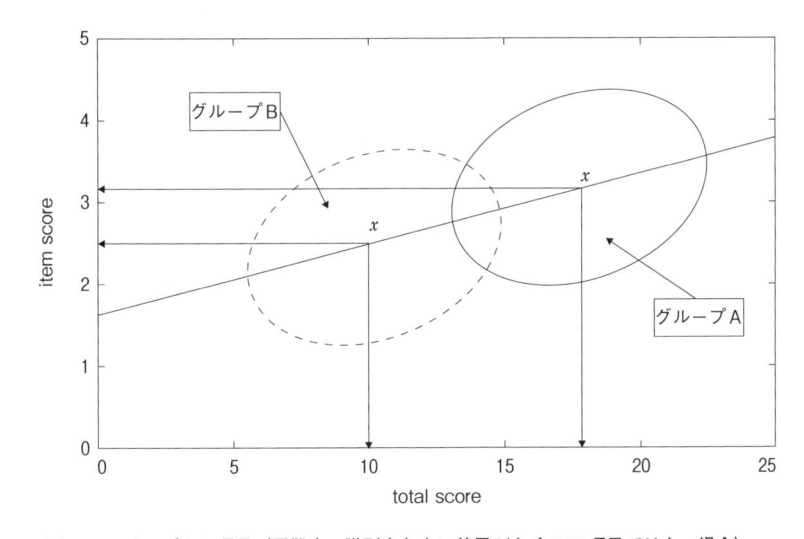

図 11-1　インパクト項目（困難度，識別力ともに差異がなく DIF 項目ではない場合）

一方で，検証したい設問の困難度にグループ間で差がある場合を表す均一 DIF 項目をグラフにして示すと，図 11-2 のようになります。図 11-1 と同じく合計点のグループ平均でグループ A がグループ B を上回っており，グループ間の能力の差が合計点に反映されています。この設問が真に各グループの能力を測定しているならば，先ほどと同じくグループ間の能力差が設問の項目得点差としても示されるはずです。しかし，各グループで平均値付近の合計点をもつ対象者が得ると予測される項目得点の推定値を縦軸で確認すると，両グループとも同じ得点を示しています。また，図 11-2 をよく見ると，各グループ内での合計得点と項目得点の関わりを示す回帰直線の傾きは同じですが，切片が異なることが分かります。つまり，本来ならばこの設問でも合計点に見られるグループ間の能力差が反映されてグループ A の方がグループ B よりも高い得点を示すはずのところ，設問がグループ A に対して不当に難しく，また

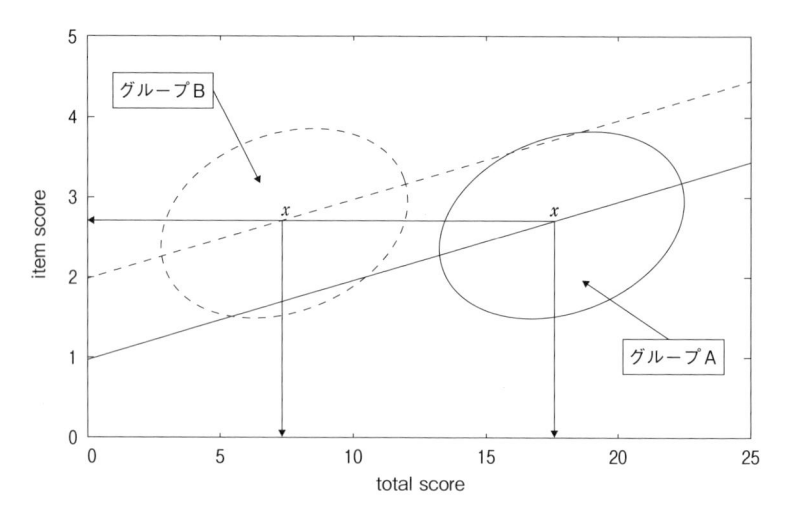

図11-2 均一DIF項目（困難度機能に差異がある場合）

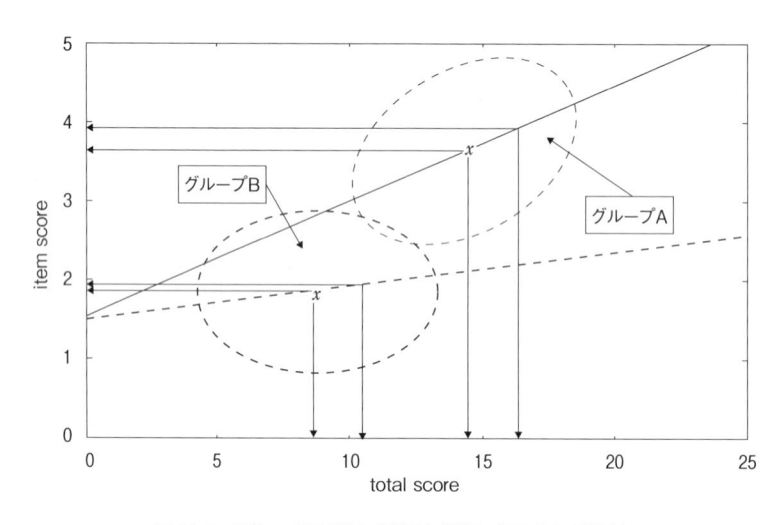

図11-3 不均一DIF項目（識別力機能に差異がある場合）

はグループBに対して不当に易しく機能しているために，同程度の得点が示されたと考えられます。このようなケースが，困難度機能に差異がある場合，すなわち均一DIF項目である場合です。

では，設問が不均一DIF項目である場合はどうでしょうか。図11-3を見ると，グループAの合計点平均が14.5点，グループBの合計点平均が8.5点と，グループAの方がグループBを上回っています。続いて，合計点の平均値付近の得点を得た対象者がこの項目で得ると予測される得点を，回帰直線から導かれる推定値で確認します。すると，グループAが3.8点，グループBが1.95点とやはりグループAの方が高い値を示しました。一見すると何の問題もないように思えますが，回帰直線の傾きに着目すると，グループAとグループBで傾きが異なることに気がつきます。傾きが異なる結果，例えば各グループで合計点が3増加した際項目得点に反映される増加分は，グループBでは0.1弱，一方でグループAでは約0.4です。この直線は合計点と項目得点の増加の割合を示すものですから，傾きが急であればあるほど合計点の数値

が動いたときに設問の項目得点に反映される得点増減の割合は大きくなります。つまり，傾きが急であるということは，個人の特性をより敏感に識別し，能力差に応じて得点の振り分けがされているということです。対象者同士の能力差がほんの少しの差であったとしても，設問の項目得点上は大きく得点差が現れることになります。逆に，傾きが緩やかであるということは，個人の特性の識別が鈍いということです。この場合は，対象者間で能力差がそれなりにあるとしても，設問の項目得点上は同じ得点になるなど，得点差としてその能力差が現れにくくなります。このように，傾きに差がある，すなわち識別力機能に差異がある設問項目を，不均一 DIF 項目と呼んでいます。

ここまで，ANOVA を用いた線形グラフで DIF の種類と特徴について見てきました。これら困難度と識別力という 2 つの項目機能について，対象グループ間の差を見て測定の等価性を検討することが，本章で扱う DIF 分析ということになります。さて，この分析では DIF を検証する順番に留意する必要があり，具体的には不均一 DIF から均一 DIF の順番で確認するようにします。不均一 DIF は識別力という項目機能での差異で，合計点と項目得点の関係性を示す直線の傾きが対象グループ間で異なるときに発生しているものでした。よく考えると，この直線の傾きが異なる場合は，そもそも項目の困難度を対象グループ間で比べても意味がありません。図 11-3 にも示したとおり，両グループで同じだけ合計点が推移したとしても項目得点増減の割合が等しくないため，比べようがないのです。そのため，DIF 分析の際は検証の順番として不均一 DIF があるかどうかをまず検証してから，均一 DIF についての検証を行うようにしましょう。

以上，バイアスとインパクト，DIF の種類といった，DIF にまつわる基本事項を確認してきました。では，実際のところ DIF 分析はどのように実施するのでしょうか。次項から，統計分析ソフトを用いた DIF 分析の手法と解釈について説明したいと思います。

3 DIF の統計的分析

テスト理論の一領域として発達してきた DIF 分析には，様々な統計的手法が提案されてきました。例えば，潜在能力と項目反応の関係を「項目特性曲線」という非線形関係で記述することが特徴的な項目反応理論（item response theory: IRT）は，最も精緻なアプローチのひとつです。この IRT は有効な DIF 分析手法ではあるものの，残念ながら最も一般的な統計ソフトのひとつである SPSS では分析ができず，使い勝手がよいとは言えません。そこで本章では，比較的広く認知されている分析法である上，SPSS で実施できるという点から，先程 DIF の説明でも用いた分散分析（ANOVA）によるアプローチを紹介します。

3-1 分散分析（ANOVA）を用いた DIF 分析

ANOVA は，質的変数（例えば，性別やあるテストの得点をもとに分けられた高群・中群・低群など）と量的変数（例えば，5 件法のリカート尺度で尋ねた授業への満足度など）

の関係性を検証し，データのばらつき（分散）をもとにグループ間の平均値の差を検証する分析法です。因果関係の原因にあたる変数を独立変数，結果にあたる変数を従属変数と呼びますが，独立変数が従属変数に与える影響度すなわちグループ間の平均値についての差を見る際，独立変数が1つのときには要因（独立変数）の効果を表す「主効果」に着目します。先の変数を例にとると，テストの点数が高い群，中間の群，低い群では，授業満足度の平均値がどう変わっているかを見るということです。また，独立変数が2つ以上ある場合は要因の組み合わせによる効果である「交互作用」も確認しなければなりません。例えばテストの点数にもとづいた3つの得点群だけでなく，さらに性別という質的変数も独立変数に加えたとき，得点グループと性別という2つの要因が絡み合うことで生まれた効果のことを交互作用と呼びます。この交互作用がある場合，例えば「男女でテストの平均点を比較した際，テストの点数が高い群では男子の方が女子よりも高い平均点を示したが，テストの点数が低い群では女子の方が男子よりも高い平均点を示した」というような結果が示されることになります。このように，ある独立変数から従属変数への影響が別の独立変数の水準もしくはグループによって変わってしまうため，独立変数が2つ以上ある分散分析では交互作用を必ず確認する必要があります。

　Van de Vijver & Leung（1997）は，独立変数が2つ含まれる2要因分散分析（詳しくは第1章を参照してください）を応用し，ANOVAを用いたDIF分析を考案しました。均一DIFと不均一DIFのどちらも検証可能で，5件法のリカート尺度にも対応している上に，SPSSなどの統計ソフトで分析が実施できることが大きなメリットです。分析に投入する2つの独立変数には，DIF分析の対象になる集団（国籍や性別），そして検証したい設問群の総合点から作成した得点グループの2種類を用います。従属変数には検証したい設問項目を投入し，設問項目ごとに2要因分散分析の結果を解釈するのです。各項目の結果を見る中で，用意した2つの独立変数間で交互作用が見られた場合，その項目の識別力が対象となる集団間で異なっているということが分かります。また，独立変数として投入している集団に主効果が見られる場合は，その項目の困難度が集団間で異なっていると解釈することができます。

3-2　SPSSを用いた2要因分散分析法のDIF分析

　ANOVAを用いたDIF分析の概要と着目すべき点を整理したところで，いよいよ実際のデータとSPSSを用いて2要因分散分析を実施し，DIF分析を行いましょう。本章では，筆者が修士論文（本山，2014）の執筆にあたって日本人とロシア人に実施した質問紙調査で得たデータの中から，370人分のローカス・オブ・コントロール尺度（鎌原・樋口・清水，1982）の結果を使用し，DIF分析のやり方を提示します。ローカス・オブ・コントロールはある事象の原因帰属を自身すなわち内的要因に求めるか，他者すなわち外的要因に求めるかを測定する心理尺度です。本データでは因子分析を実施した結果，内的要因と外的要因の2因子構造が示されましたが，本章ではそのうち内的要因因子にまとめられた8項目について，日ロで同じ設問項目が同じように機能できているかどうか，DIF分析を実施して調べてみようと思います。

　まずは分析の下準備として，投入する変数のひとつである得点グループを作成する

ところから始めます．内的要因因子は5件法のリカート尺度で尋ねた8項目からなっていたので，最低点はすべての項目で1を選んだ場合の8点，最高点はすべての項目で5を選んだ場合の40点となり，8～40点の間で得点が推移します．合計点から複数の得点グループを作成するにあたり，グループを細かく分けておくほど詳細なDIF分析が可能となりますが，同時に1つのグループ内に含まれる該当者の数が少なくなるため分析が不安定になる危険性があることにも留意しておく必要があります．なるべく構成人数が各得点グループで均一になるよう，グループ分けすることが肝心です．今回は，合計8点以上16点未満をグループ1，16点以上24点未満をグループ2，24点以上32点未満をグループ3，32点以上40点以下をグループ4と，4つの得点グループに振り分けたいと思います．

SPSSでの操作として，まずは「変換」メニュー内の「変数の計算」を選択し，項目得点をすべて足し合わせて（＝loc1+loc2+…+loc8）合計得点を作りましょう（本例では目標変数名にtotal_locと入力）．続いて，それらをもとに合計点が8～16の対象者をグループ1，17～24をグループ2，25～32をグループ3，33～40をグループ4に振り分けるため，得点グループという変数を作っていきます．「変数の計算」を選択して，目標変数に任意の名称を入力し（本例ではscoregroupと入力），まずは数式に「1」と入力して「OK」を押します．データセットに戻り，scoregroupの列で370人分のセルすべてに「1」が投入されていることを確認します．その上でもう一度「変数の計算」に戻り，今度は「scoregroup」が目標変数に入力された状態のまま数式を「2」に書き換えた上で「IF」をクリックして「IF条件を満たしたケースを含む」を選択し，条件式の設定に取りかかります．17点以上24点未満をグループ2とするよう条件式を書くにあたり，SPSSでは「totalscoreが17点以上とtotalscoreが24点未満を，同時に満たすとき」と指示する必要があるため，「17<=scoregroup & scoregroup<24」と入力しましょう（図11-4）．「OK」を押してデータセットに戻ると，totalscoreが17以上24未満に該当する対象者のscoregroupのみ1から2に置き換わっていることが確認できます．この作業を，条件式を書き換えてもう2回繰り返し，グループ3の該当者には3，グループ4の該当者には4の数字がscoregroup列に表示されるようにします．このとき，32点以上40点以下という条件のグループ4のみ，条件式は「32<=scoregroup & scoregroup<=40」となることに注意してください．

上記手続きで下準備を終えたところで，ようやく2要因分散分析が実施できるようになりました．画面上部のメニューから，「分析」→「一般線形モデル」→「1変量」と選び進めます．立ち上がった入力画面で，「固定因子」に国籍（nation）と得点グループ（scoregroup）を投入し，「従属変数」には分析対象となる設問項目を1つ投入しましょう（図11-5）．このまま「OK」で分析を実行しても構いませんが，右端3番目にある「作図」を押してグラフを出力しておく方が，各設問項目について項目機能の様子を視覚的に理解しやすくなります．「作図」で立ち上がる画面で，横軸に「scoregroup」，線の定義に「nation」を投入し，「追加」を押すと，このように作図の指示ができます（図11-6）．このまま「OK」を押せば，検定結果とグラフが出力されて分析完了です．

図 11-4　SPSS 操作画面（変数の計算）

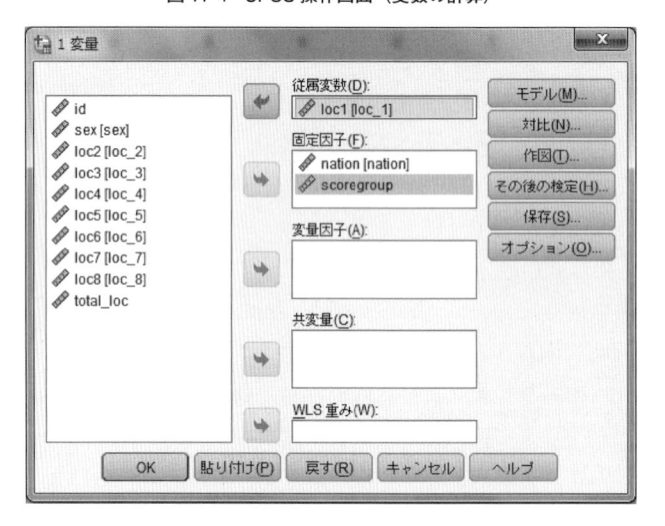

図 11-5　SPSS 操作画面（2 要因分散分析）

　それでは，出力された結果の見方について説明していきたいと思います。今回分析対象とした 8 項目には，DIF がない項目，均一 DIF 項目，不均一 DIF 項目とすべてのパターンが含まれていました。それぞれ例となる項目をひとつずつ挙げて説明します。まず，図 11-7 は DIF がない項目（loc1）の出力結果です。DIF 検証の順番どおり，まずはこの項目が不均一 DIF 項目かどうかを確認するため，国籍と得点グループの交互作用が有意になっているかどうかを確認します。検定結果で nation*scoregroup の有意確率の数値を見たところ .712 と 5 ％水準で有意ではなく，両変数に交互作用がないことから（$F(3, 362) = .457, n.s.$），loc1 は不均一 DIF 項目ではないことが分かりました。続いてこの項目が均一 DIF かどうか，すなわち国籍の主効果が有意かどうかを，検定結果に記載されている nation の有意確率から読み取ります。nation の有意確率は .636 と 5 ％水準で有意でなく，国籍の主効果が有意ではなかったため（$F(1, 362) = .224, n.s.$），困難度機能に両国で差はなかった，すなわち loc1 は均

図 11-6　SPSS 操作画面（作図の設定）

被験者間効果の検定

従属変数：loc1

ソース	タイプIII平方和	df	平均平方	F	有意確率
修正モデル	114.230[a]	7	16.319	23.294	.000
切片	1177.422	1	1177.422	1680.728	.000
nation	.157	1	.157	.224	.636
scoregroup	72.957	3	24.319	34.715	.000
nation* scoregroup	.961	3	.320	.457	.712
エラー	253.597	362	.701		
合計	6224.000	370			
修正総和	367.827	369			

a. R^2 乗＝.311（調整済み R^2 乗＝.297）

図 11-7　DIF でない項目の検定結果

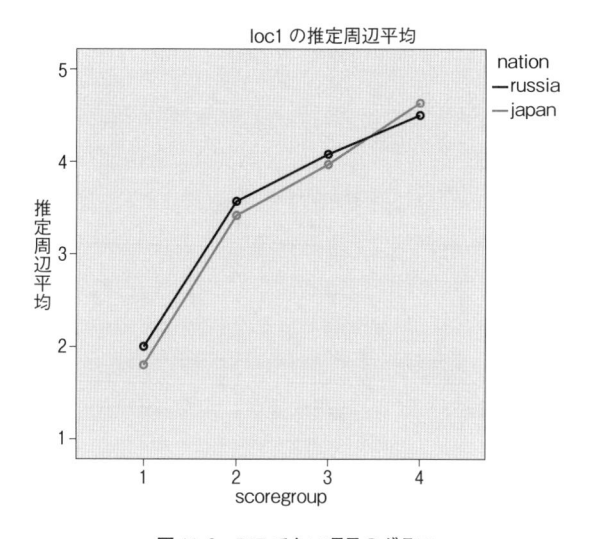

図 11-8　DIF でない項目のグラフ

一 DIF 項目でもなかったと解釈することができます。あわせて図 11-8 のグラフも見ておきましょう。このグラフでは，先ほど「作図」で指示したとおり，縦軸に項目得

点，横軸に得点グループ，2本の線がそれぞれ日本とロシアを示していますが，日ロ両グループの項目機能を示す線が重なり合ってほぼ同じように推移しているのが分かります。このようにグラフを出力しておけば，その設問項目は日ロ間で困難度機能，識別力機能ともに差異がなく，DIF 項目ではなかったというような結果を視覚的にも確認できます。

　ところで，DIF 分析を実施した際，必ず検定結果に出力される scoregroup の有意確率は，確認しなくてもよいのでしょうか。実は DIF 分析を実施すると，scoregroup の有意確率は必ず有意になります。この scoregroup は，合計点が高いか低いかをもとに4段階に分類した変数でした。このルールで分けられているのですから，4グループの間に統計的に有意な差があるのは自明です。そのため，検定結果でも scoregroup の有意確率は多くの場合 .000 と出力され，有意と示されるのです。scoregroup の有意確率は，設問項目における均一 DIF または不均一 DIF の有無を検証する際には参照しませんが，常に有意になることとその理由は理解しておきましょう。

　続いて不均一 DIF 項目ですが，loc3 を例にして説明したいと思います。図 11-9 で，まずは先ほど見た loc1 と同じように，nation*scoregroup の有意確率に着目します。$F(3,362)=3.507$, $p=.016$ であることから国籍と得点グループの交互作用は有意と示されており，この項目は不均一 DIF 項目だと判明しました。この loc3 は，対日本人回答者と対ロシア人回答者では異なる識別力機能を発揮してしまう項目だということです。さらに，図 11-10 のグラフを見てみましょう。日本の対象者を示す線と比べ，ロシアの対象者を表す線の傾きは急になっています。このことから，loc3 はロシアの対象者にとってより識別力の高い項目として機能していたと理解できます。また，傾きが異なることによって得点グループ2と3の間で両国を定義する線は交差しており，ここを境に項目得点の順位が入れ替わってしまうこともグラフから確認できます。その結果，得点グループ1と2という合計点の低い対象者同士を日ロで比べると日本人の方が高い項目得点を，得点グループ3と4という合計点の高い対象者同士を日ロで比べるとロシア人の方が高い項目得点を示していることが分かりました。

被験者間効果の検定

従属変数：loc3

ソース	タイプIII平方和	df	平均平方	F	有意確率
修正モデル	193.026[a]	7	27.575	33.934	.000
切片	901.364	1	901.364	1109.216	.000
nation	1.840	1	1.840	2.265	.133
scoregroup	136.075	3	45.358	55.818	.000
nation* scoregroup	8.549	3	2.850	3.507	.016
エラー	294.166	362	.813		
合計	5391.000	370			
修正総和	487.192	369			

a. R2 乗＝.396（調整済み R2 乗＝.385）

図 11-9　不均一 DIF 項目の出力結果

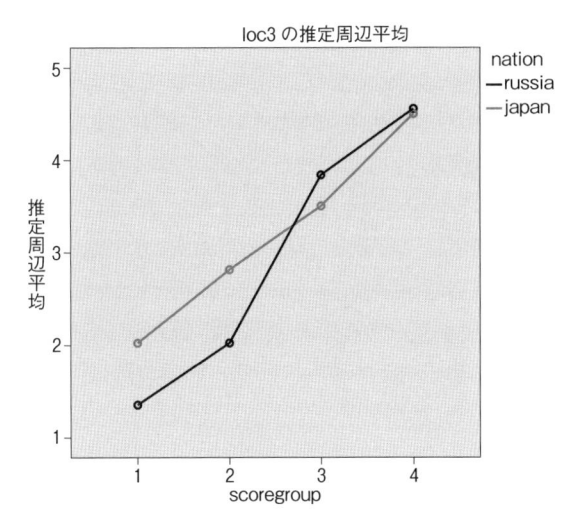

図 11-10　不均一 DIF 項目のグラフ

　最後に均一 DIF 項目の例として，loc4 を上記 2 つの例と同じ要領で見てみましょう。図 11-11 に示した loc4 の検定結果では，まず nation*scoregroup の有意確率は .191 で，国籍と得点グループの交互作用は有意でないことから（$F(3, 362)=1.593$, $n.s.$），不均一 DIF 項目ではないことが確認できます。その上で，均一 DIF 項目であるかどうかを確認すると，nation の有意確率は .002 で国籍の主効果が有意だったため（$F(1, 362)=10.132$, $p=.002$），この項目が均一 DIF をもつことが分かりました。さらに図 11-12 のグラフからは，どの得点グループにおいてもロシア人グループの方が日本人グループよりも高い得点を示していたことが読み取れます。これらの結果から，loc4 が測ろうとしていた内容は，ロシア人グループにとって不当に易しい，ないしは日本人グループにとって不当に難しいものになってしまっていたことがうかがえ，いずれにしてもバイアスのある項目であったことが示唆されました。

被験者間効果の検定

従属変数：loc4

ソース	タイプⅢ平方和	df	平均平方	F	有意確率
修正モデル	328.186[a]	7	46.884	63.013	.000
切片	864.657	1	864.657	1162.127	.000
nation	7.539	1	7.539	10.132	.002
scoregroup	149.923	3	49.974	67.167	.000
nation* scoregroup	3.555	3	1.185	1.593	.191
エラー	269.339	362	.744		
合計	4998.000	370			
修正総和	597.524	369			

a. R2 乗＝.549（調整済み R2 乗＝.541）

図 11-11　均一 DIF 項目の出力結果

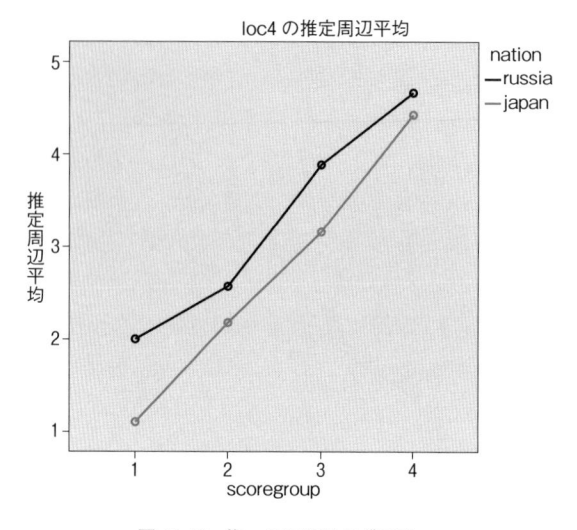

図 11-12　均一 DIF 項目のグラフ

4　おわりに

　本章では，DIF 分析の歴史，DIF にまつわる用語のまとめ，均一・不均一 DIF の概要，それらの分析手法と実際のソフトを用いた手順，検定結果の解釈について一通り学びました。ANOVA を用いた DIF 分析を提唱した Van de Vijver & Leung (1996) によると，DIF 項目の検証は比較文化研究における等価性を確保する上で極めて重要な手続きであるにもかかわらず，過去の研究の多くは DIF 項目の検証についてふれてこなかったと述べています。本章の冒頭部分に記した通り，測定の等価性が脅かされるということは，結果として調査そのものの信憑性をも揺るがすことになります。よりよい研究成果を追求するためにも，本分析実施の前に DIF 分析を用いた等価性の確認を行うことが望ましいと言えるでしょう。

引用文献

鎌原　雅彦・樋口　一辰・清水　直治 (1982). Locus of Control 尺度の作成と，信頼性，妥当性の検討　教育心理学研究, 30, 302-307.
栗原　伸一 (2011). 入門　統計学―検定から多変量解析・実験計画法まで―　オーム社
本山　美希 (2014). プランコンプレキシティの日露比較：多母集団同時分析を用いた因果モデルの検討　青山学院大学国際政治経済学研究科修士論文（未公刊）
田崎　勝也 (2008). 社会科学のための文化比較の方法―等価性と DIF 分析―　ナカニシヤ出版
田崎　勝也 (2011). 比較文化研究におけるバイアスの検証法―入門編―　多文化関係学会第 10 回年次大会プレカンファレンス　ワークショップ資料
Van de Vijver, F., & Leung, K. (1996). Methods and data analysis of comparative research. In W. J. Berry, Y. H. Poortinga, & J. Pandey (Eds.), *Handbook of cross-cultural psychology: Theory and method* (pp. 257-300). Needham Heights, MA: Allyn & Bacon.
Van de Vijver, F., & Leung, K. (1997). *Methods and data analysis for cross-cultural research*. Thousand Oaks, CA: Sage.

第12章 多母集団を対象にした因子構造分析

原 和也

1 はじめに

　異なった集団間のコミュニケーション研究において心理尺度を用いた研究をするとき，その尺度は，文化，性別，世代など，属性の異なる複数の集団間で同じように機能しているでしょうか。比較文化研究では，観測変数が集団間で同じ概念を測定している必要があります。そして，同じ一定のパターンの因子構造をもっている必要もあります。このように，異なった母集団間で，観測変数の機能が同じで，同一の因子構造があることを，因子不変性（factorial invariance）と呼びます。

　近年，様々な構成概念を研究する際，集団間の「等価性」の問題が問われてきています。等価性が保証されている研究とは，比較集団間で共通の概念が存在していることが証明され，計量的な等価性が確立されているものです。そのためには，まず質問項目の測定の不変性（measurement invariance: MI）の確立が前提となります。測定の不変性とは，現象を観察し研究する様々な条件下において，測定上の操作が同じ特質の測定を算出するかどうかを意味します。測定不変性の確立は，国籍レベルにもとづく比較文化研究では当然のことですが，性別間のような共文化間の研究においても，平均値や回帰係数において起こり得る差を，確信をもって解釈するために必須です。

　本章では，平均構造・多母集団同時分析（multigroup mean and covariance structure analysis: MG-MACS analysis）を用いて，因子構造の分析をしていきます。今回は，Holtgraves（1997）が開発した「会話の間接性尺度」を用いて，日本人の性別間における因子構造の等価性を検証してみます。

2 理論的背景

　心理尺度の等価性を検証する際，その尺度の因子構造を，確証的因子分析（confirmatory factor analysis: CFA）を用いて分析するアプローチがあります（第8章参照）。CFAにおける測定の不変性とは，ある構成概念（因子）において，対応する測定パラメータに集団間で計量的な等価性があるということを意味します。このCFAに，

観測変数により構成された潜在変数の平均値の推定を導入したものが，平均共分散構造分析（mean and covariance structure analysis: MACS analysis）です。仮想的な構成概念である潜在変数は，実質的に意味のある単位をもっておらず，通常の共分散構造分析では，平均は0，分散は1に固定されるため，平均値についての情報は失われます。しかし，比較調査では，平均値の推定が有意義な知見をもたらすことがあります。そのため，共分散の情報に加えて，平均の情報を加味した分析を行うことがあります。

さらに，測定の不変性の視点から因子不変を検証するにあたり，多母集団間におけるCFAに，平均構造の検証を導入し発展させたものが多母集団確証的因子分析（multigroup CFA: MG-CFA）です。このMG-CFAは平均構造・多母集団同時分析（multigroup mean and covariance structure analysis: MG-MACS analysis）とも呼ばれます。

測定の不変性を検証する様々な方法の中で，幅広く使われているのが，項目反応理論（item response theory: IRT）と共分散構造分析（structural equation modeling: SEM）を用いたアプローチです。IRTでは，測定の不変性が確立されない項目のことを特異項目機能（differential item functioning: DIF）と呼びます。DIFは，異なった集団に属する個人がある項目に対して同じ程度の潜在特性（態度や能力など）をもっているにもかかわらず，異なった反応を示す可能性がある時に生じます。IRTでは，「困難度」と「識別力」という2種類の機能をもとに測定の不変性を検証します（Embretson & Reise, 2000）。前者は，均一特異項目機能（uniform DIF）と呼ばれるもので，ある特性レベルにおいて，ある質問項目の得点が集団間において常に難しく，あるいは易しく機能しているときに存在します。後者は，不均一特異項目機能（nonuniform DIF）で，質問項目がある特性レベルにおいて高い個人を高く，低い個人を低く，敏感に識別できるかを射程とします。この場合，ある特定の集団のメンバーシップと潜在特性の間に交互作用が存在します。均一DIFは，困難度パラメータに反映し（線形モデルでは「傾き」に該当），不均一DIFは，識別力パラメータに反映します（線形モデルでは「切片」に該当）。

もうひとつのアプローチであるSEMを用いた項目分析は，観測変数のみならず，潜在変数間の関係も探ることができる包括的な手法であり，近年，以下の理由によりアクセスしやすい方法として注目を集めています。1つ目は，このアプローチは因子分析の応用であり，心理学を背景とする者にとっては，馴染みのある方法であるということです（González-Romá, Tomás, Ferreres, & Hernández, 2005）。2つ目は，SEMのアプローチは，複数の集団と潜在特性を同時に分析することができますが，一般的なIRTでは一次元しか扱えないということです（Chan, 2000）。3つ目は，SEMのアプローチは，2つ以上の変数が共変関係にあるモデルのパラメータを推定することができ，またカイ2乗検定と複数の適合度指標が使えますが，IRTではサンプルサイズに影響を受けやすいカイ2乗検定のみであるということです（Raju, Laffitte, & Byrne, 2002）。4つ目は，IRTは，安定したパラメータ推定を行うためには，大規模なサンプルが必要であるということです（Reise, Widaman, & Pugh, 1993）。

しかし，2値型変数（正答／誤答）に対応する形で始まったIRTは，近年のカテゴ

リカル因子分析（順序尺度により測定された質問項目群より，その背景にある連続的な変量を推定する方法）の発展に伴い，SEMとの差が曖昧になってきたのも事実です（小杉，2014）。通常の因子分析は，量的変数（連続変数）に対して実施され，複数の因子が抽出されます。これに対して，テスト理論であるIRTでは，一般的に2値データ（正答／誤答などの反応を1／0で表す）をもとに，能力，学力，性格などの潜在変数を測定しています。これは，見方を変えれば，名義尺度水準のデータに対する因子モデルであると言えます。また，潜在特性の測定を伴う研究では，多値データによる段階の反応を得たい場合があります。例えば，5件法の間隔尺度を5段階（5値）とみなす場合です。その際，段階反応モデルが用いられますが，これは順序水準に対する因子モデルとみなすことができます。このように，IRTはカテゴリカル因子分析の別の姿であると言えます。

2-1　因子不変性における各不変性

まず，因子不変性を検証する際に一般的に検証される，各不変性の一覧と概略を挙げてみましょう。

① 配置不変：ベースラインとなるモデルで，因子モデルの構造が集団間で同じかどうか。
② 測定不変：因子（潜在変数）から質問項目へのパス係数が集団間で同じかどうか。
③ スカラー不変：項目（観測変数）の切片（平均値）が集団間で同じかどうか。
④ 誤差不変：誤差分散が集団間で同じかどうか。
⑤ 因子分散不変：因子分散が集団間で同じかどうか。
⑥ 因子共分散不変：因子間の相関が集団間で同じかどうか。
⑦ 因子平均不変：因子平均が集団間で同じかどうか。

④の誤差不変は測定の信頼性に関係のある不変性ですが，モデルがすべての側面において，集団間で不変性をもつことは稀であると言えます。したがって，測定誤差に不変性を要求するのは厳しすぎて現実的ではないという見解があり，分析の対象から外されることがあります（田崎，2008）。

また，測定の不変性（因子不変性）を3段階に分ける研究者もいます（例えば，浅野，2014）。1つ目は，因子負荷量の等価性が確立されているという「弱測定不変性」（または「弱因子不変性」）です。2つ目は，因子負荷量，分散，共分散の等価性が確立されているという「測定不変性」です。3つ目は，因子負荷量，分散，共分散，誤差分散の等価性が確立されているという「強測定不変性」（または「強因子不変性」）です。

不変性の検証は，一連のネストモデル（nested model：モデルの一部に等値制約を課して表現されるモデル）の比較を，カイ2乗値の差（$\Delta\chi^2$）が有意かどうか（不変性があるかどうか）をもとに行います。等値制約とは，強制的に集団間でパラメータに対して同じ推定値を与えるという制約を置くことです。このような検定を，尤度比検定

(likelihood ratio test: LRT) と呼びます。また，データの適合度指標をもとに，等値制約を課したモデルと課さないモデルの差を検討することもあります。等値制約を課したモデルのデータとの適合度は，制約を課していないモデルと比べると当然悪くなります。しかし，カイ2乗検定の結果に有意差がない場合，等値制約を課した特定部分には差がないと考えられ，等価性が認められたと言えます。反対に，有意になった場合，両モデルは同じではなく，等価性がないということになります。

　例えば，測定不変モデルを検証する場合，配置不変モデルとの不変性を検討します。このモデル間の差をカイ2乗値を用いて検証し，有意な結果が発見されなかった場合，モデルが等値制約を課した部分が同一であると考えられます。したがって不変性があるとみなされ，測定不変モデルが採択されます。しかし，有意な結果が発見された場合，測定不変レベルの等価性（不変性）は認められません。スカラー不変以降も同様に検証します。もし，ある段階でカイ2乗値に有意な差が発見された場合，その後の検証はせず，ひとつ前の段階の等値制約の少ないモデルを採択します。$\Delta\chi^2$ に加えて，モデルの採択基準として，SEM（第9章）で用いられたカイ2乗検定やRMSEA，そしてCFI (comparative fit index) などの適合度指標もあわせて検討します。CFIは，独立モデル（観測変数間に一切相関を認めない，最も当てはまりのわるいモデル）を基準とし，モデルの適合度がどのくらい改善されたかをもとにモデルを評価するもので，モデル採択のためには.95程度の値が必要とされています。なお，GFIとAGFIは，多母集団同時分析では計算できないので用いません（星野・岡田・前田，2005）。

2-2　測定モデルにおける因子不変性と分析の手順

　ここでは，Hara (2014) により明らかにされた，Holtgraves (1997) の「会話の間接性尺度」の因子構造を一部修正したものを例に挙げてみます（図12-1）。この図はAmos Graphics 22を利用して描かれています。「会話の間接性尺度」に対して，探索的因子分析を実行したところ，2因子が抽出されました。各質問項目の内容から，2因子をそれぞれ，他者の間接的なメッセージを解釈する傾向を示す「解釈面」と，間接的なメッセージを生産する傾向を示す「生産面」と命名しました。各質問項目（観測変数）は長方形を用いて，因子（潜在変数）は楕円を用いて描かれています。単方向の矢印は因果関係を，双方向の矢印は共変関係（相関関係）を表しています。

　等価性の検証を始める前に，女性と男性の集団それぞれにCFAを行い，十分な適合度があるかどうかを確認します。特定の集団の適合度指標に十分な値が得られなくても，同時分析をすることで適合が向上する場合があるので，分析を続行します。

　それでは，モデルにおいて観測変数と潜在変数の関係をとらえた部分である測定方程式の方から見ていきましょう。最も基本的な等価性が配置不変 (configural invariance) です。因子モデルの基本的な構造が同一であることを意味し，モデル確定のための制約以外制約をもたないモデルです。集団間の比較を行う際，最も基本的な不変性と考えられており，後に続く一連の集団間比較のための基本的な等価性，すなわちベースラインとして扱われます。まずは，この配置不変において，データと十分な適

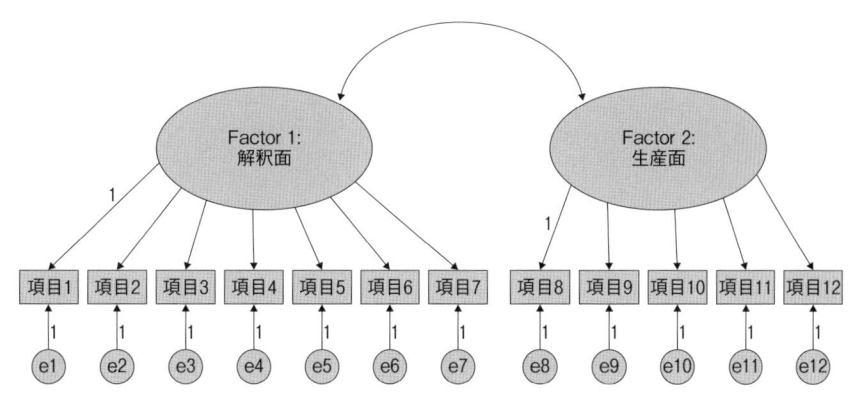

図12-1 会話の間接性尺度の2因子モデル

合度が得られることが必要です。配置不変の段階では，集団間での等値制約は行いません。集団間でパス図は同じでも，推定値は集団ごとに異なってもよいという条件を表します。

　配置不変が確立されたら，次のテストは測定不変（metric invariance）を検証します。測定不変モデルでは，パス係数（因子負荷量）の数値が集団間で同一かどうかを検証します。項目と因子（潜在変数）間の各パスにおいて，モデルを確定するために1と指定したパス以外のパスに集団間で等値制約を課し，カイ2乗検定により配置不変モデルと比較します。その際，モデル間の比較における検定回数が少なくて済むように，パス係数全体をひとつのブロックとみなし，すべてのパス係数に等値制約を課したモデルを作成します。そこで集団間のパス係数に有意な差がなかった場合，測定不変が確立されます。しかし，カイ2乗検定が有意であった場合，パス係数のどれかに集団間で違いがあることになります。これは，因子（潜在変数）と項目の関係性が集団により異なっている可能性を示しています。どのパス係数に違いがあるのかを特定するため，項目ごとにパス係数に等値制約を課し，カイ2乗検定により配置不変モデルとの比較を行い，個々のパス係数に違いがあるかどうかを調べて行きます。なお，モデルを確定するために，各潜在変数のパスのひとつを1と固定しましたが，これらのパス係数の測定不変も検証する必要があります。そこで，一度分析を終えた後，今度は別のパス係数を選び，それを1に固定して分析をやり直します。これにより，最初に1に固定したパス係数の測定不変が確認できます。

　測定不変が確立されたら，次のテストはスカラー不変（scalar invariance）です。スカラー不変は，項目の切片に関する不変性を意味します。集団間での観測変数の平均値の違いは，規則的に潜在変数の平均値の差にも反映されます（Steepkamp & Baumgartner, 1998）。したがって，潜在変数の平均値を集団間で比較する際，このスカラー不変の確立が条件となります（Meredith, 1993）。実際の分析では，モデルを確定するために一組の項目切片に等値制約を加えます。そして，測定不変のときと同様に，モデル確定のために固定された切片以外のすべての切片をひとつのブロック単位として検証していきます。スカラー不変モデルと測定不変モデルに対してカイ2乗検定を行い，有意な差がなければスカラー不変が確立したことになります。

　しかし実際には，完全なスカラー不変の確立を求めることは，ときに厳しく現実的

ではないという見解もあります（Steepkamp & Baumgartner, 1998）。そこで，スカラー不変や，その前の段階の測定不変（ともに項目の機能に関連した不変性）が確立されなかった項目が発見された場合，モデル全体で十分な等価性を有しているのであれば，少数の質問項目で差異を認めてもよいのではないかという見解があり，このような見方は，部分因子不変性（partial factorial invariance）と呼ばれます（Byrne, Shavelson, & Muthén, 1989）。例えば，スカラー不変の検証において，カイ2乗検定で有意な差が出たとします。その場合，ひとつひとつの項目ごとに，測定不変モデルと比較の上，カイ2乗値に統計的に有意な差異があるかどうかを確認していきます。そして，集団間で違いが見つかった質問項目は，等値制約を解除し集団間で自由推定とし，不変性が確立された質問項目は再度等値制約を課し，もう一度スカラー不変モデルと測定不変モデルの差異の検証を行います。カイ2乗検定で統計的に有意な差異がなければ，部分因子不変性が認められます（事例は，田崎（2008）参照）。測定不変モデルの場合も同様に，少数の項目で差異が認められる場合には，配置不変モデルと比較のもと，部分因子不変性の確認を行います。

　次に，潜在変数間の関係をとらえた部分である構造方程式の部分を見てみましょう。因子共分散不変（factor covariance invariance）とは，因子間の相関が集団間で同じようになっているかという不変性です。図12-1では，「解釈面」と「生産面」という，間接的なコミュニケーションにおける送り手としての側面と受け手としての側面がありますが，これらの間に高い相関がある場合，モデルが十分な弁別的妥当性を有していないことを示唆します。因子相関の不変性を検証するには，因子分散と因子共分散にも同時に等値制約を課すことが必要です（Steepkamp & Baumgartner, 1998）。

　最後に因子平均不変（factor mean invariance）とは，因子の平均値に関する不変性を表します。因子平均の推定には，パス係数（因子負荷量）の不変性である測定不変と切片の不変性であるスカラー不変の確立が前提となります。一般的によく用いられる方法として，因子平均の比較をする際，観測変数の一組に等値制約を課し，一方の集団の因子平均のみを算出し，0に固定された他方の集団の因子平均を基準として相対比を求める方法があります（例：船越・田崎・潮村，2103；田崎，2007）。今回は，もうひとつの方法である，それぞれの潜在変数から出ているパスのひとつにおける切片の一組を0に固定する方法を採用します（Chan, 2000）。この方法により，潜在変数の因子平均値をそれぞれの集団ごとに推定することが可能となります。最終的な検定結果は前者と後者で変わりませんが，後者は分析の制約がひとつ増えることになります。

3　ソフトの使用方法と分析例

　それでは，Amosを用いて，測定モデルの不変性を検証してみます。データはHara（2014）を用います。調査参加者は609名の日本人の学部生で，内訳は女性364名，男性は245名です。平均年齢は，女性が19.75歳（$SD=2.36$），男性が19.89（$SD=1.33$）です。Amosで分析するにあたり，モデルの尺度単位を確定するために，潜在変数から観測変数へのパスのうちひとつの係数を「1」に固定します。図12-1

では,「解釈面」因子から項目1へのパスと,「生産面」因子から項目8へのパスを1に固定しています。これらのパスを選ぶ基準ですが,第9章と同様に,EFAの段階で,それぞれの因子(ここでは潜在変数)において最も高い因子負荷量を示したものにしました。今回のモデルは,因子間の共分散不変を検証するために,因子間の共分散を許してあります。今回の分析例では,因子平均の比較を目標に,その前提となる配置不変,測定不変,スカラー不変,そして因子分散・共分散不変を,最も基本的な配置不変からより高いレベルの等価性へと順に,段階的に検証していきます。

3-1 分析の手順

Amosの基本操作や,データの準備における手順は第9章と同じなので省略します。しかし,今回は因子平均まで分析していくので,そのためには各項目(観測変数)の切片を確定しなければなりません。そこで,パス図を描いた後に,[分析のプロパティ]アイコンを開き,[推定]のタブをクリックし,「平均値と切片を推定(E)」にチェックを入れます。すると,潜在変数と誤差変数の右側に「0」が示されます。推定を行った後,潜在変数における因子平均と因子分散,観測変数における分散と観測変数の切片が現れます。ここでは,等値制約の置き方を中心に,モデルの設定をどのように行うかを説明します(図12-2,図12-3)。

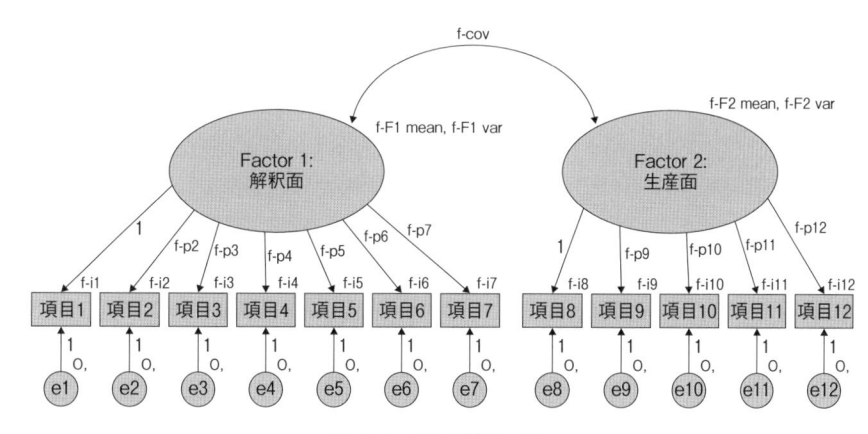

図12-2 女性の測定モデル

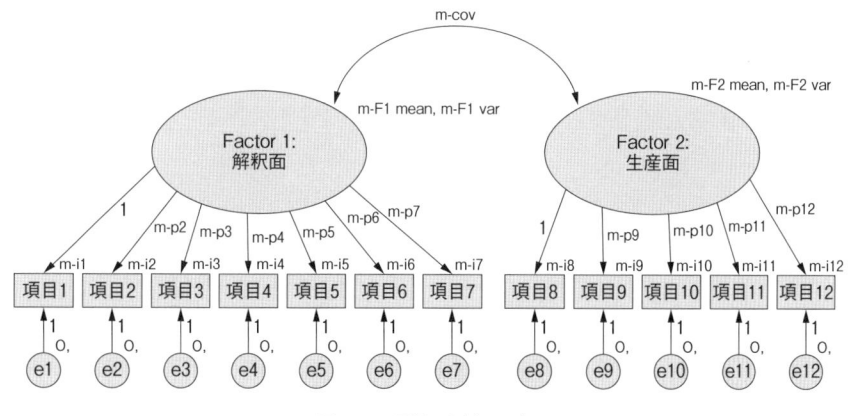

図12-3 男性の測定モデル

まず，「グループ管理」ダイアログボックスを使って，グループの指定を行います。今回の分析では，「女性」「男性」としました。次に，［推定］のタブをクリックし，「分析のプロパティ」を開き，「切片と平均値を推定（E）」にチェックを入れます。そして，「オブジェクトのプロパティ」によって，モデルのパラメータに名称を入力していきます。今回の分析の目的から，パス係数，切片，潜在変数の分散，潜在変数の共分散，潜在変数の平均値に名前を入れていきます。名称の設定は，パラメータの種類と集団の所属が分かるようにするとよいでしょう。今回は，女性のパラメータの係数には「f-」の，男性には「m-」の接頭語を用い，ハイフンを挟んで後半の名称にはパラメータの種類が分かるよう「p」と「項目の番号」を与えました。また，項目の切片に関しては，集団の所属は同じですが，パラメータの箇所を「i」としました。因子平均は「mean」，因子分散は「var」，因子間の共分散は「cov」を用いました。

これらの作業の後，等値制約を課します（この際，「複数グループの分析」を利用すると，自動的に等値制約を置いたモデルを作成してくれます。しかし，その場合，母集団の分散共分散行列が集団間で等しいという強い制約が設定されるので，分析の目的により制約を設定したい箇所のみにチェックを入れます）。Amosにおいて等値制約をかける際，モデル管理ウィンドウ内「××モデル番号1」をダブルクリックし，モデル管理画面にて制約を課すパラメータを指定していきます。

3-2 分析結果とその解釈

まず予備的な分析として，集団ごとに個別分析を行い，適合度を検討します。等価性の検証を行うには，それぞれの集団でモデルが十分な妥当性を示していることが望ましいからです。表12-1の結果を見てみましょう。

表12-1 性別ごとの分析結果

Model	χ^2	df	p value	CFI	RMSEA
女性	133.280	53	.000	.898	.065
男性	76.181	53	.020	.953	.042

これらの結果から，このモデルは，女性より男性において，データとの当てはまりがよいことが分かります。また，男性はCFIとRMSEAの両方において，十分な適合度を示していますが，女性はグレーゾーンでした。したがって，多母集団同時分析を行うとき，女性データが原因となって全データとの適合度に影響を与える可能性が高いと言えます。

それでは，集団間の分析に移ります。モデル管理ウィンドウ内の「××モデル番号1」をクリックして，「モデル管理」ダイアログボックスを立ち上げます（図12-4）。先ほど名称をつけたモデルにおける各パラメータが左側に表示されるので，ダブルクリックをすると等値制約が課されます。最初はベースラインとなる配置不変モデルで，ここではモデル確定以外の制約を一切課しません。したがって，データとの当てはまりは最も良いモデルと考えられます。因子平均を推定する目的から，各因子の切片の一組をゼロに固定します。今回はパス係数を1に固定した「解釈面」因子の項目1と「生産面」因子の項目8の切片を選びました。「パラメータの制約（P）」におい

てダブルクリックにより表示された等値制約に,「＝0」を追加します。

$$f\text{-}i1 = m\text{-}i1 = 0$$
$$f\text{-}i8 = m\text{-}i8 = 0$$

図 12-4 配置不変モデル（Model 1）における等値制約

推定値を計算し,「モデルの適合」をクリックして, 配置不変モデルの適合度を検討します（図 12-5）。分析の結果, カイ 2 乗検定は有意でしたが, CFI と RMSEA は, 十分な適合度を示しました（$\chi^2 = 209.451, p = .000, \text{CFI} = .919, \text{RMSEA} = .040$）。この結果から, 配置不変が存在するとみなされます。

モデル適合の要約
CMIN

モデル	NPAR	CMIN	自由度	確率	CMIN/DF
Model 1 配置不変	74	209.451	106	.000	1.976
飽和モデル	180	.000	0		
独立モデル	48	1417.087	132	.000	10.736

基準比較

モデル	NFI Delta1	RFI rho1	IFI Delta2	TLI rho2	CFI
Model 1 配置不変	.852	.816	.921	.900	.919
飽和モデル	1.000		1.000		1.000
独立モデル	.000	.000	.000	.000	.000

RMSEA

モデル	RESEA	LO90	HI90	PCLOSE
Model 1 配置不変	.040	.032	.048	.981
独立モデル	.127	.121	.133	.000

図 12-5 配置不変モデルの適合度指標

ベースラインとなる配置不変が確立されたので, 次は測定不変の検証に移ります。モデル確定のために 1 と固定した箇所を除いて, パス係数に等値制約を課します。「モデル管理」ダイアログボックスを開け, 図 12-4 の配置不変モデル（Model 1）に

おける等値制約の下に続けて追加入力していきます（図12-6）。

```
f-p2=m-p2
f-p3=m-p3
f-p4=m-p4
f-p5=m-p5
f-p6=m-p6
f-p7=m-p7
f-p9=m-p9
f-p10=m-p10
f-p11=m-p11
f-p12=m-p12
```

図 12-6　測定不変モデル（Model 2）における等値制約

　測定値の推定をし，分析結果のアウトプットで「モデル比較」というところをクリックし，モデル間のカイ2乗値（$\Delta \chi^2$）とその検定結果をチェックします（図12-7）。カイ2乗検定の有意水準は，5％が望ましいのですが，検定の繰り返しにより，帰無仮説が正しいときに誤って棄却してしまう第1種の誤りが生じる確率が高まります。対策として，今回はモデル採用の有意水準を1％に設定します（この他の対策として，一般的には5％とされる有意水準を分析を行った検定数で割り，より厳しい水準を設定する「ボンフェローニの修正」があります）。

ネストしたモデルの比較
モデル Model 1 配置不変　は正しいという仮定の下で：

モデル	自由度	CMIN	確率	NFI Delta-1	IFI Delta-2	RFI rho-1	TLI rho2
Model 2 測定不変	10	10.270	.417	.007	.008	-.008	-.008

図 12-7　測定不変モデル（Model 2）の分析結果

　配置不変モデル（Model 1）と測定不変モデル（Model 2）の乖離度をとらえたカイ2乗値は，10.270で，その有意確率は.417でした。1％水準で帰無仮説は棄却されなかったので有意性は示されず，これら2つのモデル間に差がないことを示しました（$\chi^2=10.270, df=10, p=.417$）（図12-7）。

　測定不変が確立されたので，スカラー不変の検証に移ります。モデル2からパス係数に違いがないことが分かったので，モデル2での等値制約を残し，切片に対してさらなる等値制約を課します。「モデル管理」ダイアログボックスを開け，図12-6に続けて以下の情報を追加入力します（図12-8）。

```
f-i2=m-i2
f-i3=m-i3
f-i4=m-i4
f-i5=m-i5
f-i6=m-i6
f-i7=m-i7
f-i9=m-i9
f-i10=m-i10
f-i11=m-i11
f-i12=m-i12
```

図 12-8　スカラー不変モデル（Model 3）における等値制約

ここでは，性別間でパス係数に違いが示されなかった測定不変モデルとの比較を行います。結果を見てみると，スカラー不変モデル（Model 3）と測定不変モデル（Model 2）の間には，1％の有意水準で有意な乖離は見られませんでした（χ^2 = .21383, df = 10, p = .019）（図12-9）。したがって，スカラー不変が確立されました。これまでの配置不変，測定不変，スカラー不変のモデルを検証することにより，因子モデルの測定方程式の不変性の検証を終えたことになります。

モデル Model 2 測定不変 は正しいという仮定の下で：

モデル	自由度	CMIN	確率	NFI Delta-1	IFI Delta-2	RFI rho-1	TLI rho2
Model 3 スカラー不変	10	21.383	.019	.015	.016	.002	.002

図12-9　スカラー不変モデル（Model 3）の分析結果

次に，因子モデルの構造方程式の不変性について検証していきます。まずは，因子間相関について検証します。スカラー不変（Model 3）が確立されたので，このModel 3を比較の対象として分析をします。「モデル管理」ダイアログボックスを開け，図12-8のスカラー不変までの等価性に加えて，因子分散と共分散にも制約を課します（図12-10）。

f—F1 var＝m—F1 var
f—F2 var＝m—F2 var
f—cov＝m—cov

図12-10　因子分散・共分散不変モデル（Model 4）における等値制約

分析の結果を見ると，因子分散および共分散に制約を課したModel 4は，Model 3のスカラー不変と有意な乖離が発見されず（χ^2 = 5.647, df = 3, p = .130），性別間で因子相関の差がないことが示されました（図12-11）。

モデル Model 3 スカラー不変 は正しいという仮定の下で：

モデル	自由度	CMIN	確率	NFI Delta-1	IFI Delta-2	RFI rho-1	TLI rho2
Model 4 因子分散・共分散不変	3	5.647	.130	.004	.004	.000	.000

図12-11　因子分散・共分散不変モデル（Model 4）の分析結果

最後に，今回の分析の最終目的である因子平均の検証を行います。「モデル管理」ダイアログボックスを開け，因子間相関不変モデル（Model 4）に加えて，Factor 1とFactor 2の両方の因子平均に等値制約を課したモデル（Model 5）を作成します（図12-12）。

f—F1 mean＝m—F1 mean
f—F2 mean＝m—F2 mean

図12-12　因子平均不変モデル（Model 5）における等値制約

分析結果のアウトプットを見てみると，Factor 1とFactor 2に制約を課したModel 5とModel 4には，有意な乖離が見られませんでした（χ^2 = .252, df = 1, p = .616）（図12-13）。したがって，両因子とも女性・男性の両集団において，差がないことが示されました。

モデル Model 4 因子分散・共分散不変 は正しいという仮定の下で：

モデル	自由度	CMIN	確率	NFI Delta-1	IFI Delta-2	RFI rho-1	TLI rho2
Model 5 因子平均不変	1	.252	.616	.000	.000	-.000	-.000

図 12-13　因子平均不変モデル（Model 5）の分析結果

　それでは，「解釈面」と「生産面」のそれぞれの因子における男女の平均の推定値を見てみましょう。因子平均の自由推定を許していた Model 4 に戻ります。アウトプット・ウィンドウで Model 4 を選択し，「推定値」をクリックします。そして，男性と女性の切り替えをしながら，両集団の推定値を確認します（図 12-14, 12-15）。Factor 1 の「解釈面」因子においては，男性の因子平均（$M=3.427, SD=.067$）が女性の因子平均（$M=3.425, SD=.057$）よりも僅差で上回っていました。また，Factor 2 の「生産面」因子においては，女性の因子平均（$M=3.425, SD=.057$）が，男性の因子平均（$M=3.371, SD=.051$）を若干上回っていました。しかし，Model 5 の分析結果（図 12-13）から，「解釈面」と「生産面」両因子とも，男女間で有意な差がないことが分かりました。

平均値：(女性-Model 4 因子分散・共分散で等値制約)

	推定値	標準誤差	検定量統計	確率	ラベル
Factor 1 解釈面	3.392	.047	71.908	***	f-F2 mean
Factor 2 生産面	3.425	.057	60.062	***	f-F2 mean

図 12-14　女性の因子平均の推定値

平均値：(男性-Model 4 因子分散・共分散で等値制約)

	推定値	標準誤差	検定量統計	確率	ラベル
Factor 1 解釈面	3.427	.067	50.955	***	m-F1 mean
Factor 2 生産面	3.371	.051	65.879	***	m-F2 mean

図 12-15　男性の因子平均の推定値

　それでは，これまで検証してきたモデルの集団間の比較を表にまとめてみましょう（表 12-2）。カイ 2 乗値（$\Delta \chi^2$）にもとづくモデル間の検定に加えて，CFI と RMSEA も記載します。

表 12-2　性別間におけるモデル間比較と適合度指標

Model	χ^2	df	比較モデル	$\Delta \chi^2$	Δdf	CFI	RMSEA
Model 0：女性のみ	133.280	53				.898	.065
Model 0：男性	76.181	53				.953	.042
Model 1：配置不変	209.451	106	-----	-----	-----	.919	.040
Model 2：測定不変	219.720	116	Model 1	10.270^{ns}	10	.919	.038
Model 3：スカラー不変	241.104	126	Model 2	21.383^{ns}	10	.910	.039
Model 4：因子分散・共分散不変	246.750	129	Model 3	5.647^{ns}	3	.908	.039
Model 5：因子平均不変	247.002	130	Model 4	.252^{ns}	1	.909	.039

Note: ns ＝統計学的有意差がない

4 おわりに

　多母集団同時分析を用いて因子構造の等価性を検証することにより，基本的な因子構造，観測変数（質問項目）における因子負荷量や切片の推定値の等価性を，包括的に検証することができます。さらに，因子の分散・共分散の等価性を検証し，最終的には切片を導入することにより因子平均の算出と等価性の検証が可能です。もっとも，どのレベルの不変性を分析の対象とするのかについては，研究の目標によります。例えば，各質問項目が測定しようとしている構成概念をどれだけ適切に反映しているか（構成概念妥当性）を検証する場合や，因子間の関係性を検証したければ，測定不変の検証に焦点を当てます。また，集団間の因子平均の比較をしたければ，スカラー不変の確立が前提となります。このように，等価性の検証は，比較文化研究等において，より精緻な研究を行うために必要不可欠なものであると言えます。

　そして，文化普遍的な側面を検証するにあたっては，今後次のようなアプローチが期待されます。ひとつ目は，ある尺度に関して，近年収集された様々な文化のデータを合算し，因子構造と等価性を明らかにすることにより，ある構成概念の普遍的側面の検証を行うことです。このためには，各質問項目の内容が，文化や集団間において，同じ社会的場面で同じ機能を果たし，同じ意味をもっていることが前提となります。2つ目は，「甘え」（土居，1971）のように，これまで文化特有と考えられてきた概念に対して，文化的普遍性の視点から新たに尺度を開発し，等価性の検証を行うことです。その際には，単語の内包的意味に注意を払いながら，適切な表現を選び，項目を作成していかなければなりません。このように，多母集団同時分析を応用したアプローチは，異文化コミュニケーション論研究におけるエティック（すべての文化に普遍的な基準や枠組み）の検証において，重要な一翼を担っていると考えられます。

引用文献

浅野　良輔（2014）．多母集団同時分析　小杉　考司・清水　裕士（編著）　M-plusとRによる構造方程式モデリング入門（pp. 103-116）　北大路書房

Byrne, B. M., Shavelson, R. J., & Muthén, B. (1989). Testing for the equivalence of factor covariance and mean structures: The issue of partial measurement invariance. *Psychological Bulletin, 105*, 456-466.

Chan, D. (2000). Detection of differential item functioning on the Kirton Adaptation- Innovation Inventory using multiple-group mean and covariance structure analysis. *Multivariate Behavioral Research, 35*, 169-199.

土居　健郎（1971）．甘えの構造　弘文堂

Embretson, S. E., & Reise, S. P. (2000). *Item response theory for psychologists*. Mahwah, NJ: Lawrence Erlbaum Associates.

船越　理沙・田崎　勝也・潮村　公弘（2013）．平均構造・多母集団同時分析を用いたセルフ・モニタリング（Self-Monitoring）尺度の文化的等価性の検討　社会心理学研究, *28*, 180-188.

González-Romá, V., Tomás, I., Ferreres, D., & Hernández, A. (2005). Do items that measure self-perceived physical appearance function differentially across gender groups of adolescents?: An application of the MACS model. *Structural Equation Modeling, 12*, 157-171.

Hara, K. (2014). *Constructing models of Japanese conversational indirectness on the basis of empathy and nonverbal social skills*. Ph.D dissertation submitted to Aoyama Gakuin University.

Holtgraves, T. (1997). Styles of language use: Individual and cultural variety in conversational indirectness. *Journal of Personality and Social Psychology, 73*, 624-637.

星野 崇宏・岡田 謙介・前田 忠彦（2005）．構造方程式モデリングにおける適合度指標とモデル改善について：展望とシミュレーション研究による新たな知見　行動計量学, 32, 209-235.

小杉 考司（2014）．項目反応理論　小杉 考司・清水 裕士（編著）M-plusとRによる構造方程式モデリング入門（pp. 165-187）　北大路書房

Meredith, W. (1993). Measurement invariance, factor analysis and factorial invariance. *Psychometrika, 58*, 525-543.

Raju, N. S., Laffitte, L. J., & Byrne, B. M. (2002). Measurement invariance: A comparison of methods based on confirmatory factor analysis and item response theory. *Journal of Applied Psychology, 87*, 517-529.

Reise, S. P., Widaman, K. F., & Pugh, R. H. (1993). Confirmatory factor analysis and item response theory: Two approaches for exploring measurement invariance. *Psychological Bulletin, 114*, 552-566.

Steenkamp, J., & Baumgarter, H. (1998). Assessing measurement invariance in cross-national consumer research. *Journal of Consumer Research, 25*, 78-90.

田崎 勝也（2007）．文化的自己観は本当に「文化」を測っているのか―平均構造・多母集団同時分析を用いた特異項目機能の検証―　行動計量学, 34, 79-89.

田崎 勝也（2008）．社会科学のための文化比較の方法―等価性とDIF分析―　ナカニシヤ出版

第13章 クラスター分析

平山修平

1 はじめに

　クラスター分析とは，どのような場面で使用する分析法なのでしょうか。また，クラスター分析を使うことでどのようなメリットあるいはデメリットがあるのでしょうか。クラスター分析は，分類基準が何もないときに，何らかの対象をその対象がもつ情報にもとづいていくつかのグループに分類する方法です。様々な分野で，分類するための基準の設定が難しい場合や探索的に分類したい場合に使われています。例えば，都道府県を出生率，死亡率など複数の指標で分類したり，東京23区を他の地区町村からの通勤者，産業就業者数などによって分類したりすると，いくつかのクラスターができてそれぞれの特徴を明らかにすることができます。また，対象となる人を一人ひとり詳しく知りたいが非常に手間がかかるというような場合，似ているもの同士をいくつかのグループに分類すると，クラスターごとの特徴をとらえることができ，どんな人たちの集団なのかをおよそ知ることができます。例えば，対人関係のあり方に関するいくつかの心理的指標で人々を分類し，それぞれのスタイルを明らかにするとか，社会的意識に関する複数の量的変数によって人々を分類し，似たような意識パターンをもつクラスターの特徴を明らかにするなどといった場合です。

　クラスター分析では，分類の対象となるものを個体あるいはケースと言います（以降，本書ではケースという言い方をします）。ケースは都道府県であったり人であったりします。また，変数も分類される場合にはケースになります。多くのケースを，指標となる2つの変数によって分類しようとする場合，クラスター分析を使わなくても，2次元の散布図を描くことによってその2変数の分布を確認し直感的に分類することはできます。しかし，その分類方法が主観にもとづいたものになっていないかよく検討しなければならないでしょう。分類の仕方は人によって様々だからです。クラスター分析は，統計という客観的な方法によって，主観的には把握しにくい分類のしかたを見つけ出してくれます。また，分類するための指標が3変数以上になるとき3次元以上の空間での散布図を描くことは簡単ではありませんが，クラスター分析を使えば，これまで見えなかった分類の枠組みが発見できる可能性があります。

一方，クラスター分析にはデメリットもあります。クラスター分析には，指標となる変数をもとに距離の遠近や類似性でケースを分類する様々な方法があり，方法によって異なるクラスターが生成されるため自ずと解釈も変わってきます。そのため，ケースを分類するルールを慎重に設定することが重要になります。本書では，筆者が行ったアンケート調査のデータを用いてクラスター分析の方法について実践的に解説していきます。

2　理論的背景

　ここでは，クラスター分析の理論的背景について説明します。クラスター分析には，階層的クラスター分析と非階層的クラスター分析の2種類があります。まず，階層的クラスター分析は，ケース間の距離が近いもの同士や類似性が高いもの同士を順次クラスター化していき，最終的にひとつの大きなクラスターにまとめていく方法です。他方，非階層的クラスター分析は，何らかの根拠や必要からあらかじめ決められたクラスター数にすべてのケースを分類する方法です。ケース数が膨大であり，かつクラスターを階層的にとらえる必要がない場合に用いられます。しかしながら，コンピュータの発達にともなって，計算に時間のかかる大量ケース数の階層的クラスター分析もできるようになりました。本書では，コミュニケーション研究の分野でよく使われている階層的クラスター分析の理論的背景について説明します。

2-1　階層的クラスター分析の基本的考え方

　階層的クラスター分析では，ケース間の類似性を示す距離を計算してケースを分類していきます。距離の遠近は非類似度（遠近度あるいは近接度）と呼ばれています。ケース間の距離を，その非類似度を用いて階層的にクラスターを構成していきます。第1段階では，個々のケースがそれぞれひとつのクラスターを構成しているとみなして分析をスタートします。第2段階では，距離の最も近い2つのクラスターが結合して新しいクラスターが誕生します。第3段階では，新しいクラスターと既存のクラスターの距離が再計算されます。その後は，第2段階と第3段階を繰り返し，全ケースがひとつの大きなクラスターを形成した時点で分析が終了します。

　例を用いて説明します。いま，5つのケースA，B，C，D，E（これらは，人になることもあります）があるとします（第1段階）。それらを階層的クラスター分析で分類するとき，距離が近いケースやクラスターが順次結合していきます。そのプロセスにおいて，メンバーが1人しかいないクラスターもありえます。どのケースともどのクラスターとも結合しないものは，1ケースで1クラスターを形成しているとみなします。まず，A，B，C，D，Eの考えられるペアの距離のうちAとBの距離が最も近い（類似している）とき，結合して新しいクラスター（A，B）ができます（第2段階）。その結果，ケースAとBは姿を消しC，D，Eはそのまま残ります。次に，新しくできた（A，B）とC，D，E間の距離を計算しなおして（第3段階），CとDの距離が最も近いときに，結合して新しいクラスター（C，D）ができます（第2段階）。その結果，ケースCとDは姿を消し（A，B），Eはそのまま残ります。その次

に，新しくできたクラスター（C, D）と（A, B），E間の距離を計算しなおして（第3段階），（A, B）と（C, D）間の距離が最も近いときに，結合して新しいクラスター（A, B, C, D）ができます（第2段階）。最後に，クラスター（A, B, C, D）はEと結合してひとつの大きなクラスター（A, B, C, D, E）を形成します（図13-1）。

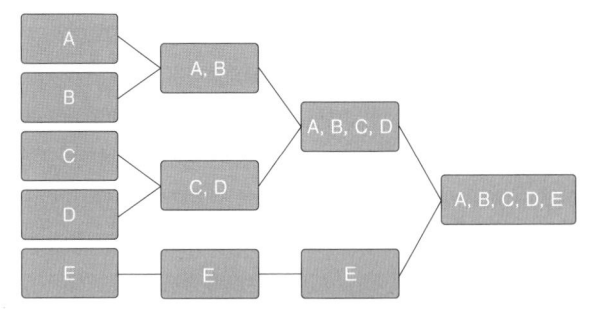

図 13-1 クラスターの結合例

　階層的クラスター分析では，ケース間の距離の測り方に様々な方法があります。また，クラスター間の結合の仕方を決めるクラスター化の方法も多様です。どの方法を採用するかで結果も変わってきます。次節ではそれらの方法について説明します。

2-2　ケース間の距離の測定方法

　ケース間の距離の測定方法には，まず，n 次元空間の単なる幾何的な距離である「ユークリッド距離」があります。つぎに，それを2乗した「平方ユークリッド距離」があります。これは，距離が離れていることをより強調したいときに用いられます。また，各次元のうち最も離れている次元の差である「Chebychev」（チェビシェフの距離）は，1次元でも離れていれば距離が離れていると定義したいときに用いられます。各次元の差の合計である「都市ブロック」（マンハッタン距離）は，2点間を直線ではなく都市ブロックの外周を進むように結びます。さらに，非常に離れた距離に対する重みを増やしたり減らしたりしたい場合に用いる「Minkowski」（ミンコフスキー距離）もあります。分析の目的に応じて，これらの中から適切なものを選びます。どの測定方法を採用するか迷うときは，SPSSでデフォルトとなっている「平方ユークリッド距離」から始めればよいでしょう。

　ケース間の距離の計算において，指標となる各変数の単位に影響されたくないときは，変数を標準化する必要があります。標準化をしないと，分散の大きい変数の影響が相対的に大きくなるからです（林, 2007）。変数の単位が異なるとき，あるいは，それぞれの変数の分散が大きく異なるときは，z スコアなどに標準化した上でクラスター分析をするべきでしょう。

2-3　クラスター化の方法

　クラスター化の方法には様々なものがあり，どの方法が最適かは一概に言えません（Everitt, Landau, & Leese, 2001）。まず，分析の目的に照らして適切と思われる方法，自分の専門分野でよく使われる方法を採用します。その上で，解釈しやすいあるいは

納得できる結果が得られるまでいくつかの方法を試してみます。最終的には，有意義な意味が読み取れる分類が可能かどうか，どれだけ示唆に富む結果が得られるかによって決めるのがよいでしょう。

ただし，クラスター化の方法によって鎖効果が現れる場合やはっきりとしたクラスターができず解釈の難しい場合があるので注意が必要です。鎖効果とは，どのクラスター数の解を選んでも，一貫して大きなひとつのクラスターとひとつのケースだけのクラスターで構成されてしまうというものです。鎖効果が望ましくない理由は，それが，ケースをいくつかのまとまりに分類するというクラスター分析本来の目的から外れた結果になってしまうとされているからです（林，2007）。次の図は鎖効果の現れたクラスター化の例です。どのクラスター数の解を選んでも，大きなひとつのクラスターと，ひとつのケースで構成されるクラスターしか含まれていません。

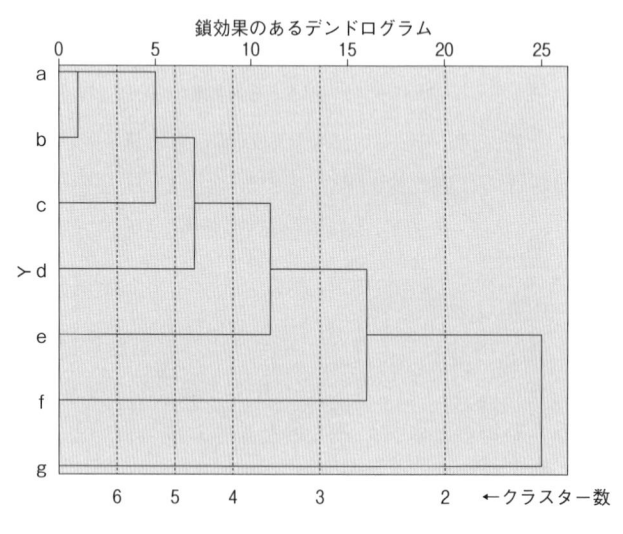

図13-2 鎖効果のあるクラスター化の例

では，Everitt et al.（2001）と Romesburg（1989 西田・佐藤訳 1992）を参考に，クラスター間の結合の仕方を決める7つのクラスター化の方法について説明します。

（1）最近隣法

2つのクラスターからそれぞれ1つずつケースを選んでケース間の距離を求め，すべてのペアの中で，最も近いケース間の距離をこの2つのクラスター間の距離と定義します。そして，その距離が最も近いクラスターを併合します。この方法は，密集したクラスターが生成しやすく，鎖状のクラスターができて分類を説明しにくい場合があるとされます。

（2）最遠隣法

2つのクラスターからそれぞれ1つずつケースを選んでケース間の距離を求め，すべてのペアの中で最も遠いケース間の距離をこの2つのクラスター間の距離と定義します。そして，その距離が最も近いクラスターを併合します。この方法は，拡散したクラスターが生成しやすく，直径の長さが等しい小さなクラスターが多数できて分類

が説明しにくい場合があるとされます。

（3）グループ間平均連結法

2つのクラスターからそれぞれ1つずつケースを選んでケース間の距離を求め，すべてのペアの距離の平均値を2つのクラスター間の距離と定義します。そして，その距離が最も近いクラスターを併合します。最近隣法と最遠隣法の中間にある原理にもとづいており，比較的，分類を説明しやすく頑健であるとされています。

（4）グループ内平均連結法

グループ間平均連結法と同じですが，クラスターに含まれるケース数で重みづけます。クラスターのサイズが大きく異なるときに用いられます。

（5）重 心 法

2つのクラスターの重心を求め，その重心間の距離をクラスター間の距離と定義します。そして，その距離が近いものをクラスター化していきます。2つに枝分かれしたグループからなるクラスターが多数できたり，反転を伴った形の崩れたクラスターが生じて，分類の解釈が難しい場合があるとされます。

（6）メディアン法

重心法にクラスターのサイズの違いによる影響を受けないように重みづけを等しくして距離を計算したものです。クラスターのケース数が大きく異なるときに用います。併合されたクラスターとクラスターの中間に反転を伴った新しいクラスターができて，分類の解釈が難しい場合があるとされます。

（7）Ward 法（ウォード法）

考えられるクラスター併合の仕方のうち，クラスター内の各ケースから重心までの距離の平方和（群内平方和）の増分が最小になるような併合の仕方を選択して，クラスター化していきます。同じサイズからなるはっきりとしたクラスターを作る傾向がありますが，外れ値の影響を受けやすく存在しない分類を作りだすこともあるとされます。

以上の方法のうち，重心法，メディアン法，Ward 法では，ケース間の距離の測定方法として「平方ユークリッド距離」を使います。これらの方法は「平方ユークリッド距離」にもとづいて開発されたクラスター化の方法だからです（小田，2007）。また，一般的によく使われるのは，分類感度が高いとされる Ward 法あるいは鎖効果や拡散が少ないとされるグループ間平均連結法です。Ward 法を使う場合は，指標に使う変数を測定する単位を変更すると結果に影響するため，各変数を標準化することにも注意が必要です。

3 統計ソフトの使用法

　つぎに，クラスター分析が実装されている統計ソフトSPSSの使用法を，筆者の行ったアンケート調査のデータを用いて実践的に解説します。ここでは，最低限必要な手順のみ述べることにします。詳しく知りたい読者はSPSS使用法の詳しい解説書の参照をおすすめします（例えば，小塩，2012）。

　筆者は，日本における外国人材活用という社会問題に対する大学生の態度（積極的・慎重）に関係する要因を探る目的でアンケート調査を行いました（平山，2014）。様々な意識をもつ大学生を階層的クラスター分析によっていくつかのグループに分け，その特徴を探索的に記述しました。分類の指標とした変数は，「異文化受容因子」「日本的雇用制度志向因子」「外国語の能力と関心因子」の尺度得点です。

3-1　階層的クラスター分析の操作—デンドログラムの作成まで

　データを入力したSPSSのデータビューから「分析」→「分類」→「階層クラスタ」の順に操作します（図13-3）。左の欄から指標に用いたい変数を選んで「変数」欄に投入します。「ケースのラベル」欄には，「回答者番号」を投入します。分類の対象となるのがケースのときは，「クラスタ」欄の「ケース」にチェックを入れます。変数を分類したい場合は，「変数」を選択します。「表示」欄では，出力のうち統計数値だけあるいは図だけを表示させる場合はどちらか一方を選択します。ここでは両方とも表示させるので両方を選択します。つぎに，右上の「統計量」タブをクリックして「クラスタ凝集経過工程」と「距離行列」にチェックを入れます。また，「作図」ボタンを押して「デンドログラム」にチェックし，「つららプロット」は「なし」を選択し「続行」を押します。

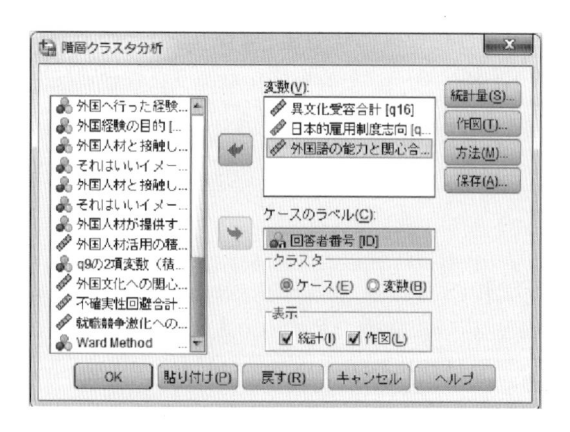

図13-3　「階層クラスタ分析」のダイヤログボックス

　さらに，「方法」ボタンを押して「クラスタ化の方法」に「Ward法」を，「測定方法」に「平方ユークリッド距離」を選択します（図13-4）。「値の変換」の「標準化」については，「Z得点」を選択します。「続行」を押して前の画面（図13-3）に戻り

「OK」を押してクラスター分析の結果を出力します。

図 13-4 「方法」のダイヤログボックス

4 結果の解釈

ここでは，クラスター分析で出てきた結果をどのように読むのか，分析結果から何が分かるのかについて述べます。出力されるのは次の3つです。

4-1 近接行列

「近接行列」は，平方ユークリッド距離を行列形式で表示した表です。この数値が小さければ，対応する2つのケースは，n次元空間で相互に近い距離にあることになります。なお，この表に表示される「非類似行列」とは，相互にどのくらい近いかを示す距離行列のことです。

4-2 クラスタ凝集経過工程

図 13-5 は，クラスター化の過程を示しています。最初に結合されるのは，「係数」（平方ユークリッド距離）が最も小さい 11 と 18 です。次の段階で結合されるのは，5 と 26 です。順に 10 と 29，20 と 27 が結合します。第5段階では，20 は既に 27 とクラスターを形成しているので 1 はそのクラスターと結合することになります。こうして次々に「係数」が小さい順にケースあるいはクラスターが結合されていきます。結合されるたびに，すべてのケースあるいはクラスター間の距離が再計算されます。そのため，ここの「係数」は「近接行列」に記されている平方ユークリッド距離の数値とは異なっています。最終的には，ひとつの大きなクラスターにすべてのケースが包含されるようになります。また，係数が極端に大きくなる段階は，n次元空間上で他とは大きく離れているケースが結合されたことを表しています。

クラスタ凝集経過工程

段階	結合されたクラスタ クラスタ1	クラスタ2	係数	クラスタ初出の段階 クラスタ1	クラスタ2	次の段階
1	11	18	.009	0	0	20
2	5	26	.049	0	0	9
3	10	29	.138	0	0	13
4	20	27	.267	0	0	5
5	1	20	.447	0	4	14
6	14	33	.644	0	0	17
7	22	32	.862	0	0	17
8	25	34	1.095	0	0	19
9	5	17	1.340	2	0	16
10	30	31	1.599	0	0	15
11	2	23	1.924	0	0	20
12	6	28	2.254	0	0	23
13	10	24	2.646	3	0	27
14	1	7	3.158	5	0	22
15	21	30	3.690	0	10	18
16	5	15	4.248	9	0	24
17	14	22	4.878	6	7	26
18	16	21	5.557	0	15	30
19	9	25	6.275	0	8	23
20	2	11	7.265	11	1	25
21	3	4	8.303	0	0	27
22	1	12	9.436	14	0	28
23	6	9	10.630	12	19	29
24	5	8	11.825	16	0	31
25	2	19	13.239	20	0	31
26	13	14	14.981	0	17	29
27	3	10	16.951	21	13	28
28	1	3	19.726	22	27	30
29	6	13	23.028	23	26	33
30	1	16	29.519	28	18	32
31	2	5	36.608	25	24	32
32	1	2	54.486	30	31	33
33	1	6	99.000	32	29	0

図13-5 クラスター化の過程

4-3 デンドログラム

　クラスター化の過程は「デンドログラム」（樹状図）としても表現されます。「デンドログラム」と「クラスタ凝集経過工程」を照らし合わせれば，どのようにクラスター化されていったかが理解されます。「再調整された距離クラスタ結合」は，「クラスタ凝集経過工程」における係数を最小1，最大25となるように変換した値です（図13-6）。「デンドログラム」を読み取って，何個のグループで分けるかクラスター数を決め，グループ分けの区切り線を入れます。ここでは，2つのグループに分ける場合（2クラスター解）と3つのグループに分ける場合（3クラスター解）に点線による区切りを入れてあります。

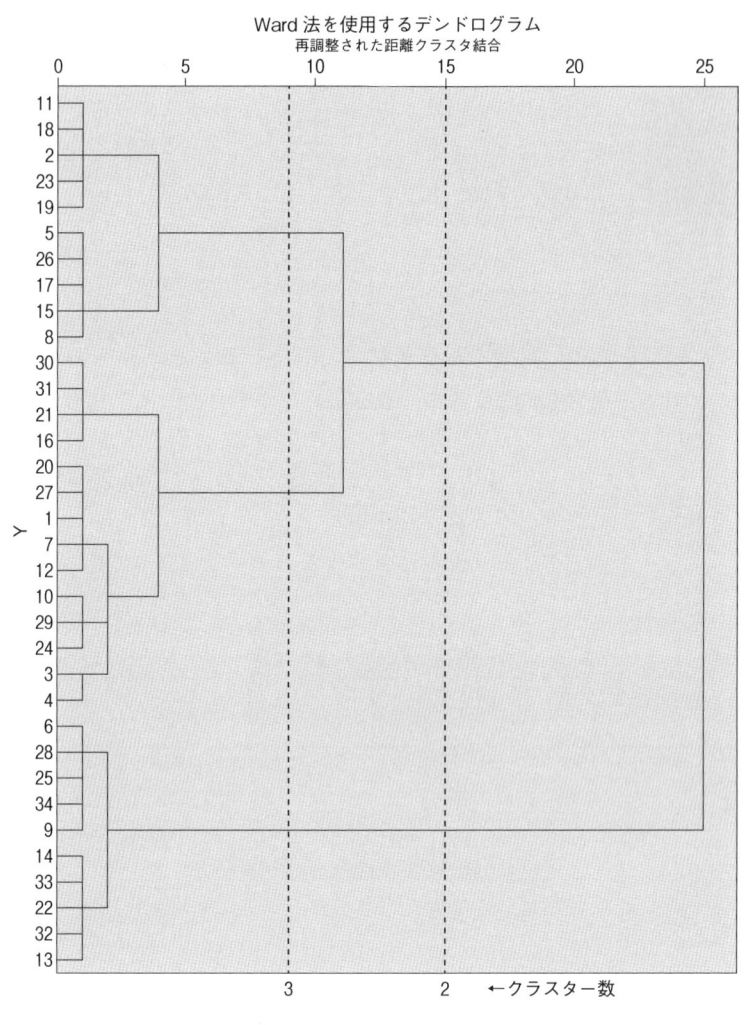

図 13-6 デンドログラムとグループ分け

4-4　クラスター数の決め方

　クラスター数をいくつにするかは，研究者の分析の目的と解釈や説明のしやすさの点から決めることが望ましいでしょう（第 15 章参照）。デンドログラムを眺めて，興味深い類似性のパターンが現れており，よい解釈が得られそうなクラスター数であればそれを採用するというのが原則です。分析結果が正しいか間違っているという議論をする必要はなく，実質的に解釈可能であるクラスターを見出すまで，異なる結合法で何回かデンドログラムを出力してクラスター分けを行います。

　クラスター数の選択のひとつの目安として，係数をみて結合距離が長くなりそうなところで切る方法があります。結合が困難だと距離が長くなります。遠い距離で結ばれるということは，その結合にはかなり無理があることを示しているからです。ここでは，「クラスタ凝集経過工程」の 31 段階から 32 段階に移るときに，距離が長くなっています（36.608 から 54.486）。「デンドログラム」で距離が長くなるところも同時に見て，3 クラスター解を選択します。

4-5　各クラスターの特徴

グループ分けが決まったら，グループの特徴を記述します。まず，各ケースがどのクラスターに所属しているかを明確にします。そして，クラスターごとに各変数の平均値をよく見て，グループによってどのように異なるかという特徴を記述します。一元配置分散分析で「平均値のプロット」を出力すると変数の平均値のクラスターごとの違いがグラフ化されます。そして，読み取った特徴から各グループに慎重に名前をつけます。

① クラスター数を決め，再度，クラスター分析を行うまでの SPSS 操作手順

デンドログラムを出力し，クラスター数を決めてからもう一度クラスター分析を行います。「分析」→「分類」→「階層クラスタ」と進み，「保存」ボタンで「単一の解」を選び，「クラスタの数」を 3 にします。再度，クラスター分析を行うとデータビューと変数ビューに新しいクラスター化変数「CLU3_1」(ラベル名「Ward Method」) が生成し，各ケースがどのクラスターに所属するかデータビューで確認できます (図 13-7)。

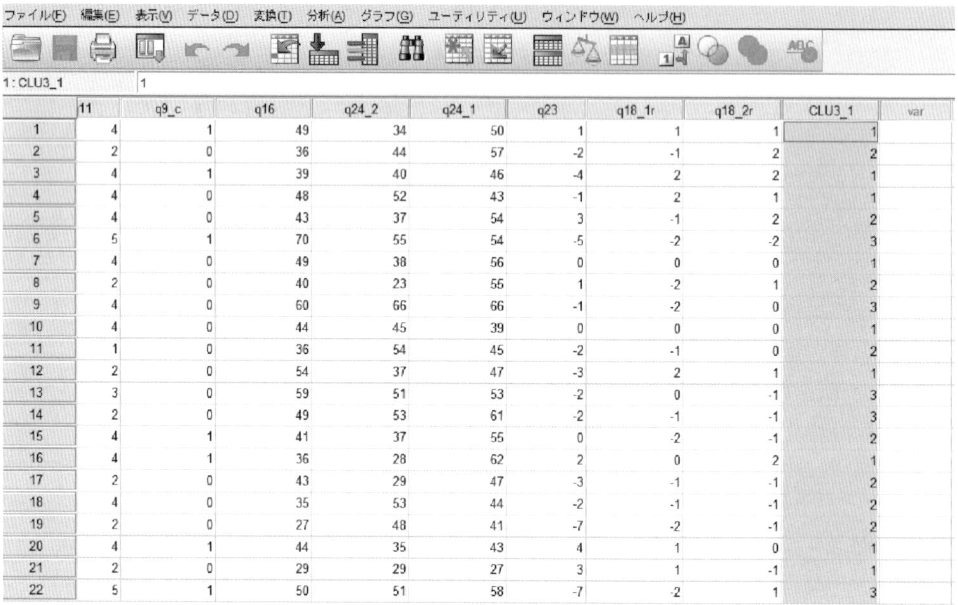

	11	q9_c	q16	q24_2	q24_1	q23	q18_1r	q18_2r	CLU3_1	var
1	4	1	49	34	50	1	1	1	1	
2	2	0	36	44	57	-2	-1	2	2	
3	4	1	39	40	46	-4	2	2	1	
4	4	0	48	52	43	-1	2	1	1	
5	4	0	43	37	54	3	-1	2	2	
6	5	1	70	55	54	-5	-2	-2	3	
7	4	0	49	38	56	0	0	0	1	
8	2	0	40	23	55	1	-2	1	2	
9	4	0	60	66	66	-1	-2	0	3	
10	4	0	44	45	39	0	0	0	1	
11	1	0	36	54	45	-2	-1	0	2	
12	2	0	54	37	47	-3	2	1	1	
13	3	0	59	51	53	-2	0	-1	3	
14	2	0	49	53	61	-2	-1	-1	3	
15	4	1	41	37	55	0	-2	-1	2	
16	4	1	36	28	62	2	0	2	1	
17	2	0	43	29	47	-3	-1	-1	2	
18	4	0	35	53	44	-2	-1	-1	2	
19	2	0	27	48	41	-7	-2	-1	2	
20	4	1	44	35	43	4	1	0	1	
21	2	0	29	29	27	3	1	-1	1	
22	5	1	50	51	58	-7	-2	1	3	

図 13-7　クラスター化変数の生成

② 得られたクラスターと指標に用いた変数の分散分析

得られた所属クラスターを変数として保存したら，それを独立変数，クラスター分析で用いた変数を従属変数とした分散分析を行います。この分析を行うことで，クラスターがうまく分類されているかを統計的にチェックすることができます。従属変数の平均値がクラスター間で有意な差があるかどうかを F 値で判定します (図 13-8)。「分析」→「平均の比較」→「一元配置分散分析」の順に進み，「因子」に Ward 法で生成したクラスター化変数 (Ward Method) を入れます。「従属変数リスト」に，

分類の指標として用いた3つの変数を入れます。「オプション」で「平均値のプロット」にチェックを入れて分散分析を行います。このデータを使った結果は，3つの変数すべてにおいてグループ間の平均値の差が有意でした。

さらに，図13-9の平均値のプロット図から3つのクラスターの特徴を読み取ります。第1グループは，「異文化受容因子」の尺度得点（変数1）が低く，「日本的雇用制度志向因子」の尺度得点（変数2）が高く，「外国語の能力と関心因子」の尺度得点（変数3）が低くなっています。「慎重受容・国内安定志向派」と名づけてみました。第2グループは変数1が低く，変数2も変数3も低くなっています。「慎重受

図13-8　一元配置分散分析の実行

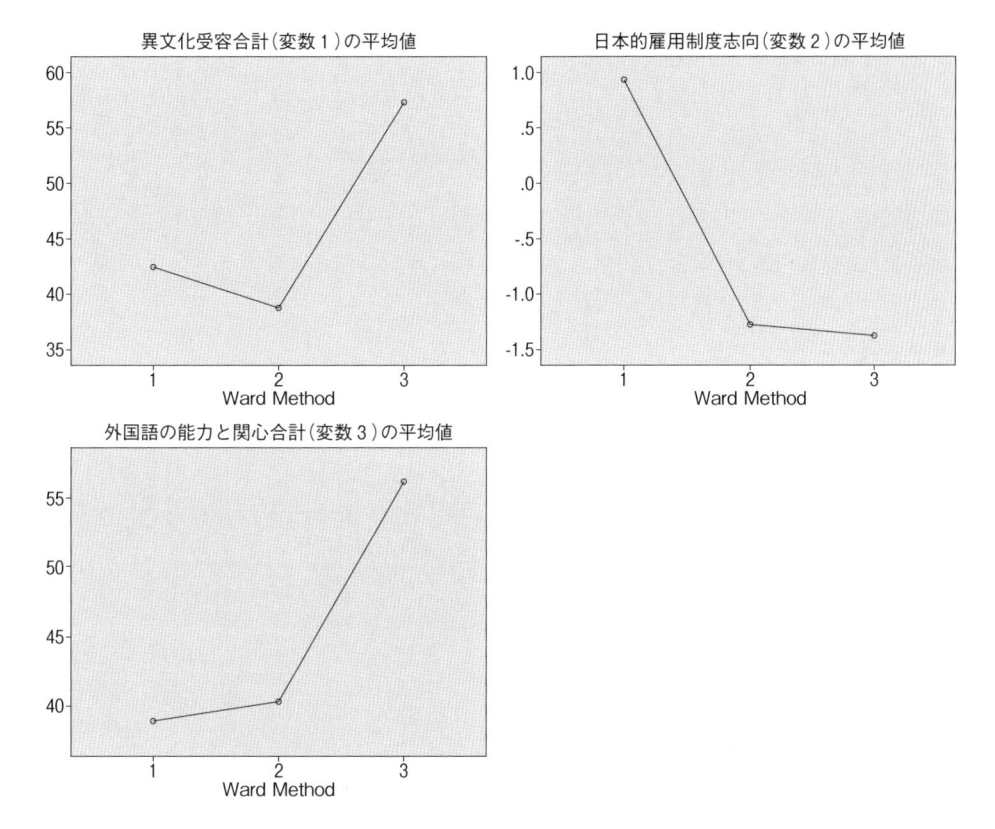

図13-9　3つの変数の平均値—グループごとのプロット—

容・国内競争志向派」と名づけました。第3グループは，変数1が高く，変数2は低く，変数3は高くなっています。「積極的受容・グローバル競争志向派」と名づけてみました。このように慎重に名前をつけることで各クラスターの特徴が明確になり，分析者がどのようにクラスターを解釈しているのかを読者に伝えることができます。

5 クラスター分析の発展

5-1 得られたクラスターと他の変数との関係の分析

　得られたクラスターと他の変数の関係を分析することは，クラスター分析を発展させる上で非常に有効です。指標として使用した変数が他の変数とどのように関係しているかを知ることができるからです。そのためには，クロス集計表による関連性の分析，あるいは，得られたクラスターを独立変数，他の量的変数を従属変数とした分散分析を行います。筆者の例では，特定の意識あるいは態度パターンをもつ各クラスターに属する大学生の性別や外国人材との接触経験の有無を求めてクロス集計表を作成し，カイ2乗検定を行ってクラスター間に統計的に有意な性差や経験差が存在するかを確かめることができるでしょう。あるいは，年齢を従属変数に，各クラスターを独立変数として分散分析を行い，クラスター間に平均年齢の差があるかどうかを確かめることも可能でしょう。このように，指標に使用した変数以外の変数でクラスターの特徴を記述することで，何か訴えてくるものがあるかどうか探索します。

5-2 変数の取り上げ方

　クラスター分析では，測定方法やクラスター化の方法にも増して，指標となる変数として何を取り上げるかが分類の結果を大きく左右します。同じ側面を示していると思われる変数を同時に使うよりもお互いに異なる側面を示していると思われる変数を同時に使うことで，思いもかけない分類が可能になります。また，指標として大量の変数を使いたいという場合，クラスターの解釈はかなり難しくなります。その際，大量の変数を少数の代替変数に縮約してクラスター分析を実行することで解釈や説明が容易になります。

5-3 変数の分類

　本書では取り上げませんでしたが，階層的クラスター分析は，ケースの分類だけではなく変数の分類も可能です。例えば，ある年齢層の女性を対象にした数多くの趣味の評価項目（変数）を分類して，いくつか共通の評価項目群としてまとめたいという場合などです。変数のクラスター分析を行うときには，変数間の類似度を示す指標として距離ではなく一般に「ピアソンの相関」が用いられます。

6 おわりに

　クラスター分析は，一人ひとりの特徴をとらえるのは困難であるため，その集団をいくつかのグループに分けて傾向をつかみたいがどのような分類が考えられるのか想

像がつかないとき，あるいは，だいたいの分類の仕方は想像がつくが具体的にどのケースがどのグループに属するかを知りたいというときに威力を発揮します。分類の対象自体がもっている変数を指標として似た得点パターンを示すケース同士を分類することで，集団内に存在するグループの特徴を知ることができます。よい分類を行うためには，研究分野でよく使用されているクラスター化の方法を選択するか，特に理由がなければ Ward 法やグループ間平均連結法からはじめ，結果を見てより適切な方法はないか模索するのがよいでしょう。そして，指標として用いた変数や他の変数でクラスターの特徴を記述し，よい分類ができているかじっくりと吟味します。

　最後に，クラスター分析の今後の方向性についても述べておきます。クラスター分析は，統計という客観的な方法で分類するとはいえ，クラスター数の決定が研究者にまかされている点に恣意的な部分が残されていると指摘されてきました（竹林, 2014）。そのため，最近は分類の適合性をデータにもとづいて統計的に評価できる潜在クラス分析という方法が登場しています（松永, 2012）。この方法では，母集団が異質な複数の集団の混合によって構成されていると想定した上で，指標となる変数群へのケースの応答パターンを確率モデルとして表現し，ケースをなんらかの潜在クラスに割り当てます。クラス（クラスター）数は異なるクラス数を設定した推定結果を統計的な指標にもとづいて比較することで決定されます。クラスター分析の次のステップを考えている人は，このような利点をもつ潜在クラス分析に進むのがよいでしょう。

引用文献

Everitt, B. S., Landau, S., & Leese, M. (2001). *Cluster analysis* (4th ed.). London: Arnold.
林　雄亮（2007）．クラスター分析　村瀬 洋一・高田 洋・廣瀬 毅士（編著）　SPSSによる多変量解析（pp. 273-298）　オーム社
平山　修平（2014）．外国人材活用問題に関わる大学生の態度決定要因の考察―量的アプローチ―　異文化コミュニケーション学会 2014 年大会発表抄録集, 22-23.
松永　正樹（2012）．これからの「統計」の話をしよう―日本のコミュニケーション研究者のための最先端手法案内　*Human Communication Studies*, *40*, 55-85.
小田　利勝（2007）．ウルトラ・ビギナーのためのSPSSによる統計解析入門　プレアデス出版
小塩　真司（2012）．SPSSとAmosによる心理・調査データ解析　東京図書
Romesburg, H. C. (1989). *Cluster analysis for researchers*. Malabar, FL: Robert E. Krieger Publishing.（西田 英郎・佐藤 嗣二（訳）（1992）．実例クラスター分析　内田老鶴圃）
竹林　由武（2014）．潜在混合分布モデル　小杉 考司・清水 裕士（編著）　M-plusとRによる構造方程式モデリング入門（pp. 228-244）　北大路書房

第14章 計量的テキスト分析の基礎

岡部大祐

1 はじめに

　今日の情報化社会では，膨大な情報が驚くべき速さで蓄積されています。そのような社会的状況においては，大量の情報を迅速に処理するために，コンピュータの力を借りる必要が出てきました。事実，今日では，製品やサービスに関する電話での問い合わせでのオペレーターとのやり取りは録音されることが多くなりました。顧客の「声」としての音声データを文字データ（テキスト）に変換し，製品やサービス向上を目的として分析する企業は少なくありません。また，ソーシャルメディアの普及も，大量の情報の発信・蓄積に拍車をかけています。

　しかし，いかに多くの情報が蓄積されたとしても，そこから意味のあるパターンを発見することは「言うは易し」です。コンピュータをうまく使い，膨大な情報の中から，意味のあるパターンや傾向をつかみとることができれば，問題に対処したり，新しい価値を生み出したりする可能性が高まると考えられます。このような大量の言語データを処理には，コンピュータを用いた計量的アプローチが力を発揮します。その代表的な手法が，20世紀末から関心が高まってきたテキストマイニングです。本章では，計量的なテキスト分析であるテキストマイニングとはどのような手法であるのか，どのような利点があるのか，どのような手順で行うものなのかといった基礎的な事柄について紹介していきます。

2 テキストマイニングの概要

2-1 テキストマイニングとは？

　コミュニケーション研究において言語以外の情報（非言語メッセージ）の重要性は広く知られていますが，現代社会における人間同士のコミュニケーションにおいて中心的な記号は言語であると考えられます。「テキストマイニング」とは，その名称が示すように，「テキスト（text）」すなわち言語データを「採掘すること（mining）」を通じて，新たな知見を生み出す分析手法です。「テキスト」の定義は様々あり得ます

が，ひとまず本章では，テキストを「文字列で記述したコンピュータ処理可能な自然言語による文書・文章」(金, 2012, p. 1) として話を進めることにします。

テキストマイニングという名称が使われるようになったのは，1990年代中頃からだと言われています。テキストマイニングと類似した名称をもつ手法に，「データマイニング (data mining)」があります。データマイニングの目的は，データセットにまたがって観察されるパターンを見出したり，データからノイズを取り除いたりすることで，新たな情報をデータから発見することです。そして，データマイニングは，構造化された，数量的データから新たな知見を得ようとする方法です。例えば，コンビニエンス・ストアの月別の売り上げ表などを想像すると分かりやすいでしょう。売り上げ表には，売れた品物の数量，時間帯，購入者のおおよその年代といった情報が入力されています。これらの情報をもとに，例えば，どのような商品がどのような層の人たちに売れるのかを検討することに使われます。

一方，テキストマイニングは，データマイニングと同様に，データから新しい知識を発見することを目指しますが，自然言語をその分析対象としている点が大きく異なります (藤井・小杉・李, 2005; 稲葉, 2011)。そして，そのデータはデータマイニングとは違い，構造化されたものではありません。例えば，質問紙調査票の自由記述回答欄に書かれたコメントを単に読んでいても，回答の背後に潜む規則性を読み解くことはなかなか困難です。テキストマイニングは，このような非構造化データの「海」から何らかの特徴を発見する手法です。

テキストマイニングは，その定義上，必ずしもコンピュータが必要なわけではありません。しかし，多くの場合，大量のデータを扱うことになるため，現実的にコンピュータの使用はほぼ不可避であると考えられます。そのため，本章で言うテキストマイニングとは，コンピュータを使用して，質的データである言語（テキスト）データに対して計量的分析を施し，整理もしくは分析する手法として話を進めます。

2-2 テキストマイニングの強み

テキストマイニングは，例えば，質問紙調査の自由記述回答欄，コールセンターへの消費者からの要望・苦情，ウェブサイトへの書き込み内容，スパムメールの文章，作文や論文，インタビューデータ，業務日誌などの言語データの解析に有用な手法と言えます (内田, 2010)。ただし，方法は目的に合わせて選ぶことが重要です。そのため，データのタイプというよりは，テキストマイニングが自分の立てた研究設問に答えを与えてくれる（一番よい）方法なのかを考えてみることが大切だと言えます。この点に留意した上で，一般にテキストマイニングの利点とされている特徴を挙げてみます。

（1）焦点化のための探索

第1に，大量のデータに対する焦点化の助けとなることが挙げられます。特定の仮説を立てた上で，その検証をする性質の研究では，焦点がすでに定まっているため，さほど問題にはなりませんが，探索的な性質の研究では，何が注目に値するのかは，（研究者の関心はあるにせよ）前もって決まっていないことが少なくありません。人間

の処理できる情報量には限界があり，時間がかかるのみならず，疲労による見落としもありえます。そのような場合に，データをある程度見やすく整えておくことは，データのどこに注目したらよいのか，手がかりとなり得ます。

例えば，河野（2011）では，膨大なテキスト量を有する特許情報について，テキストマイニングをスクリーニングの方法として用いています。また，テキストにおける頻出語を抽出することで，研究者が想定していなかった語が非常に多く使用されていることが可視化され，新しい探求の方向が開かれることもあり得ます。また別の例としては，井上・いとう（2011）では，PAC（Personal Attitude Construct）分析を用いた過去の研究動向について，テキストマイニングを用いて分析しています。テキストマイニングにおける視覚化の処理は，データ全体の性質をとらえ，分析の焦点化をする上で有用な視点を提供するものと考えられます。

（2）データ解釈過程の明示化

第2に，質的なデータ分析の過程を明示化することによって，信頼性を確保できることが挙げられます（藤井・小杉・李，2005）。数量的データと比べ，言語データでは，データに対して様々な解釈が生じやすくなります。そのため，主に言語データを扱う質的研究では，データへの解釈が恣意的であるという批判がされがちです。どのようにして特定の解釈に至ったのかが，不透明であるということが問題となるわけです。この問題に，テキストマイニングはひとつの解決策を与えてくれます。

テキストマイニングでは計量的なデータ処理を施すため，例えば，なぜデータの特定の箇所に注目したのかといった疑問に対して，数量的に際立っていることを根拠として説明できます。このような数量的なデータにもとづいた解釈では，解釈過程が読者に開かれています。そのため，読者が解釈の適切性を吟味できますし，第三者が同様の手続きによって同一もしくは類似のデータを検討することができますので，信頼性を確保することもできます。ただし，とりわけ質的研究に従事する研究者の中には，テキストマイニングが質的研究の「弱点」である信頼性を高めるという主張には異論を唱える人がいることが予想されます。つまり，質的研究は量的研究とは異なる評価基準によって評価されるべきであり，信頼性の有無を質的研究の弱みだと考えない立場の人もいるためです。研究の評価基準の論争は重要なトピックではありますが，本章の範囲を超えてしまうため，研究の背景にある哲学的な問題に関心のある読者は，関連文献を参照してください（例えば，Willig（2001）の第1章や第9章など）。

3 テキストマイニングによるデータ分析

前節でのテキストマイニングの概要を踏まえ，本節では，具体的なデータ分析の手順について述べていきます。ここでは樋口（2014）にならい，テキストマイニングの分析を，コンピュータを使って自動処理をする段階（段階1）と，分析者が関心に従いデータを分析する段階（段階2）の2つに分けて考えていきます。本章では，段階1にあたる部分を解説し，第15章の「計量的テキスト分析の応用」で，段階2の部分を扱うことになります。

3-1 データの整形

　テキストマイニングでは，単にテキスト情報が手元にあるだけでは分析はできません。料理をする際に，食材に下準備が必要なように，テキストマイニングでも，分析対象となるテキストをふさわしい形へと整えておく必要があります。つまり，分析に先立って，分析目的との関係において意味があまりないと判断される情報を削除したり，修正したりします。なぜこのような作業が必要なのでしょうか。それは，テキストマイニングでは，数量的な処理を行いますので，それが意味のあるものであるかにかかわらず，何らかのパターンを抽出することによります。例えば，がん治療に関する新聞記事をデータとして，どのような特徴があるかを見たい場合，「がん」あるいは「癌」という語は，当然，何よりも頻出すると予想されます。その結果から，「メディアは，がん治療に関して報道する際に，がんについて非常に多く語っていることが分かった」という結論は，ほとんど何の役にも立たないでしょう。せっかく分析をしても，分かりきった，ありきたりの発見では，分析する甲斐がありません。そのため，下準備が必要になるのです。この作業は，テキストのクリーニングとも呼ばれ，テキストマイニングの分析結果に直接的な影響を与えるため，丁寧な処理が求められます（金，2012）。もちろん，当然視されていたけれども，数量的に検討した結果，思わぬ発見があったということもありますから，テキストのクリーニングは最小限のところから始め，試行錯誤していくことをお勧めします。

3-2 分析過程（1）：形態素解析

　テキストマイニングによる分析の第1歩は，形態素解析（morphological analysis）と呼ばれる処理を行うことです。形態素解析は，「分かち書き」とも呼ばれ，「テキストデータに含まれる文章を品詞ごとに区切られた語句に分割する」（稲葉，2011, pp. 230-231）処理のことです。より単純化して言えば，テキストを，形態素という言語学的に意味をもつ最小の単位に分け，その単位の品詞を示す作業が形態素解析です。

　日本語に対応した形態素解析のフリー・ソフトウェアの例として，「茶筌（ChaSen）」「MeCab」「JUMAN」などがあります。各ソフトウェアはインターネット上でダウンロードすることができます。これらのソフトウェアは「習うより慣れろ」というところがありますので，まずは実際に使ってみて，感触をつかんでみるとよいでしょう。

　では，形態素解析の一例として，「がんと診断された」という文を考えてみましょう。この文を上述した「JUMAN」を使って形態素解析した場合，以下のような形態素に分割され，品詞を付与されます。

形態素	がん	と	診断	さ	れた
品詞	名詞	助詞	名詞	動詞	接尾辞

　形態素解析をすることの意義は，名詞や動詞といった文の主題を構成する要素と，助詞や助動詞といった一般的な要素が区別され，テキストデータの内容を表す語に注目できるようになることです。

3-3 分析過程（2）：構文解析

分析の第2段階として，構文解析（syntactic analysis）と呼ばれるものがあります。これは，第1段階の形態素解析で抽出した語同士の関係性を明らかにする処理となります。例えば，「難しいがんと診断された」を構文解析すると，下のように語と語の関係（係り受け）が示されることになります。

```
難しい ──┐
    がんと ──┐
        診断された
```

これは「難しい」という形容詞が，「がんと」という名詞と助詞に係り，「がんと」が，「診断された」という名詞（診断），動詞（する），接尾辞（れる）のかたまりに係っているという構造が示されています。形態素解析と同様に，日本語の構文解析に利用可能なフリーのソフトウェアには，例えば，「KNP」や「CaboCha」等が存在します。

3-4 分析過程（3）視覚化と解釈

形態素解析や構文解析によって数量的にテキストの性質を分析した後，対応分析（correspondence analysis）や本書第13章で扱っているクラスター分析（cluster analysis）等の手法により，データの解釈を容易にする視覚化がなされます。視覚化は，読み手が物事（概念等）の関係性をつかむ際に助けとなります。テキストマイニングでの視覚化の方法や実際の分析の詳細は，第15章を参照してください。

4 テキストマイニングの実践例—頻出語の自動抽出を中心に

本節では，テキストマイニングのツールである「KH Coder」を用いて実際のデータの分析事例を示しながら，テキストマイニングの分析の流れを見ていきます。KH Coderは計量テキスト分析のために開発されたフリー・ソフトウェアで，インターネット上からダウンロードすることができます。なお，KH Coderの製作背景や使用方法等の，より詳細な点については，樋口（2014）を参照してください。

4-1 分析データについて

以下では実際にデータ分析の例を見ていきます。分析に先立ち，本章で扱う分析対象となるデータについて簡単に説明しておきます。データは，公益財団法人日本対がん協会の発行する協会広報誌である「対がん協会報」（以下，会報と略します）の特定の記事に焦点化して分析を行います。ここでは，日本対がん協会が主催するがん啓発チャリティ・イベント「リレー・フォー・ライフ（Relay For Life）」の活動を通じて，主催団体が，どのようなメッセージを発信しているかをテキストマイニングの手法によって探索してみます。分析によって，研究者がデータからとらえる「印象」ではなく，定量的なデータにもとづいてイベントの発信する価値観を可視化できることが期

待されます。

　「対がん協会報」には日本対がん協会の様々な活動報告が記載されていますので，上述の目的に照らして，以下の手順で分析対象の選定を行いました。まず，分析対象となるデータは，「リレー・フォー・ライフ」について言及している記事に限定しました。次に，物語の登場人物の発することば（声）には，物語の著者の声が重ねられているという言語研究者バフチン（バフチン，伊東訳 1996）の洞察を踏まえ，会報の登場人物であるイベント参加者たちのことば（の引用）に注目しました。つまり，参加者の語りを含むデータに絞り，結果として，48件の参加者の語りを含む記事をデータとしました。このような条件に沿うデータをコンピュータによるコーディングによって抽出することも可能であるとは考えられますが，コーディング・ルールの設定が複雑になってしまうこと，全データ量がそれほど多くないという理由から，今回の事例では人間の目による取捨選択の方法を採用しています。コンピュータ・コーディングの今後の展望については，樋口（2014）の第7章の記述も参照してください。

　今回使用するデータは相対的な量としては大量のデータではありませんが，テキストマイニングの分析の概要をつかむという本章の目的には適うものと考えます。以下では，このデータをもとに分析を進めていきます。

4-2　データ分析例

　まず，KH Coder による前処理として形態素解析を行います。なお，本章で具体例を示す KH Coder による分析には構文解析は含まれていません。分析対象となるデータは，テキスト形式（*.txt）の形で用意しておきます。KH Coder を起動し，画面上部にあるメニュー「プロジェクト」から「新規」を選択し，用意しておいたデータファイルを読み込みます（図 14-1）。

図 14-1　KH Coder のデータファイルの読み込み画面

　ファイルを読み込んだら，形態素解析を行います。メニューの「前処理」を選択し，「前処理の実行」を選択すれば，形態素解析が自動で行われます。形態素解析の処理で抽出された語のリストを確認するには，メニューの「ツール」，「抽出語」から「抽出語リスト」を選択します。抽出語のリストは，品詞別や，品詞に関係なくデータ全体で高い頻度で出現した語（頻出 150 語）の形で出力できます。ここでは，デー

抽出語	出現回数	抽出語	出現回数	抽出語	出現回数
リレー	122	活動	12	声	8
ライフ	72	協会	12	対がん	8
参加	70	見る	12	不安	8
人	59	東京	12	聞く	8
患者	57	命	12	北海道	8
思う	42	芦屋	11	夜	8
委員	33	応援	11	理解	8
イベント	32	楽しい	11	話す	8
チーム	32	迎える	11	9月	7
実行	31	行う	11	サポート	7
時間	27	支える	11	スタッフ	7
家族	26	支援	11	メンバー	7
開催	22	準備	11	一般	7
寄付	22	病気	11	過ごす	7
勇気	22	本当に	11	癌	7
仲間	21	力	11	企業	7
年	19	一緒	10	経験	7
医療	18	協力	10	今年	7
会場	18	元気	10	始まる	7
前	18	言う	10	増える	7
皆さん	17	市民	10	闘う	7
気持ち	17	集まる	10	日々	7
生きる	17	出来る	10	発見	7
日本	17	笑顔	10	目	7
皆様	16	心	10	ひとつ	6
感動	16	全体	10	テレビ	6
思い	16	早期	10	トラック	6
持つ	16	地元	10	リーダーシップ	6
受ける	16	当日	10	意味	6
想い	16	得る	10	遺族	6
大会	16	来る	10	沖縄	6
歩く	16	それぞれ	9	関係	6
ボランティア	15	たくさん	9	機会	6
感謝	15	つくば	9	胸	6
啓発	15	初めて	9	言葉	6
治療	15	沢山	9	語る	6
自分	15	伝える	9	最初	6
社会	15	徳島	9	姿	6
アメリカ	14	来年	9	実現	6
考える	14	リエ	8	終わる	6
知る	14	ルミ	8	出会う	6
ライフ	13	意識	8	少ない	6
感じる	13	違う	8	情報	6
希望	13	向き合う	8	進める	6
検診	13	向ける	8	体調	6
今	13	行く	8	大きい	6
全国	13	手術	8	大切	6
多く	13	集う	8	乳がん	6
方々	13	場	8	無事	6
開く	12	人々	8	様々	6

図14-2 頻出150語の出力表

タ全体の様子をつかむために「頻出150語」を選択し，得られたものが図14-2です。なお，150語という数は，KH Coderの開発者によれば，「A4またはB5サイズの用紙1枚におさまる頻出語表を容易に作成できるように」（樋口，2014, p. 136）という意図のもとに設定されています。この目的に適うように，助詞等のいくつかの品詞は除外されます。

　図14-2を一瞥して分かるのは，肯定的な情動との関連をもつ語が多く見られることでしょう。例えば，「勇気」22回,「感動」16回,「感謝」15回,「希望」13回などの名詞や,「支える」11回,「向き合う」8回,「闘う」7回といった動詞も見られます。一方，否定的な情動との関連をもつ語は，「不安」8回が見られるのみです。ここから，例えば，闘病記で見られるようながん体験における否定的な語りは少なく，「前向き」な語りが中心であることをうかがい知ることができます。唯一否定的な感情表現である「不安」についても，KH Coderに備わっている，抽出語が使用されている前後を確認できる「KWIC（Keyword In Context）コンコーダンス」機能を使って使用文脈を確認したところ，8回のうち4回は，運営側の人が大会を開催するにあたって感じた不安であることが分かります（図14-3）。

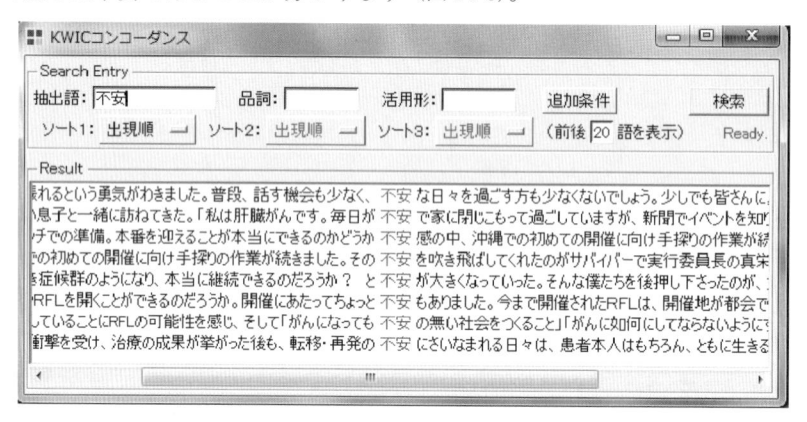

図14-3　KWICコンコーダンスによるデータ内での語の用いられ方の検討

また,「リレー・フォー・ライフ」発祥の地である米国では，"Fight against cancer"（がんと闘おう）といった表現がスローガンとして掲げられ，また，"eliminate"（撲滅する）といった表現も見られるなど，がんを戦争のメタファーで語るような傾向が見られるのですが，本データでは「闘う」ということばが7回しか出てきていません。つまり，日本のイベントではがんとの向き合い方において攻撃的な側面が後景化していることもうかがえます。このような違いから，同じイベントでありながら，（望ましい）がんとの向き合い方の表象の仕方についての日米比較文化研究という新たな研究も考えられるでしょう。

　しかし，図14-2には,「リエ」「ルミ」という意味の不明瞭な語が含まれてもいます。さらに,「ライフ」という語が2つに分かれて出現していることが分かります。このように，疑問に思う点は，元のデータに戻り，ひとつひとつ確認することが大切です。

　前者はイベント内のセレモニーで，メッセージを書いたペーパーバッグにキャンドルを入れて灯す「ルミナリエ」(luminaria) ということばが,「リエ」や「ルミ」と

いった人名と認識されて分解，抽出されたものと推察されます。KWIC コンコーダンスで「ルミ」「リエ」それぞれの使用文脈を確認したところ，「ルミナリエ」の一部であることが確認できました。後者についても KWIC コンコーダンスで確認してみると，「ライフ」という語は，すべてイベント名である「リレー・フォー・ライフ（あるいはリレーフォーライフ）」の一部ですが，「リレー・フォー・ライフ」と，その後ろに開催地名が付された大会名を別のものとして扱っていることが分かりました。

しかし，例えば，「リレー・フォー・ライフ」というイベント名が多く言及されることは当然予想されることです。このような，頻出はするけれどもデータを特徴づける語ではない語については，かえってデータ全体の特徴をつかみづらくする場合があります。他にも，「参加」のように，データの性質上，イベントに参加した人の引用に注目していることから自明であるものや，「人」や「思う」のような一般的な語もデータを特徴づけるものではないと考えられます。そのような場合は，特定の語は分析から外してしまうということもひとつの方法です。KH Coder の場合，メニュー「前処理」の「語の取捨選択」を選び，「リレー・フォー・ライフ」「リレーフォーライフ」「リレー」を「強制抽出する語の指定」，「使用しない語の指定」の両方に入力します。このような処理をすることで，形態素解析で特定の語を頻出語としてカウントしなくなり，テキストデータの特徴が見やすくなると考えられます。

さらに，「頻出 150 語」ではなく，品詞ごとの頻出語彙リストも確認したところ，未知語に分類されている「サバイバー」という語が 52 回出現していることが分かりました。52 回は「頻出 150 語」で上位に抽出された語と同程度の頻度であることに注意してください。「サバイバー」ということばに馴染みのない読者もいると推察しますので，ごく簡単に解説します。「サバイバー」とは，がんに罹患した人を「がん患者」という受け身の，他者からラベルを与えられる受動的な存在としてとらえるのではなく，「生きぬく（survive）」主体としてとらえ直す思想にもとづく名称です（高橋，2008）。主に欧米で使われ，日本国内でもがん看護の領域の他，ドメスティック・バイオレンスの領域等で使用されています。しかし，KH Coder の「頻出 150 語」のデフォルト設定で出力した場合，「サバイバー」は抽出されません。この理由は，（現時点においては）「頻出 150 語」に「未知語」は含まれず，「サバイバー」は未知語に分類されるためです。そのため，KH Coder の「強制的に抽出する語」に「サバイバー」を設定し，再度，前処理を実施することが考えられます。

以上のような語の取捨選択をした上で，再度形態素解析を実施し，分かりやすくするため，150 語の 10 分の 1 である上位 15 語を表にしたものが図 14-4 です。語の取捨選択を行い，データを整理した上で表を観察すると，「サバイバー」と極めて類似した意味をもつ「患者」という 2 つの語が同程度の頻度で用いられていることが目につきます。コンコーダンス機能で確認すると，例えば，以下のように使用されていました。

> 父親をがんで亡くし，「薬のことではサポートできなかったけれど，がん患者さんのために何ができるのか」という思いを胸にリレーに携わってきた。サバイバーと触れ合うことで「本当に求めているもの」を肌で感じてきた。

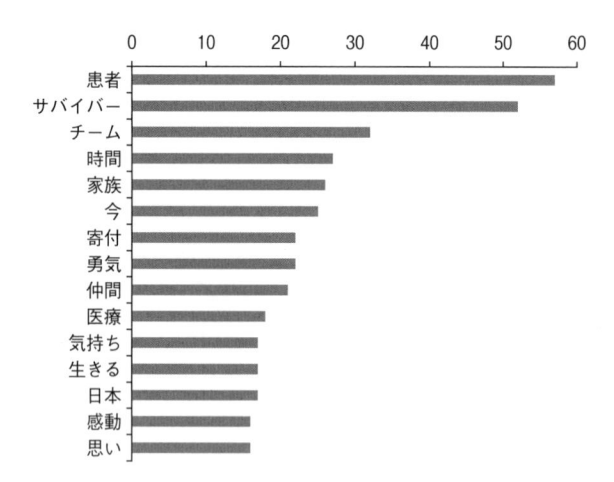

図 14-4　語の取捨選択後の頻出語リストの上位 15 語

　上のデータは直接引用の形ではありませんが，注目したい点は，主催団体である日本対がん協会による報告記事の中で，「患者」と「サバイバー」という語の明確な使い分けがされているわけではないと推察されることです。つまり，その是非は別にして，「サバイバー」ということばの使用は，欧米でのような病気を患う人のとらえ直しという（言語的）実践とはなっていないということがうかがえます。
　この推測が数量的に支持されるかどうかを検討することもできます。KH Coder では，「関連語検索」という機能があり，語同士の関連度合を調べることができます。図 14-5 は「サバイバー」という語の関連語を検討した結果です。

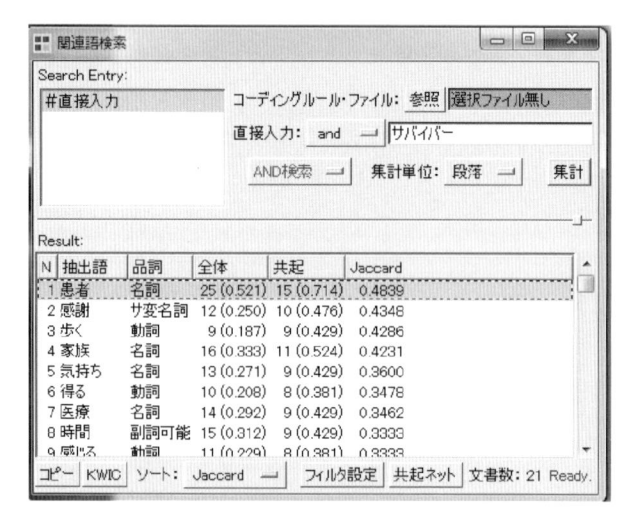

図 14-5　関連語検索による共起度合いの検討

　結果，最も共起の度合いが高い語に「患者」が挙がっていることが確認できました。図中のJaccardとは，ジャカード係数（Jaccard index）と呼ばれる 2 つの集合の類似性を表す値です。ジャカード係数（J）は，2 つの集合をそれぞれ A，B とした場合，以下の式で求められます。

$$J(A, B) = \frac{|A \cap B|}{|A \cup B|}$$

上の式では，分子は集合 A と集合 B の両方に共通して含まれる要素を表し，分母は集合 A もしくは集合 B に含まれる要素を表しています。ジャカード係数は 0 から 1 までの値を取り，集合同士の関連性が強い程，1 に近づきます（樋口，2014）。上記の例について言えば，「サバイバー」は，「患者」との共起の程度が他の語よりも相対的に高いことのみならず，「感謝」「気持ち」「感じる」といった語との共起があることが分かります。

以上のようなデータにおける頻出語の特徴から，日本に「リレー・フォー・ライフ」がどのように受け入れられていく（いった）のかを社会制度や思想の土着化というマクロな観点から探求していくこともできるでしょうし，あるいは，よりミクロに，イベント参加者たちが「サバイバー」という語をどのようにとらえているのかといった，内部者の視点を探る研究へ向かうこともできるでしょう。このような洞察は，当初は想定していなかったけれども，自動処理による数量的結果から，新たな問いが喚起された例と言えるでしょう。

図 14-4 のグラフからは他にも，イベントは「勇気」を与える，あるいは与えられる場であること，そこでは「仲間」と出会いや協力があること，そして，「今」を「生きる」「気持ち」が語られているのではないかといったことが推測できます。また，「患者」あるいは「サバイバー」に次いで，イベントで主要な参加者として「家族」が位置づけられていることもうかがうことができます。これらを足がかりに，コンコーダンス機能で自分の推測を確かめ，必要に応じてさらに語を取捨選択し，データの特徴をつかんでいくことができます。本項でのデータは相対的に少数ですが，実際にテキストマイニングで用いられるデータ量は膨大なものであることが少なくありません。そのため，ここで行ったようなデータの特徴をとらえる分析が力を発揮するでしょう。

本項では，テキストマイニングの重要な要素である形態素解析を用いて，頻出語という観点からデータを検討してきました。形態素解析や構文解析は，テキストマイニングの手法においては，「前処理」と呼ばれることもあり，分析にとって周辺的なものと見る読者もいるかもしれません。しかし，形態素解析および構文解析は，自動処理の部分，すなわち計量的なテキスト分析を特徴づける部分と言えます。そして，ここまで見てきたように，自動処理で抽出された頻出語のリストを丁寧に検討することは，データで注目すべき点や，新たな研究の方向性を発見するプロセスであると言えます。

4-3 自動処理とエスノグラフィックな知識の関係

本節で示した事例での「サバイバー」という語のように，複数のデータ出力を検討することで見落とさずに済むものもありますが，特定のタイプのテキストでは，語り手や書き手が属する社会集団において，特別な意味合いを与えられている語や表現が存在することが少なくありません。仮にコンコーダンス機能等を使って，頻度の高い

とされる語が使用されている前後を確認するとしても，出現頻度の高い語が必ずしも重要とは限らず，またその逆もあり得ます（稲葉, 2011）。

本章で示した分析例の過程からも分かるように，テキストマイニングの分析は，確かにコンピュータによる自動処理が大きな特徴ではありますが，コンピュータに任せて自動的に意味のある分析結果が出てくる性質のものではありません。実際には，分析者自身がもつ先行知識や，データが発生した現場に関するエスノグラフィックなデータなしには，有意味なパターンを認識することは難しいかもしれません。前述したように，テキストマイニングも他の研究方法と同様，あくまでも研究目的を達成するための手段であることを心に留め，個々のデータと出力結果を絶えず往復する，データに密着した分析が不可欠なものと言えるでしょう。

4-4 テキストマイニングの限界

すべての研究方法がそうであるように，テキストマイニングにも限界はあります。限界をよく知っておくことは，テキストマイニングの手法を適切な研究目的に採用することを可能にします。また，限界を乗り越える新しい方法の着想につながる可能性もあります。

まず，第1に，すべての言語データを扱う方法に当てはまる問題として，言語化されたものが，その語り手の意図を反映しているとは保証されないことが挙げられます。第2に，コンピュータによる処理では，文章全体がもつ意味を扱うことが難しいことが挙げられます。例えば，「楽しいと思うことはない」という文は「楽しい／と／思う／こと／は／ない」と分割され，この文の意味は（おそらく）楽しくない，という否定的なものであるにもかかわらず，頻度分析上は，「楽しい」のひとつにカウントされることになります（藤井・小杉・李, 2005）。第3に，ことばの揺れや同義語の処理に限界がある点も指摘されています。物事は多様なやり方で記述されるため，コンピュータが処理できる範囲には限界があります。何をどこまで同義語とみなすかは，分析者に委ねられますので，分類の根拠を示した上で分析を進める必要があります。最後に，解析ソフトによる自動的な抽象化はまだ困難であることが挙げられます。ソフトウェアによっては辞書機能を備えたツールもあります。しかし，これについても範疇化の適切さを自動的に判断することはできず，この点については研究者が自らの先行知識と照合していく必要があります。現状では，研究者がデータを取り巻くコンテキストに精通していること，つまり，前節で述べたエスノグラフィックな情報によって補完していくことが必要となるでしょう。

5 おわりに

本章では，テキストマイニングの目的，強み，データ分析の流れ，限界について概観し，出版物である会報を例としてテキストマイニングの手法を示してきました。本章は特に，形態素解析から得られる頻出語を使って，データの特徴をつかみ，洞察を得る探索的な過程を扱いました。

近年では，2013年には雑誌『看護研究』（医学書院）にテキストマイニングの特集

号が組まれるなど，テキストマイニングは保健医療系の研究でも活発に用いられるようになってきています。テキストマイニングは比較的新しい手法であり，使用される領域が拡大していく中で，今後様々な応用可能性が模索されていくものと考えられます。

最後に再度強調しておきたいことは，テキストマイニングはテキストデータを入力し，ソフトウェアを操作すれば，有意味な結果が得られるものではないということです。確かに，頻度分析のように頻出した語を抽出したリストを自動的に作成してくれますが，それが意味のあるものであるかは，研究目的次第です。例えば，インタビューデータの逐語録を使って，語り手が語った「内容」よりも，その「語り方」に関心がある場合には，頻出150語では除外されてしまう助詞や助動詞が重要な意味をもってくると考えられます。その場合，品詞別のリストを参照し，コンコーダンス機能で語の使用されるコンテキストを確認しながら，分析を進めていく方が適切であると考えられます。

引用文献

バフチン，ミハイル／伊東一郎（訳）(1996). 小説の言葉　平凡社
藤井 美和・小杉 考司・李 政元 (2005). 福祉・心理・看護のテキストマイニング入門　中央法規出版
樋口 耕一 (2014). 社会調査のための計量テキスト分析—内容分析の継承と発展を目指して—　ナカニシヤ出版
稲葉 光行 (2011). テキストマイニング　末田 清子・抱井 尚子・田崎 勝也・猿橋 順子（編著）コミュニケーション研究法 (pp. 226-244)　ナカニシヤ出版
井上 孝代・いとう たけひこ (2011). ミックス法としてのPAC分析　内藤 哲雄・井上 孝代・いとう たけひこ・岸 太一（編著）PAC分析研究・実践集2 (pp. 139-156)　ナカニシヤ出版
金 明哲 (2012). コーパスとテキストマイニング　石田 基広・金 明哲（編著）コーパスとテキストマイニング (pp. 1-14)　共立出版
河野 康成 (2011). 花王・P&G・ユニリーバの特許分析　豊田 裕貴・菰田 文男（編著）特許情報のテキストマイニング—技術経営のパラダイム転換— (pp. 154-176)　ミネルヴァ書房
高橋 都 (2008).「がんサバイバーシップ」という言葉が意味するもの　高橋 都・一ノ瀬 正樹（編著）死生学5 医と法をめぐる生死の境界 (pp. 9-30)　東京大学出版会
内田 治 (2010). 数量化理論とテキストマイニング　日科技連
Willig, C. (2001). *Introducing qualitative research in psychology: Adventures in theory and method.* Buckingham, UK: Open University Press.（上淵 寿・大家 まゆみ・小松 孝至（共訳）(2003). 心理学のための質的研究法入門　培風館）

第15章 計量的テキスト分析の応用

河野康成・岡部大祐

1 はじめに

　技術の進歩により，莫大な量のテキスト情報が集積可能になる一方で，とりわけ，蓄積されたテキスト情報は，有効に活用されてきませんでした。しかし近年，多量性，多種性，リアルタイム性を特徴とする「ビッグデータ」と呼ばれるデータの活用が議論され，主にテキストマイニングの名のもとに計量的なテキスト分析はその一翼を担っています。

　テキスト分析はビジネス領域に限定されるものではなく，私たちの日常的なコミュニケーションを改めて考えてみる際にも有用な手法となります。例えば，闘病ドキュメンタリーを見て感動するのは，社会に流布する特定の価値観による部分があると考え，新聞や雑誌などの既存文書（テキスト）を分析することで，そこに埋め込まれている暗黙の価値観を見いだすことができます。また，ある集団（企業等）で所属する人々（従業員等）を管理する立場では，円滑な活動のために，彼らの不満を解消していく必要があります。調査において，選択式のみならず自由記述式の質問によって得られた回答を計量的にテキスト分析することで，多種多様な要望や不満の中から効率的に特徴をつかみ，改善策の策定に役立てられるかもしれません。

　第14章では，コンピュータを使って自動処理を行い，データの特徴をとらえる方法を紹介・解説しました。本章では，前章の内容を前提として，多変量解析を用いたテキスト分析を紹介・解説していきます。本章では，テキストデータの取得方法の異なるふたつのタイプのデータ，すなわち，分析者の手が加えられていない既存文書と分析者の研究設問（research question）に従って作成される自由回答を取り扱います。既存文書の事例では，初学者が気軽に始められるフリーソフトウェアである第14章で紹介したKH Coderを用いた分析を紹介します。自由回答の事例では，NTTデータ数理システムによる有料ソフトウェア Text Mining Studio を用いた分析をそれぞれ紹介・解説をしていきます。

　分析内容としては，文章中におけるトピックを分類するクラスター分析・多次元尺度構成法，単語間の結びつきを図式化することばネットワーク分析，属性別の特徴を

とらえる特徴分析を解説します。

2 データとしての既存文書と自由回答

2-1 既存文書のテキスト分析

　既存の文書は，インタビューで引き出された語りを書き起こしたものや，後で見る質問紙の自由回答欄に記入されたもののように，調査目的に沿って引き出された文書ではなく，政府の報告書等の公文書，新聞や雑誌等のマスメディアの記事，インターネット上の議論などがその例として挙げられます。一般の人々に向けて発信されている文書は，価値中立なものではなく，その作成者が特定の関心にもとづき，特定の視点から構成したものと言えます。つまり，これらの文書の分析を通じて，表面的なメッセージのみならず，作成者（個人や集団）の（意識的あるいは無意識的な）暗黙のメッセージをも探究することができます。

　また，既存の文書の活用は，研究遂行上の時間を短縮でき，研究実現性を高めるという利点があります。通常，研究者自身はデータ収集のために質問紙調査やインタビュー調査を実施します。さらに，そのデータを分析するために，後者であればインタビュー・データの書き起こしをする必要もあります。これらの手続きに要する時間は相当なものです。一方，既存の文書はそのような作業時間が省略できるので，限られた時間での研究の実現可能性が高くなるという利点が挙げられます。近年は，新聞や書籍等の紙媒体の電子化が進んできたことで，活用できるデータの範囲が格段に広がりました。そのため，分析対象のテキストデータを準備することが容易になり，様々な種類の分析が迅速に行えるようになっています。

2-2 自由回答のテキスト分析

　自由記述式の質問文は，研究設問を設定し，それにもとづいて作成されます。2-1節で取り扱った既存文書との違いは，分析対象となるテキストに対して操作性があるかないかにあります。既存文書がある意味自然体（分析用に作成されたものではない）であるのに対して，自由記述式調査項目では分析者が得たいと思う情報を意図的に回答者から抽出します。そのため，質問文の内容や表現によって結果も左右されますので，回答者の立場に立って考えるなど慎重に作成しなければなりません。予備調査で，最低限，回答のパターンを確認し，必要とあれば修正します。

　これまで自由記述式質問項目は，質問紙などの調査において，選択肢の補完として使われることが多く，時として分析されていないケースも少なくありませんでした。特に，未回答が選択肢の場合より多いので，回答しやすいように質問文を作成しなければなりません。データの取得方法も，質問紙のような紙媒体に書くよりはWeb調査で記入する方式の方が，回答率・回答量（字数）ともに高い傾向があります。

　基本的に，既存文書と自由回答の分析方法に変わりはありません。ただし，両者ともテキスト量（単語数）が多い場合には，対象を一文にするのか節や章にするのか，それとも文章全体にするのかなどの設定に十分注意を払わなければなりません。分析単位について，KH Coderは文と段落等，Text Mining Studioは文章と行に分けられ

ています。KH Coder の文と Text Mining Studio の文章は，ともに「。」(「？」,「！」)などが境界線となり一文と判断しています。KH Coder の段落や Text Mining Studio の行はともに初期値として設定されていますが，広範囲となるため，分析結果の統計指標の値はよくなりますが，一方で解釈困難なケースが出現する可能性も少なくありません。どちらを対象とするかは，対象となるデータの特性やデータ量を考慮した上で分析者が判断することとなります。簡易な方法としては，両方の分析単位で施し，結果を比較してみることです。

　自由回答のテキスト分析は，一般的な量的方法のように検証的に分析することも可能ですが，主に探索的に行われることが多いという特徴をもっています。例えば，量的方法の場合は，前もって変数（選択肢等）を設定しますが，テキスト分析は，結果的に抽出された単語を変数とみなします。コーディングについても，プレコーディング（調査前に項目設定）よりも，調査結果が出てからアフターコーディング（調査後に項目設定）によって行われるケースの方が多いと思われます。コーディングは，似たような意味の単語や文章をそれぞれまとめてカテゴリ化することを意味しています。

3　テキストの多変量解析

3-1 トピックを分類する―クラスター分析と多次元尺度構成法―

（1）データ概要

　本節では，既存文書を用いて，その文書のトピックを分類する手法を紹介します。扱う文書は，第 14 章でも扱った公益財団法人日本対がん協会が発行する「会報」の記事です。ただし，第 14 章のデータよりも広範なデータとして，がん啓発チャリティ・イベントであるリレー・フォー・ライフについて言及している記事を対象とします。分析に使用する会報の時期は，リレー・フォー・ライフが日本で開始された 2006 年 9 月より 1 か月前の 2006 年 8 月から，現在（2014 年 11 月）までの約 8 年分としました。これは，初開催直前から最近までの会報を対象とすることで，会報でのイベント記事をほぼカバーすることができると期待されるためです。

　データ分析に先立ち，前処理として形態素解析を行います。データのクリーニングを行う理由は第 14 章で解説されているように，言語データを単に自動処理にかけるだけでは，有意味な解釈が引き出せないことが少なくないためです。具体的なデータのクリーニング方法としては，第一に，何も制限を加えずに前処理を行います。第二に，トピックである「がん」（「癌」）やイベント名である「リレー・フォー・ライフ」などのデータの性質から当然予想されデータの特徴を見る上であまり有用でないと考えられる語は，「語の取捨選択」オプションであらかじめ除外しました。なお，分析対象とする語の品詞を，名詞や形容詞等のテキストの内容を表す傾向のある品詞にあらかじめ絞り込む場合がありますが，KH Coder では個々の分析を実施する段階で，品詞を限定することができます。そのため，前処理の段階で特定の品詞の選択を行う必要はないと考えられます（樋口，2014）。

　データのクリーニングを経て，前処理を施し，頻出語による特徴を把握します。形態素解析による前処理および頻出語の検討は第 14 章を参照してもらうことにして，

本章では頻出語の分析から一歩進め，データである会報記事にどのような種類のトピックが含まれているのか，多変量解析法を用いて検討してみたいと思います。ここでは，例として，同じようなパターンで出現する語の組み合わせを視覚化する階層的クラスター分析と多次元尺度構成法の2つの手法を紹介，解説します。

とりわけ新聞や雑誌などのマスメディアを介したコミュニケーションの研究では，そのデータ量が膨大です。そのため，具体的な研究仮説を構築する前に，まずは焦点を絞り込むことが大切です。クラスター分析と多次元尺度構成法は，どちらもデータの背後にある関係性を分かりやすく示すことができる特徴があります。両手法は同一のデータの異なる側面を照射する相互補完的なものであり，併用が望ましいとされています（Kruskal, 1977）。つまり，クラスター分析は，離散的な空間を使って語同士の局所的な関係を表すことができ，多次元尺度構成法は，連続的な多次元空間を使い，語同士の大局的な関係を表すことができるという特徴があります（中山，2011）。

（2）階層的クラスター分析

まず，共起している語をかたまりに分類するクラスター分析を使って検討してみます。テキスト分析におけるクラスター分析では，数値データではなく，テキストデータを扱います（本書第13章も参照）。テキスト分析では類似度を，ある文章の中に特定の語が含まれているか，そうでないかの，それぞれに1と0を与える2値データによって求めます。

記事のトピックを把握する目的に照らして，ここでは対象語の品詞を名詞および「サバイバー」などの強制抽出に設定した語に限定しました。データのクリーニングを行った後，階層的クラスター分析を行いますが，KH Coderでは，階層的クラスター分析のクラスター化の方法を，「最遠隣法」（最長距離法や完全連結法とも呼ばれる），「群平均法」（平均連結法とも呼ばれる），「Ward法」の3つから選択できます。ここでは解釈しやすい結果が得られやすいと定評のあるWard法による分析を行いました。語同士の距離の計算は，KH Coderでは，ジャカード係数（Jaccard），ユークリッド距離（Euclid），コサイン係数（Cosine）を選ぶことができます。ここでは，2値データを扱うテキスト分析に適した指標であるジャカード係数を選択しました。ジャカード係数は，語の共起関係を重視した指標であり，ある語（A）と別の語（B）が，ひとつの文書中で何度共起しても，単に共起ありとカウントします。逆に，ある文書でどちらの語も出現していなかったとしても，両者の関連が高いとみなさないという特徴があります（樋口，2014）。分析の結果として，図15-1のようなデンドログラムが出力されます（第13章参照）。

図15-1のデンドログラムの左側の棒グラフは語の度数を表しています。デンドログラムの右側の破線はクラスターの切断位置を示しています。図15-1のデンドログラム上の破線は，KH Coderのクラスター分析で出力されるクラスター数を"Auto"に設定した場合に引かれるものです。その切断基準は，開発者の経験から設定されたもので，使用する語数の平方根を四捨五入したクラスター数で切断するというものとされています。クラスター分析は，あくまでも探索的な方法として用いることが推奨されていることから，分析者が何らかの知見を得られると判断した部分でクラスター数

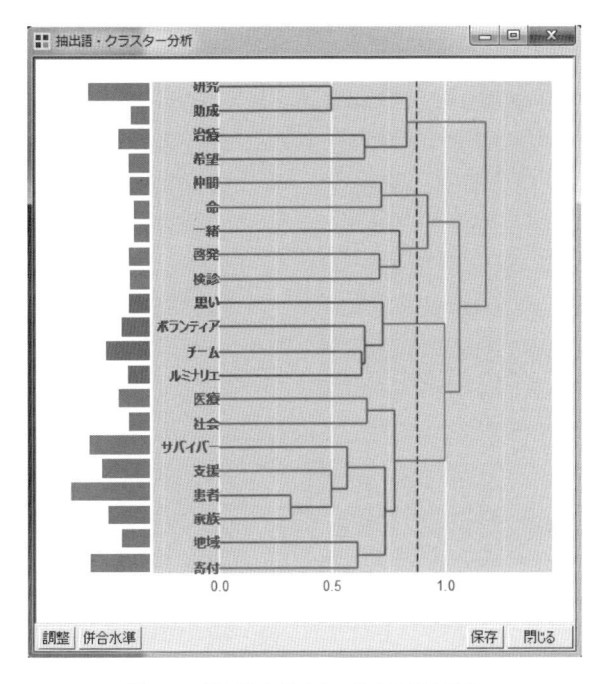

図15-1 階層的クラスター分析の出力結果

を決定するという実用的な方法が取られることも少なくありません。最もよく用いられる方法は，デンドログラムにおけるクラスターの併合する距離が極端に変化する段階で切断するものが挙げられます（第13章参照）。

図15-1のデンドログラムでは5つのクラスターに分かれています。例えば，「研究」「助成」「治療」「希望」といった語がクラスターを形成しています。前者2つは明らかに「研究助成」ということばによるものだと考えられます。また，「治療」が「希望」と結び付いている点も了解可能な結びつきです。これらがまとまり，より大きなクラスターとなっていることから，研究助成金の使途あるいは目的について語られていることが推察できます。「啓発」「検診」「一緒」のまとまりは，早期発見・早期治療のためのがん検診や，参加者とともにがんについて学び，考えていくといった啓発活動についての話題であることが分かります。

今回はトピックの把握を目的としているため名詞に分析対象を絞っていますが，例えば，求人情報をデータとして求められる人材の印象やイメージを探るといった場合には，形容詞や副詞を対象とすることも考えられます。いずれにしても，クラスター分析は発見的，探索的手法であることを踏まえ，そして，デンドログラムをあまり深読みしないことが大切です。

なお，分析対象となる語の数が多くなるとデンドログラムが長大になり，視覚化による直感的なデータの把握が困難になってしまいます。そのため，クラスター分析で分析する語数は，分析者の判断で制限する必要もあるかもしれません。その場合，語数を絞り込む基準や論理を明示することが重要です。

（3）多次元尺度構成法

多次元尺度構成法あるいは単に多次元尺度法は，その英語名である"multi-dimensional scaling"の頭文字をとって MDS と呼ばれることもある分析法です。多次元尺度構成法は，対象同士の類似度（あるいは非類似度）関係を幾何学的に表現する方法で，言い換えれば，データから対象の位置関係を表す地図を描く方法です（齋藤・宿久, 2006）。テキスト分析における多次元尺度構成法では，語を多次元空間内にプロットし，その相互の距離の遠近から語同士の関係性を読み取ることを目指します。語と語が近い位置にプロットされていれば，その語同士は似たようなパターンで出現していることを示しており，逆に，遠い位置にプロットされていれば，その語同士の関係性はあまりないと推測できます。

KH Coder のオプションでは，1次元から3次元までの空間へのプロットが可能ですが，特に，分析する語やコードが多い場合には，2次元のものが読み取りやすいでしょう。多次元尺度構成法の解の次元数を決める絶対的な基準はありませんが，よく使用される方法として，後述する「ストレス」と呼ばれる指標の変化にもとづく方法があります。この方法は，次元数を増加させていき，それぞれの次元のストレスが著しく下降し，その次元以降は緩やかになるところ（ストレスの「肘」）を見つけ，その次元数の結果を解として採用する方法があります（Arabie, Carroll, & DeSarbo, 1987 岡太・今泉訳 1990；岡太・守口，2010）。

多次元尺度構成法は，元となる対象同士の類似度関係を使って，多次元空間に表現する手法であることはすでに述べました。類似度が大きければ，空間上の距離が小さくなり，逆に，類似度が小さければ，空間上の距離は大きくなると考えます。もし類似度と，空間布置上の距離が対応していなければ，視覚化をしても意味がありません。したがって，対象 j と k の類似度 δ_{jk} と，多次元空間内の x_j と x_k の距離 d_{jk} が一致（適合），あるいはできる限り近似していることが望まれます。そのような両者の適合度を示すのが，「ストレス（stress）」と呼ばれる指標です。ストレスは，その値が0であれば，両者が完全に適合することを意味しており，例えば，米国の数学者クルスカル（Kruskal, 1964）は，上記のストレス指標の評価の目安を提示しています。その値は，ストレス指標，.2，.1，.05，.025，0 に対して，それぞれ，「乏しい（poor）」，「ほどほど（fair）」，「良い（good）」，「素晴らしい（excellent）」，「完璧（perfect）」な適合であると述べています。ただし，これは絶対的な基準というわけではなく，岡太・守口（2010）では，ストレス指標が.05から.5以下程度であれば解として採用できるとしています。

図 15-2 は，クラスター分析と同様の頻出語を用いて，多次元尺度構成法を行った出力結果です。分析法として，KH Coder では，計量多次元尺度構成法（Classical），クルスカルの非計量多次元尺度構成法（Kruskal），サモンの非線形マップ（Sammon）の中から選ぶことができます。計量多次元尺度構成法は，データ（類似度）の数値をそのまま用いて空間布置を行います。そのため，データは比尺度の水準で得られている必要があります。一方，クルスカルとサモンの方法は，どちらも非計量多次元尺度構成法です。クルスカルの方法では，データの数値そのものではなく，対象 a と b の間より，対象 p と q の間の方が遠い（あるいは近い）といった順序関係を用いて布置

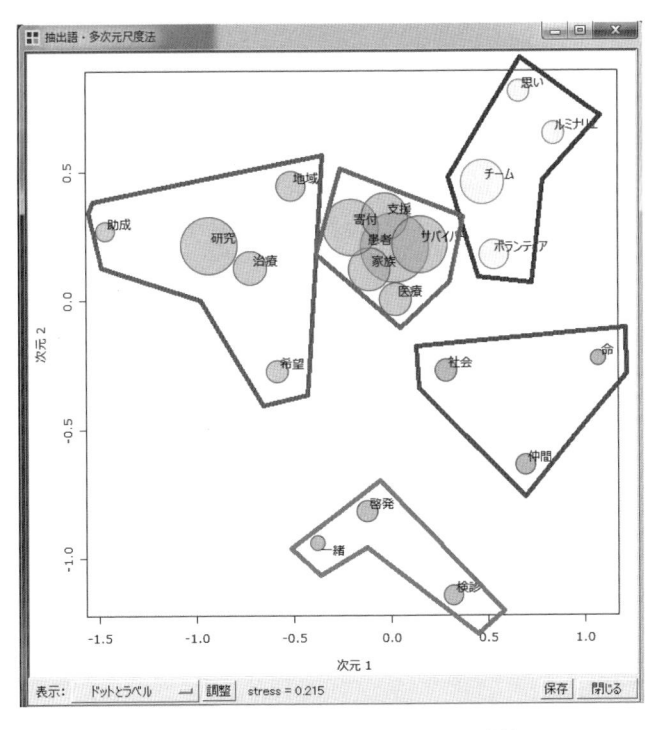

図15-2　多次元尺度構成法×クラスター分析

を行います。つまり，データが順序尺度で測定されていることになります。人文・社会科学で得られるデータは，比尺度で得られるものより順序尺度や間隔尺度によるものが多くあり，そのようなデータに対応した分析法と言えます。サモンの非線形マッピング（Sammon's (nonlinear) mapping）は，クルスカルの方法と比べて，小さな距離を強調するという違いがあるため，クルスカルの方法での語が密集して読み取りが難しい場合に活用してみるとよいでしょう。それぞれの手法の詳細な特徴は本章の範囲を越えますので，関心のある読者は多次元尺度構成法の文献を参照してください（例えば，Arabie, Carroll, & DeSarbo, 1987 岡太・今泉訳 1990；齋藤・宿久，2006）。ここでは多次元尺度構成法の中で広く用いられており，分かりやすいと言われるクルスカルの非計量多次元尺度構成法を用いました。距離は，前述したクラスター分析と同様に3つの距離のうち，ジャカード係数を選択しました。

　出力結果は2次元解となっています。この事例での1次元，2次元，3次元解それぞれのストレス指標は，.398（1次元），.215（2次元），.117（3次元）でした。1次元解と2次元解とのストレス指標の差は.183，2次元解と3次元解とのストレス指標の差は.098であることから，ストレスの「肘」は2次元であると考え，さらに，解釈の容易さを考慮した上で，2次元解を採用しました。プロットされている語は出現頻度が高いもの程，大きなバブルで表示されています。多次元尺度構成法の結果は，対象となる語の相対的な位置関係を示しているものなので，因子分析の直交回転のように，原点を中心として軸を任意の方向に回転させ，研究者が解釈可能な関係性を検討することも結果の解釈方法のひとつです。

　クラスター分析の場合と同様に，多次元尺度構成法も分析対象となる語数が多くな

ると結果の解釈が難しくなることがあるため，KH Coderには，多次元尺度構成法を実施し，その結果にもとづいてクラスター分析を行うことで解釈の助けとする機能があります。多次元尺度構成法の実施の際に，「クラスター化と色分け」の「隣接クラスター」という項目にチェックをすると，散布図上にプロットされた語がクラスター化され，クラスターごとに色が着けられます。このように2つの手法を順次的に使うことは，適切ではないとする見解もありますが（岡太・守口，2010），データの中にあるまとまり（クラスター構造）が分かっていない場合には，探索的な方法として有用であるとされています。図15-2は，上で行ったクラスター分析と同じクラスター数である5に設定して出力したものに，筆者が各クラスターを括る線を付したものです。

　もととなるデータ（完全データ）に対して多次元尺度構成法，クラスター分析を別々に適用することもできますが，KH Coderの多次元尺度構成法のオプションでは，この操作をひとつの手順で行うことができます。具体的には，上で述べた順次的な方法と同様，多次元尺度構成法のオプション画面で，「クラスター化と色分け」の「隣接クラスター」というチェックボックスのチェックをはずして分析すると，完全データに両手法を適用した結果が得られます。この場合，クラスター分析の結果と多次元尺度構成法の結果が，同時に散布図上に得られます。

　図15-2の2次元上にプロットされた語のまとまり（クラスター）の位置関係を見ると，例えば，がん啓発に関わるクラスターが他のクラスターとやや離れて配置されている点が目を引きます。つまり，その他のトピックと比べて，がん啓発はやや特殊な，他のトピックと独立したものであることがうかがえます。このように，クラスター分析による局所的な類似性の把握に比べ，多次元尺度構成法ではクラスター同士の相対的な関係性を見ることができます。それぞれの分析法の利点（あるいは限界）を理解した上で，自分が把握したい関係性は何なのかを考え，適切な方法を選ぶことが大切です。

3-2　単語間の関係性を探る――ことばネットワーク分析

（1）データ概要

　本節で扱うデータは，大学に対する満足度調査の一部である不満の自由回答です。都内某私立大学の留学生および一般の大学生を調査対象とし，2006年度（$n=212$）に機縁法で大学に対する満足度について調査を実施しました。自由回答については，大学への不満が24の欠損を除いた$n=188$，大学への改善が31の欠損を除いた$n=181$のデータに対してそれぞれ分析を行いました。同時に，施設やシステムに対する満足度に関する選択肢（5件法）に関する分析結果を補完的に解説します。

　不満に関する自由記述は，「あなたは，○○大学における学生生活で具体的にどのようなことが不満ですか」という質問項目としました。自由回答の結果では，選択肢同様に，学生食堂が不満度1位となっており，次いで，学生，授業，キャンパスなどが続いています。学生食堂については，朝日新聞社（2005）の行った大学ランキングでも下位（不満度上位）にランキングされているところから，妥当な結果だと思われます。このように1次資料だけで結果を断定するのではなく，たまたま得られた可能

性も考え，別の角度から2次資料を活用することも重要です。

　自由回答のデータは，調査において，選択肢で見逃した仮説を抽出できることや，より詳細な情報を得ることができるという利点があります。例えば，ドミトリー（寮）は留学生に特化した問題点として検出されました。原文を参照してみると，海外ではドミトリーがキャンパス内や大学周辺にあることが多いのに対して，この大学では駅を挟んで遠方に位置していることが不満の原因として挙げられていました。このように，調査前では想定外のことも明らかになることがあります。さらに，テキスト上では，肯定的な意見よりも否定的な意見の方が強く示される傾向があります（河野，2007）。

　選択肢と自由回答の単語頻度結果をまとめたものが表15-1です。両者を比較すると，「学生食堂」が共に不満の第1位であることは同じなのですが，自由回答では，選択肢で設定していなかった「学生」が2位となっています。学生について，原文を参照してみると，キャンパスの広さに対して学生が多いといった人口密度の問題や授業中に学生がうるさいといった受講態度の問題が大半を占めています。このように，自由回答の分析は，原文を参照しながら結果に結びつけていくことが必要です。

表15-1　不満度に関する選択肢と自由回答の比較考察

選択肢			自由回答		
順位	項目	評定平均	順位	項目	頻度
1	学生食堂	3.30	1	学生食堂	40
2	スポーツ施設	3.20	2	学生	26
3	奨学金	2.96	3	授業	26
4	授業システム	2.88	4	キャンパス	18
5	学生サポート	2.77	5	校舎	12
6	教員	2.71	6	席	11
7	診療所・保健室	2.70	7	図書館	10
8	売店	2.69	8	教室	8

　このように，自由回答のテキスト分析のみで研究課題のすべてを明らかにしようとするのではなく，選択肢を用いた量的分析と併用し，相互補完的に用いることを推奨します。

(2) ことばネットワーク分析

　ことばネットワーク分析では，どの単語とどの単語が同時に使われているかなどの単語間の関係を視覚的に見ることができます。一般的なネットワーク分析は，グラフ理論にもとづいています。グラフ理論では，ノード（点）とエッジ（線）によって描かれ，ノードの大きさは単語の頻度数を示し，エッジの太さは信頼度を表しています。信頼度は前提となる単語が文章（または行）に出現したとき，結論となる単語の出現確率を表しています（NTTデータ数理システム，2014a）。さらに，単語間に方向がある有向グラフと方向がない無向グラフに分けられます。有向グラフでは，前提となる単語から結論となる単語に矢印が向いています。グラフ理論では，ノードの太さやエッジの方向と太さのみが意味をなしていて，図中の距離については多次元尺度構成法のような関係性を表す指標となっていません。この理論にもとづいてことばネットワーク分析では，共起と係り受けに関する単語間の関係を図式化できます。共起

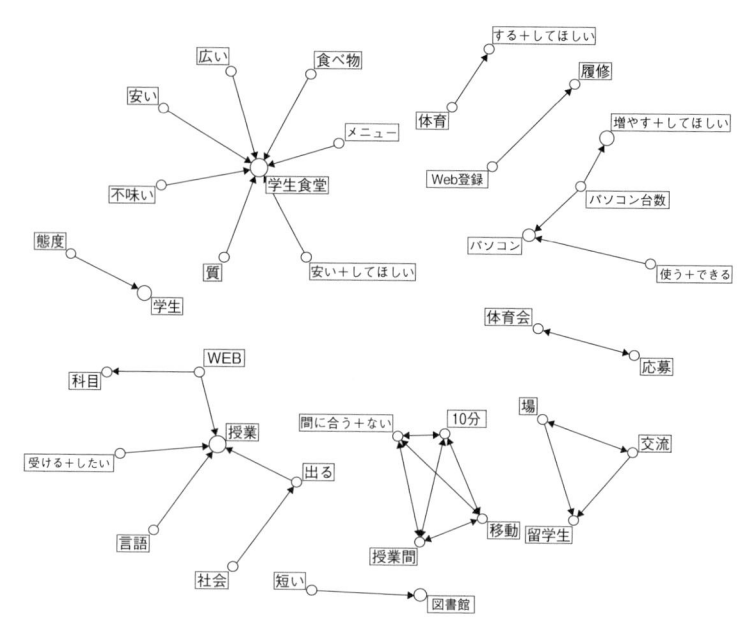

図15-3 改善に関することばネットワーク（共起）

は，同じ文（行）もしくは文章で各語が同時に発生することを意味します。係り受けは，形態素解析（前章参照）の後に，構文解析によって単語（1文節）と単語（1文節）が修飾関係の2文節となっている状態のことを示します。Text Mining Studioは，抽出する係り元品詞と係り先品詞をイメージ（名詞と形容詞・形容動詞）・行動（名詞と動詞・サ変接続名詞）・話題一般（名詞と形容詞・形容動詞・動詞）・オリジナル（分析者が設定）の4パターン設定することができます（NTTデータ数理システム，2014b）。本調査では，不満と同時に「あなたは，○○大学にどのような点を改善してもらいたいとおもいますか」といった大学への改善も聞きました。ことばの共起を示したものが図15-3となります。例えば，不満トップの「学生食堂」は，改善について，メニュー，金額，味，広さに関する情報が同時に書かれていて，これらが改善してほしい内容を示します。さらに，不満上位の「学生」，「授業」を見てみると，「学生」は，態度のみとなっていますが，「授業」は，WEBや言語などに分かれています。最終的には，原文を参照して確認する必要があります。一方，「キャンパス」については，不満はキャンパスの狭さにあり，広くするといった物理的な改善が困難なため，改善に関する自由回答には表出しませんでした。

　ことばネットワーク分析では，共起の抽出設定において，抽出設定を文章単位とし，抽出指標の最低信頼度（同時に出現する割合に対する閾値）を60％（初期値）とし，出現回数を2回以上としました。これらの設定を変えると，アウトプットされる図も変化します。抽出単位は，文章単位を行単位に変更すると，同時出現の単語数が増え，ネットワーク図も複雑になります。また，最低信頼度や出現回数の値を上げると，より厳しい条件で抽出されることになり，より関係性が強い単語の関係のみの図式となります。

3-3 属性別の特徴を引き出す―特徴分析―
（1）データ概要

　この調査は，神奈川県内某女子大学とコールドストーン社のコラボレーションにおいて，学生がアイスクリームを考案しようというのが始まりでした。調査は，第7章でも用いましたが，アイスクリームの購入頻度や好き嫌いに加えて，コールドストーンの認知度や，学生の考案しようとしている内容に関する質問などとなっています。目的は，主となる考案アイスに関連することと同時に，競合他社と比較してコールドストーンにどのような特徴があるかについて，選択肢や自由記述式質問項目の回答パターンを分析することにあります。調査データは，2009年と2010年に関東圏の複数の大学を対象に，機縁法によって得た1,675名のデータですが，分析対象は，好きなアイスクリーム社にコールドストーン，ハーゲンダッツ，サーティワン（米国本社ではBaskin-Robbins）の3社を選んだ中で，自由回答の欠損（141）を除外した回答（$n=1,216$）としました。さらに，自由回答の字数が多いほど，その質問に関する意識が高いことが想定されるため（竹内・河野，2007），第1段階として，一定字数以上のデータに絞り込む作業を行い，試行的に10字以上としました（$n=959$）。第2段階として，専門家の判断によるキーとなる単語（単語頻度解析結果のなかで気になる単語）を取り上げました（河野・大井，2010）。自由記述式の質問文は，「普段，あなたがアイスクリームに対して感じていることを自由にお書きください」として，少々幅広い形式の設定としました。

　属性と単語の関係をチェックするには，コレスポンデンス分析（Text Mining Studioでは対応バブル分析，KH Coderでは対応分析）などを用いることも考えられます。しかし，当時コールドストーンの認知度などがそれほど高くなかったため，コールドストーン好きの度数の影響を受けにくい特徴分析を用いて解説します。

（2）特徴分析

　特徴語抽出は，属性ごとに，他の属性と比較して特徴のある単語が抽出されます。コールドストーンの特徴語を抽出した結果が図15-4となります。抽出指標には，カイ2乗値，Cosine，頻度割合などが選択できますが，ここでは補完類似度を用いました。補完類似度は，元々劣化印刷文字を高精度で認識する方法として開発された手法です（澤木・萩田，1995）。

　今回のデータに置き換えると，ある単語（冷たい）を w_1，ある単語以外（冷たい以外）を w_2 とし，コールドストーン好き（CS）を r_1，コールドストーン以外を r_2 として解説します。a は属性 r_1（CS）による単語 w_1（冷たい）の出現頻度，b は属性 r_2（HD & BR）による単語 w_1（冷たい）の出現頻度，c は属性 r_1（CS）による単語 w_2（冷たい以外）の出現頻度，d は属性 r_2（HD or BR）による単語 w_2（冷たい以外）の出現頻度となります。これをまとめると，表15-2のようになります。

表 15-2　属性とある単語のクロス集計表

	単語を w_1（冷たい）	単語を w_2（冷たい以外）
属性 r_1（CS）	a	c
属性 r_2（HD or BR）	b	d

Text Mining Studio での指標値である補完類似度は，以下の式の左辺のように表されます．

$$\frac{ad - bc}{\sqrt{(a+c)(b+d)}} = \frac{（一致度）-（不一致度）}{\sqrt{（CSの総単語数）\times（HD\ or\ BRの総単語数）}}$$

服部（2010）は ad を一致度，bc を不一致度と説明しています．ここで用いられているデータの指標（補完類似度）は，右辺のように解釈できます．この指標値が高いほど，他の属性（ハーゲンダッツとサーティーワン）と比較して回答頻度が高く特徴があることを示しています．「友達」・「ケーキ」のようなコールドストーンの特徴を表している単語と同時に，「風呂上り」といった店頭販売では考えにくい単語も抽出されています．このような不明点が見られた場合は，原文参照で，どのようにその単語が使用されているかをチェックする必要があります．原文を参照すると，「風呂上り」のみならず，トップ3項目もコールドストーンと直接に関係する内容ではありませんでした．この結果を見ると，「一般的なアイスクリームに対して感じているイメージ」が「好きなアイス社」に直接結びついてはいなく，さらなる分析が必要となっています．一方，「コールドストーンに対して感じているイメージをご自由にお書きください」という具体的な質問を別に取りました．コールドストーンのイメージに関する特徴語のトップ項目（単語）として，ハーゲンダッツ派が「歌う」，サーティーワン派が「高い」に対して，コールドストーン派の特徴語は，「美味しい」となっていました．好きなアイス社の理由を聞いていた場合は，ブランド選択に関する結果が得られ

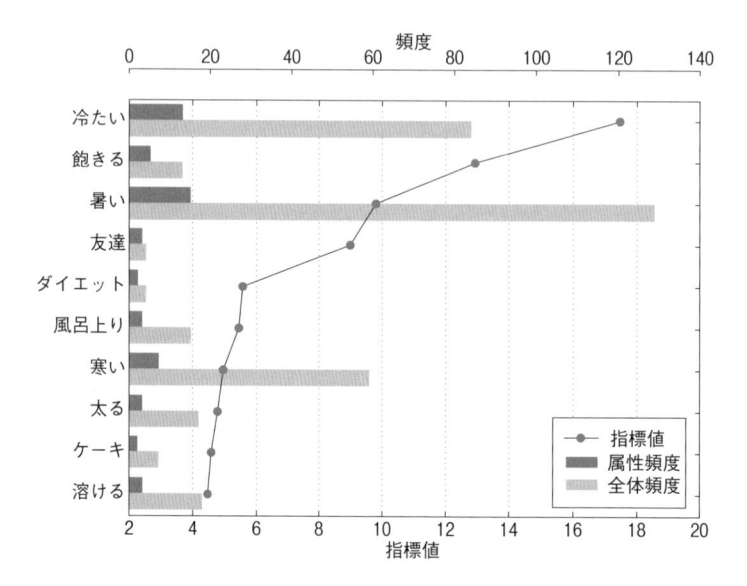

図 15-4　コールドストーンの特徴語

ていた可能性があります。

4　おわりに

　本章では，大量のデータを扱うコミュニケーション研究で力を発揮する，多変量解析を用いたテキスト分析の代表的な手法を，3つの事例で紹介・解説してきました。テキストの分析は，コールセンターなどでも消費者の声を活用するための重要な方法となっています。具体的には，顧客から得た音声情報を言語化し，クレーム処理などの様々な対応に活用されています。また，カスタマーサービスやマーケティングとして，SNS や Web 上の口コミデータをもとに，ベイジアンネットワークを利用して，顧客情報を確率的に分析することなども行われつつあります（野守・神津, 2014）。

　一方，コミュニケーション研究領域において，自由回答のテキスト分析は主に心理学分野で行われています。LINE に代表される SNS の情報通信機器の発達により，若者のコミュニケーションの手段は，同じ携帯（スマートフォン等）でも会話からテキストによる割合が高くなっています。しかし，携帯機器の変換機能などによってサポートされているため，テキスト使用率は高くなっているものの書く（考える）という能力は落ちていると思われます。観点は少々異なりますが，長田（2014）は，小・中・大学生によるメモの取り方を題材として，話し合いに関する研究について，音声言語（聴覚情報）ではなく文字化・図式化（視覚情報化）の重要性を指摘しています。

　計量的という観点から見ると，変数となり得る単語が無限大であるため，集計結果は，時として 0 が多くなってしまうというスパース（sparse）な状態になりやすく，分析の際に注意が必要です。これを防ぐために，変数である単語をグループ化してしまうと，意味的情報が広がってしまい，テキストの良さが生かされなくなる上，解釈が困難になります。研究目的にもよりますが，既存データ・自由回答ともに，ある程度範囲を限定することで改善される可能性があります。

　分析においては，表面上のテキストではなく，裏に隠されたコンテキストを解釈することが目的となっています。現状では，分析者の判断，つまり，人間の脳に頼っている部分が多く，今後，機械的にテキスト情報をコンテキスト変換されるよう技術開発が進むはずです。

　また，テキスト分析は，完全な量的分析ではなく，質的分析の要素も含んでいます。抱井・稲葉（2011）は，アクションリサーチや PAC 分析などとともに，テキストマイニングをミックス法（mixed methods）の研究アプローチのバリエーションのひとつとしてとらえています。テキストを分析することは，このように質的・量的分析能力を必要としますが，今後様々な形で分析手法が開発されるものと思われます。人間コミュニケーションという複雑な事象を理解する上では，必ずしも量的・質的といった区別にとらわれず，研究の了解可能性を高めるための柔軟な方法論の組み合わせが求められます。計量的なテキスト分析は，そのひとつの有力なアプローチとなると思われます。

引用文献

Arabie, P., Carroll, J. D., & DeSarbo, W. S. (1987). *Three-way scaling and clustering: A guide to multidimensional scaling and clustering.* Newbury Park, CA: Sage. (岡太 彬訓・今泉 忠 (訳) (1990). 3元データの分析―多次元尺度構成法とクラスター分析法　共立出版)

朝日新聞社 (編) (2005). 大学ランキング2006年度版　朝日新聞社

服部 兼敏 (2010). テキストマイニングで広がる看護の世界　ナカニシヤ出版

樋口 耕一 (2014). 社会調査のための計量テキスト分析―内容分析の継承と発展を目指して　ナカニシヤ出版

抱井 尚子・稲葉 光行 (2011). ミックス法　末田 清子・田崎 勝也・猿橋 順子・抱井 尚子 (編) コミュニケーション研究法 (pp. 199-213)　ナカニシヤ出版

河野 康成 (2007). 自由記述法と選択肢法の比較考察　日本行動計量学会第35回大会発表論文抄録集, 193-194.

河野 康成・大井 忠賢 (2010). アイスクリームブランドに関する消費者の嗜好パターン分析　日本行動計量学会第38回大会発表論文抄録集, 288-289.

Kruskal, J. B. (1964). Multidimensional scaling by optimizing goodness of fit to a nonmetric hypothesis. *Psychometrika, 29,* 1-27.

Kruskal, J. B. (1977). The relationship between multidimensional scaling and clustering. In J. Van Ryzin (Ed.), *Classification and clustering* (pp. 17-44). New York: Academic Press.

中山 厚穂 (2011). 多変量データ解析技術応用によるデータの特徴把握　豊田 裕貴・菰田 文男 (編)　特許情報のテキストマイニング―技術経営のパラダイム転換― (pp. 69-99)　ミネルヴァ書房

野守 耕爾・神津 友武 (2014). 三位一体アプローチによるテキストデータモデリング法の開発―宿泊施設の口コミデータを用いた評価推論モデルの構築―　人工知能学会全国大会論文集, 28, 1-4.

NTTデータ数理システム (2014a). Text Mining Studio バージョン5.0　技術資料

NTTデータ数理システム (2014b). Text Mining Studio バージョン5.0　マニュアル

岡太 彬訓・守口 剛 (2010). マーケティングのデータ分析―分析手法と適用事例―　朝倉書店

長田 友紀 (2014). 話し合いにおける視覚情報化ツールのテキストマイニングによる発達的分析―小・中・大学生にみる図示化メモの効果―　国語科教育, 75, 16-23.

齋藤 堯幸・宿久 洋 (2006). 関連性データの解析法　共立出版

澤木 美奈子・萩田 紀博 (1995). 補完類似度による劣化印刷文字認識　電子情報通信学会信学技報, *PRU95-14,* 101-108.

竹内 光悦・河野 康成 (2007). 質的情報分析による学生支援の検討　日本行動計量学会第35回大会発表論文抄録集, 309-310.

付　録

1. 標準正規分布の面積の表

z			z			z		
0.00	0.0000	0.5000	0.59	0.2224	0.2776	1.18	0.3810	0.1190
0.01	0.0040	0.4960	0.60	0.2257	0.2743	1.19	0.3830	0.1170
0.02	0.0080	0.4920	0.61	0.2291	0.2709	1.20	0.3849	0.1151
0.03	0.0120	0.4880	0.62	0.2324	0.2676	1.21	0.3869	0.1131
0.04	0.0160	0.4840	0.63	0.2357	0.2643	1.22	0.3888	0.1112
0.05	0.0199	0.4801	0.64	0.2389	0.2611	1.23	0.3907	0.1093
0.06	0.0239	0.4761	0.65	0.2422	0.2578	1.24	0.3925	0.1075
0.07	0.0279	0.4721	0.66	0.2454	0.2546	1.25	0.3944	0.1056
0.08	0.0319	0.4681	0.67	0.2486	0.2514	1.26	0.3962	0.1038
0.09	0.0359	0.4641	0.68	0.2517	0.2483	1.27	0.3980	0.1020
0.10	0.0398	0.4602	0.69	0.2549	0.2451	1.28	0.3997	0.1003
0.11	0.0438	0.4562	0.70	0.2580	0.2420	1.29	0.4015	0.0985
0.12	0.0478	0.4522	0.71	0.2611	0.2389	1.30	0.4032	0.0968
0.13	0.0517	0.4483	0.72	0.2642	0.2358	1.31	0.4049	0.0951
0.14	0.0557	0.4443	0.73	0.2673	0.2327	1.32	0.4066	0.0934
0.15	0.0596	0.4404	0.74	0.2704	0.2296	1.33	0.4082	0.0918
0.16	0.0636	0.4364	0.75	0.2734	0.2266	1.34	0.4099	0.0901
0.17	0.0675	0.4325	0.76	0.2764	0.2236	1.35	0.4115	0.0885
0.18	0.0714	0.4286	0.77	0.2794	0.2206	1.36	0.4131	0.0869
0.19	0.0753	0.4247	0.78	0.2823	0.2177	1.37	0.4147	0.0853
0.20	0.0793	0.4207	0.79	0.2852	0.2148	1.38	0.4162	0.0838
0.21	0.0832	0.4168	0.80	0.2881	0.2119	1.39	0.4177	0.0823
0.22	0.0871	0.4129	0.81	0.2910	0.2090	1.40	0.4192	0.0808
0.23	0.0910	0.4090	0.82	0.2939	0.2061	1.41	0.4207	0.0793
0.24	0.0948	0.4052	0.83	0.2967	0.2033	1.42	0.4222	0.0778
0.25	0.0987	0.4013	0.84	0.2995	0.2005	1.43	0.4236	0.0764
0.26	0.1026	0.3974	0.85	0.3023	0.1977	1.44	0.4251	0.0749
0.27	0.1064	0.3936	0.86	0.3051	0.1949	1.45	0.4265	0.0735
0.28	0.1103	0.3897	0.87	0.3078	0.1922	1.46	0.4279	0.0721
0.29	0.1141	0.3859	0.88	0.3106	0.1894	1.47	0.4292	0.0708
0.30	0.1179	0.3821	0.89	0.3133	0.1867	1.48	0.4306	0.0694
0.31	0.1217	0.3783	0.90	0.3159	0.1841	1.49	0.4319	0.0681
0.32	0.1255	0.3745	0.91	0.3186	0.1814	1.50	0.4332	0.0668
0.33	0.1293	0.3707	0.92	0.3212	0.1788	1.51	0.4345	0.0655
0.34	0.1331	0.3669	0.93	0.3238	0.1762	1.52	0.4357	0.0643
0.35	0.1368	0.3632	0.94	0.3264	0.1736	1.53	0.4370	0.0630
0.36	0.1406	0.3594	0.95	0.3289	0.1711	1.54	0.4382	0.0618
0.37	0.1443	0.3557	0.96	0.3315	0.1685	1.55	0.4394	0.0606
0.38	0.1480	0.3520	0.97	0.3340	0.1660	1.56	0.4406	0.0594
0.39	0.1517	0.3483	0.98	0.3365	0.1635	1.57	0.4418	0.0582
0.40	0.1554	0.3446	0.99	0.3389	0.1611	1.58	0.4429	0.0571
0.41	0.1591	0.3409	1.00	0.3413	0.1587	1.59	0.4441	0.0559
0.42	0.1628	0.3372	1.01	0.3438	0.1562	1.60	0.4452	0.0548
0.43	0.1664	0.3336	1.02	0.3461	0.1539	1.61	0.4463	0.0537
0.44	0.1700	0.3300	1.03	0.3485	0.1515	1.62	0.4474	0.0526
0.45	0.1736	0.3264	1.04	0.3508	0.1492	1.63	0.4484	0.0516
0.46	0.1772	0.3228	1.05	0.3531	0.1469	1.64	0.4495	0.0505
0.47	0.1808	0.3192	1.06	0.3554	0.1446	1.65	0.4505	0.0495
0.48	0.1844	0.3156	1.07	0.3577	0.1423	1.66	0.4515	0.0485
0.49	0.1879	0.3121	1.08	0.3599	0.1401	1.67	0.4525	0.0475
0.50	0.1915	0.3085	1.09	0.3621	0.1379	1.68	0.4535	0.0465
0.51	0.1950	0.3050	1.10	0.3643	0.1357	1.69	0.4545	0.0455
0.52	0.1985	0.3015	1.11	0.3665	0.1335	1.70	0.4554	0.0446
0.53	0.2019	0.2981	1.12	0.3686	0.1314	1.71	0.4564	0.0436
0.54	0.2054	0.2946	1.13	0.3708	0.1292	1.72	0.4573	0.0427
0.55	0.2088	0.2912	1.14	0.3729	0.1271	1.73	0.4582	0.0418
0.56	0.2123	0.2877	1.15	0.3749	0.1251	1.74	0.4591	0.0409
0.57	0.2157	0.2843	1.16	0.3770	0.1230	1.75	0.4599	0.0401
0.58	0.2190	0.2810	1.17	0.3790	0.1210	1.76	0.4608	0.0392

z			z			z		
1.77	0.4616	0.0384	2.36	0.4909	0.0091	2.95	0.4984	0.0016
1.78	0.4625	0.0375	2.37	0.4911	0.0089	2.96	0.4985	0.0015
1.79	0.4633	0.0367	2.38	0.4913	0.0087	2.97	0.4985	0.0015
1.80	0.4641	0.0359	2.39	0.4916	0.0084	2.98	0.4986	0.0014
1.81	0.4649	0.0351	2.40	0.4918	0.0082	2.99	0.4986	0.0014
1.82	0.4656	0.0344	2.41	0.4920	0.0080	3.00	0.4987	0.0013
1.83	0.4664	0.0336	2.42	0.4922	0.0078	3.01	0.4987	0.0013
1.84	0.4671	0.0329	2.43	0.4925	0.0075	3.02	0.4987	0.0013
1.85	0.4678	0.0322	2.44	0.4927	0.0073	3.03	0.4988	0.0012
1.86	0.4686	0.0314	2.45	0.4929	0.0071	3.04	0.4988	0.0012
1.87	0.4693	0.0307	2.46	0.4931	0.0069	3.05	0.4989	0.0011
1.88	0.4699	0.0301	2.47	0.4932	0.0068	3.06	0.4989	0.0011
1.89	0.4706	0.0294	2.48	0.4934	0.0066	3.07	0.4989	0.0011
1.90	0.4713	0.0287	2.49	0.4936	0.0064	3.08	0.4990	0.0010
1.91	0.4719	0.0281	2.50	0.4938	0.0062	3.09	0.4990	0.0010
1.92	0.4726	0.0274	2.51	0.4940	0.0060	3.10	0.4990	0.0010
1.93	0.4732	0.0268	2.52	0.4941	0.0059	3.11	0.4991	0.0009
1.94	0.4738	0.0262	2.53	0.4943	0.0057	3.12	0.4991	0.0009
1.95	0.4744	0.0256	2.54	0.4945	0.0055	3.13	0.4991	0.0009
1.96	0.4750	0.0250	2.55	0.4946	0.0054	3.14	0.4992	0.0008
1.97	0.4756	0.0244	2.56	0.4948	0.0052	3.15	0.4992	0.0008
1.98	0.4761	0.0239	2.57	0.4949	0.0051	3.16	0.4992	0.0008
1.99	0.4767	0.0233	2.58	0.4951	0.0049	3.17	0.4992	0.0008
2.00	0.4772	0.0228	2.59	0.4952	0.0048	3.18	0.4993	0.0007
2.01	0.4778	0.0222	2.60	0.4953	0.0047	3.19	0.4993	0.0007
2.02	0.4783	0.0217	2.61	0.4955	0.0045	3.20	0.4993	0.0007
2.03	0.4788	0.0212	2.62	0.4956	0.0044	3.21	0.4993	0.0007
2.04	0.4793	0.0207	2.63	0.4957	0.0043	3.22	0.4994	0.0006
2.05	0.4798	0.0202	2.64	0.4959	0.0041	3.23	0.4994	0.0006
2.06	0.4803	0.0197	2.65	0.4960	0.0040	3.24	0.4994	0.0006
2.07	0.4808	0.0192	2.66	0.4961	0.0039	3.25	0.4994	0.0006
2.08	0.4812	0.0188	2.67	0.4962	0.0038	3.26	0.4994	0.0006
2.09	0.4817	0.0183	2.68	0.4963	0.0037	3.27	0.4995	0.0005
2.10	0.4821	0.0179	2.69	0.4964	0.0036	3.28	0.4995	0.0005
2.11	0.4826	0.0174	2.70	0.4965	0.0035	3.29	0.4995	0.0005
2.12	0.4830	0.0170	2.71	0.4966	0.0034	3.30	0.4995	0.0005
2.13	0.4834	0.0166	2.72	0.4967	0.0033	3.31	0.4995	0.0005
2.14	0.4838	0.0162	2.73	0.4968	0.0032	3.32	0.4995	0.0005
2.15	0.4842	0.0158	2.74	0.4969	0.0031	3.33	0.4996	0.0004
2.16	0.4846	0.0154	2.75	0.4970	0.0030	3.34	0.4996	0.0004
2.17	0.4850	0.0150	2.76	0.4971	0.0029	3.35	0.4996	0.0004
2.18	0.4854	0.0146	2.77	0.4972	0.0028	3.36	0.4996	0.0004
2.19	0.4857	0.0143	2.78	0.4973	0.0027	3.37	0.4996	0.0004
2.20	0.4861	0.0139	2.79	0.4974	0.0026	3.38	0.4996	0.0004
2.21	0.4864	0.0136	2.80	0.4974	0.0026	3.39	0.4997	0.0003
2.22	0.4868	0.0132	2.81	0.4975	0.0025	3.40	0.4997	0.0003
2.23	0.4871	0.0129	2.82	0.4976	0.0024	3.41	0.4997	0.0003
2.24	0.4875	0.0125	2.83	0.4977	0.0023	3.42	0.4997	0.0003
2.25	0.4878	0.0122	2.84	0.4977	0.0023	3.43	0.4997	0.0003
2.26	0.4881	0.0119	2.85	0.4978	0.0022	3.44	0.4997	0.0003
2.27	0.4884	0.0116	2.86	0.4979	0.0021	3.45	0.4997	0.0003
2.28	0.4887	0.0113	2.87	0.4979	0.0021	3.50	0.4998	0.0002
2.29	0.4890	0.0110	2.88	0.4980	0.0020	3.60	0.4998	0.0002
2.30	0.4893	0.0107	2.89	0.4981	0.0019	3.70	0.4999	0.0001
2.31	0.4896	0.0104	2.90	0.4981	0.0019	3.80	0.4999	0.0001
2.32	0.4898	0.0102	2.91	0.4982	0.0018	3.90	0.49995	0.00005
2.33	0.4901	0.0099	2.92	0.4982	0.0018	4.00	0.49997	0.00003
2.34	0.4904	0.0096	2.93	0.4983	0.0017			
2.35	0.4906	0.0094	2.94	0.4984	0.0016			

2. t 分布の表

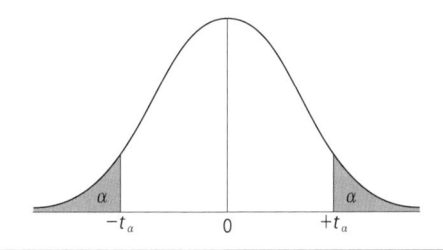

df	片側検定の有意水準					
	0.10	0.05	0.025	0.01	0.005	0.0005
	両側検定の有意水準					
	0.20	0.10	0.05	0.02	0.01	0.001
1	3.078	6.314	12.706	31.821	63.656	636.578
2	1.886	2.920	4.303	6.965	9.925	31.600
3	1.638	2.353	3.182	4.541	5.841	12.924
4	1.533	2.132	2.776	3.747	4.604	8.610
5	1.476	2.015	2.571	3.365	4.032	6.869
6	1.440	1.943	2.447	3.143	3.707	5.959
7	1.415	1.895	2.365	2.998	3.499	5.408
8	1.397	1.860	2.306	2.896	3.355	5.041
9	1.383	1.833	2.262	2.821	3.250	4.781
10	1.372	1.812	2.228	2.764	3.169	4.587
11	1.363	1.796	2.201	2.718	3.106	4.437
12	1.356	1.782	2.179	2.681	3.055	4.318
13	1.350	1.771	2.160	2.650	3.012	4.221
14	1.345	1.761	2.145	2.624	2.977	4.140
15	1.341	1.753	2.131	2.602	2.947	4.073
16	1.337	1.746	2.120	2.583	2.921	4.015
17	1.333	1.740	2.110	2.567	2.898	3.965
18	1.330	1.734	2.101	2.552	2.878	3.922
19	1.328	1.729	2.093	2.539	2.861	3.883
20	1.325	1.725	2.086	2.528	2.845	3.850
21	1.323	1.721	2.080	2.518	2.831	3.819
22	1.321	1.717	2.074	2.508	2.819	3.792
23	1.319	1.714	2.069	2.500	2.807	3.768
24	1.318	1.711	2.064	2.492	2.797	3.745
25	1.316	1.708	2.060	2.485	2.787	3.725
26	1.315	1.706	2.056	2.479	2.779	3.707
27	1.314	1.703	2.052	2.473	2.771	3.689
28	1.313	1.701	2.048	2.467	2.763	3.674
29	1.311	1.699	2.045	2.462	2.756	3.660
30	1.310	1.697	2.042	2.457	2.750	3.646
40	1.303	1.684	2.021	2.423	2.704	3.551
60	1.296	1.671	2.000	2.390	2.660	3.460
120	1.289	1.658	1.980	2.358	2.617	3.373
∞	1.282	1.645	1.960	2.326	2.576	3.291

3. F 分布の表（行が分母の自由度，列が分子の自由度）

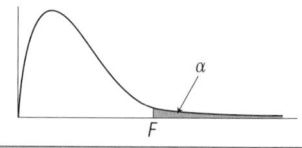

| | | \multicolumn{9}{c|}{分子の自由度} |
	α	1	2	3	4	5	6	7	8	9
1	0.10	39.9	49.5	53.6	55.8	57.2	58.2	58.9	59.4	59.9
	0.05	161	200	216	225	230	234	237	239	240
	0.025	648	800	864	900	922	937	948	957	963
	0.01	4052	5000	5403	5625	5764	5859	5928	5982	6022
	0.001	4053*	5000*	5404*	5625*	5764*	5859*	5929*	5981*	6023*
2	0.10	8.53	9.00	9.16	9.24	9.29	9.33	9.35	9.37	9.38
	0.05	18.5	19.0	19.2	19.2	19.3	19.3	19.4	19.4	19.4
	0.025	38.5	39.0	39.2	39.2	39.3	39.3	39.4	39.4	39.4
	0.01	98.5	99.0	99.2	99.3	99.3	99.3	99.4	99.4	99.4
	0.001	999	999	999	999	999	999	999	999	999
3	0.10	5.54	5.46	5.39	5.34	5.31	5.28	5.27	5.25	5.24
	0.05	10.1	9.55	9.28	9.12	9.01	8.94	8.89	8.85	8.81
	0.025	17.4	16.0	15.4	15.1	14.9	14.7	14.6	14.5	14.5
	0.01	34.1	30.8	29.5	28.7	28.2	27.9	27.7	27.5	27.3
	0.001	167	148	141	137	135	133	132	131	130
4	0.10	4.54	4.32	4.19	4.11	4.05	4.01	3.98	3.95	3.94
	0.05	7.71	6.94	6.59	6.39	6.26	6.16	6.09	6.04	6.00
	0.025	12.2	10.6	9.98	9.60	9.36	9.20	9.07	8.98	8.90
	0.01	21.2	18.0	16.7	16.0	15.5	15.2	15.0	14.8	14.7
	0.001	74.1	61.2	56.2	53.4	51.7	50.5	49.7	49.0	48.5
5	0.10	4.06	3.78	3.62	3.52	3.45	3.40	3.37	3.34	3.32
	0.05	6.61	5.79	5.41	5.19	5.05	4.95	4.88	4.82	4.77
	0.025	10.0	8.43	7.76	7.39	7.15	6.98	6.85	6.76	6.68
	0.01	16.3	13.3	12.1	11.4	11.0	10.7	10.5	10.3	10.2
	0.001	47.2	37.1	33.2	31.1	29.8	28.8	28.2	27.6	27.2
6	0.10	3.78	3.46	3.29	3.18	3.11	3.05	3.01	2.98	2.96
	0.05	5.99	5.14	4.76	4.53	4.39	4.28	4.21	4.15	4.10
	0.025	8.81	7.26	6.60	6.23	5.99	5.82	5.70	5.60	5.52
	0.01	13.7	10.9	9.78	9.15	8.75	8.47	8.26	8.10	7.98
	0.001	35.5	27.0	23.7	21.9	20.8	20.0	19.5	19.0	18.7
7	0.10	3.59	3.26	3.07	2.96	2.88	2.83	2.78	2.75	2.72
	0.05	5.59	4.74	4.35	4.12	3.97	3.87	3.79	3.73	3.68
	0.025	8.07	6.54	5.89	5.52	5.29	5.12	4.99	4.90	4.82
	0.01	12.2	9.55	8.45	7.85	7.46	7.19	6.99	6.84	6.72
	0.001	29.2	21.7	18.8	17.2	16.2	15.5	15.0	14.6	14.3
8	0.10	3.46	3.11	2.92	2.81	2.73	2.67	2.62	2.59	2.56
	0.05	5.32	4.46	4.07	3.84	3.69	3.58	3.50	3.44	3.39
	0.025	7.57	6.06	5.42	5.05	4.82	4.65	4.53	4.43	4.36
	0.01	11.3	8.65	7.59	7.01	6.63	6.37	6.18	6.03	5.91
	0.001	25.4	18.5	15.8	14.4	13.5	12.9	12.4	12.0	11.8
9	0.10	3.36	3.01	2.81	2.69	2.61	2.55	2.51	2.47	2.44
	0.05	5.12	4.26	3.86	3.63	3.48	3.37	3.29	3.23	3.18
	0.025	7.21	5.71	5.08	4.72	4.48	4.32	4.20	4.10	4.03
	0.01	10.6	8.02	6.99	6.42	6.06	5.80	5.61	5.47	5.35
	0.001	22.9	16.4	13.9	12.6	11.7	11.1	10.7	10.4	10.1
10	0.10	3.29	2.92	2.73	2.61	2.52	2.46	2.41	2.38	2.35
	0.05	4.96	4.10	3.71	3.48	3.33	3.22	3.14	3.07	3.02
	0.025	6.94	5.46	4.83	4.47	4.24	4.07	3.95	3.85	3.78
	0.01	10.0	7.56	6.55	5.99	5.64	5.39	5.20	5.06	4.94
	0.001	21.0	14.9	12.6	11.3	10.5	9.93	9.52	9.20	8.96
11	0.10	3.23	2.86	2.66	2.54	2.45	2.39	2.34	2.30	2.27
	0.05	4.84	3.98	3.59	3.36	3.20	3.09	3.01	2.95	2.90
	0.025	6.72	5.26	4.63	4.28	4.04	3.88	3.76	3.66	3.59
	0.01	9.65	7.21	6.22	5.67	5.32	5.07	4.89	4.74	4.63
	0.001	19.7	13.8	11.6	10.3	9.58	9.05	8.65	8.35	8.12
12	0.10	3.18	2.81	2.61	2.48	2.39	2.33	2.28	2.24	2.21
	0.05	4.75	3.89	3.49	3.26	3.11	3.00	2.91	2.85	2.80
	0.025	6.55	5.10	4.47	4.12	3.89	3.73	3.61	3.51	3.44
	0.01	9.33	6.93	5.95	5.41	5.06	4.82	4.64	4.50	4.39
	0.001	18.6	13.0	10.8	9.63	8.89	8.38	8.00	7.71	7.48
13	0.10	3.14	2.76	2.56	2.43	2.35	2.28	2.23	2.20	2.16
	0.05	4.67	3.81	3.41	3.18	3.03	2.92	2.83	2.77	2.71
	0.025	6.41	4.97	4.35	4.00	3.77	3.60	3.48	3.39	3.31
	0.01	9.07	6.7	5.74	5.21	4.86	4.62	4.44	4.30	4.19
	0.001	17.8	12.3	10.2	9.07	8.35	7.86	7.49	7.21	6.98

行が分母の自由度

*の値は 100 倍すること。

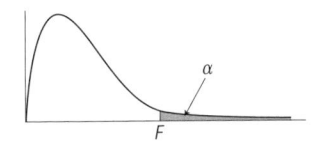

	分子の自由度								
	10	12	15	20	24	30	40	60	∞
1	60.2	60.7	61.2	61.7	62.0	62.3	62.5	62.8	63.3
	242	244	246	248	249	250	251	252	254
	969	977	985	993	997	1001	1006	1010	1018
	6056	6106	6157	6209	6235	6261	6287	6313	6366
	6056*	6107*	6158*	6209*	6235*	6261*	6287*	6313*	6366*
2	9.39	9.41	9.42	9.44	9.45	9.46	9.47	9.47	9.49
	19.4	19.4	19.4	19.4	19.5	19.5	19.5	19.5	19.5
	39.4	39.4	39.4	39.4	39.5	39.5	39.5	39.5	39.5
	99.4	99.4	99.4	99.5	99.5	99.5	99.5	99.5	99.5
	999	999	999	999	1000	1000	1000	1000	1000
3	5.23	5.22	5.2	5.18	5.18	5.17	5.16	5.15	5.13
	8.79	8.74	8.70	8.66	8.64	8.62	8.59	8.57	8.53
	14.4	14.3	14.3	14.2	14.1	14.1	14.0	14.0	13.9
	27.2	27.1	26.9	26.7	26.6	26.5	26.4	26.3	26.1
	129	128	127	126	126	125	125	124	124
4	3.92	3.90	3.87	3.84	3.83	3.82	3.80	3.79	3.76
	5.96	5.91	5.86	5.80	5.77	5.75	5.72	5.69	5.63
	8.84	8.75	8.66	8.56	8.51	8.46	8.41	8.36	8.26
	14.5	14.4	14.2	14.0	13.9	13.8	13.7	13.7	13.5
	48.1	47.4	46.8	46.1	45.8	45.4	45.1	44.7	44.0
5	3.30	3.27	3.24	3.21	3.19	3.17	3.16	3.14	3.11
	4.74	4.68	4.62	4.56	4.53	4.50	4.46	4.43	4.37
	6.62	6.52	6.43	6.33	6.28	6.23	6.18	6.12	6.02
	10.1	9.89	9.72	9.55	9.47	9.38	9.29	9.20	9.02
	26.9	26.4	25.9	25.4	25.1	24.9	24.6	24.3	23.8
6	2.94	2.90	2.87	2.84	2.82	2.80	2.78	2.76	2.72
	4.06	4.00	3.94	3.87	3.84	3.81	3.77	3.74	3.67
	5.46	5.37	5.27	5.17	5.12	5.07	5.01	4.96	4.85
	7.87	7.72	7.56	7.40	7.31	7.23	7.14	7.06	6.88
	18.4	18.0	17.6	17.1	16.9	16.7	16.4	16.2	15.7
7	2.70	2.67	2.63	2.59	2.58	2.56	2.54	2.51	2.47
	3.64	3.57	3.51	3.44	3.41	3.38	3.34	3.30	3.23
	4.76	4.67	4.57	4.47	4.41	4.36	4.31	4.25	4.14
	6.62	6.47	6.31	6.16	6.07	5.99	5.91	5.82	5.65
	14.1	13.7	13.3	12.9	12.7	12.5	12.3	12.1	11.7
8	2.54	2.50	2.46	2.42	2.40	2.38	2.36	2.34	2.29
	3.35	3.28	3.22	3.15	3.12	3.08	3.04	3.01	2.93
	4.30	4.20	4.10	4.00	3.95	3.89	3.84	3.78	3.67
	5.81	5.67	5.52	5.36	5.28	5.20	5.12	5.03	4.86
	11.5	11.2	10.8	10.5	10.3	10.1	9.92	9.73	9.33
9	2.42	2.38	2.34	2.30	2.28	2.25	2.23	2.21	2.16
	3.14	3.07	3.01	2.94	2.90	2.86	2.83	2.79	2.71
	3.96	3.87	3.77	3.67	3.61	3.56	3.51	3.45	3.33
	5.26	5.11	4.96	4.81	4.73	4.65	4.57	4.48	4.31
	9.89	9.57	9.24	8.90	8.72	8.55	8.37	8.19	7.81
10	2.32	2.28	2.24	2.20	2.18	2.16	2.13	2.11	2.06
	2.98	2.91	2.85	2.77	2.74	2.7	2.66	2.62	2.54
	3.72	3.62	3.52	3.42	3.37	3.31	3.26	3.2	3.08
	4.85	4.71	4.56	4.41	4.33	4.25	4.17	4.08	3.91
	8.75	8.45	8.13	7.80	7.64	7.47	7.3	7.12	6.76
11	2.25	2.21	2.17	2.12	2.10	2.08	2.05	2.03	1.97
	2.85	2.79	2.72	2.65	2.61	2.57	2.53	2.49	2.40
	3.53	3.43	3.33	3.23	3.17	3.12	3.06	3.00	2.88
	4.54	4.40	4.25	4.10	4.02	3.94	3.86	3.78	3.60
	7.92	7.63	7.32	7.01	6.85	6.68	6.52	6.35	6.00
12	2.19	2.15	2.10	2.06	2.04	2.01	1.99	1.96	1.90
	2.75	2.69	2.62	2.54	2.51	2.47	2.43	2.38	2.30
	3.37	3.28	3.18	3.07	3.02	2.96	2.91	2.85	2.72
	4.30	4.16	4.01	3.86	3.78	3.70	3.62	3.54	3.36
	7.29	7.00	6.71	6.40	6.25	6.09	5.93	5.76	5.42
13	2.14	2.10	2.05	2.01	1.98	1.96	1.93	1.90	1.85
	2.67	2.60	2.53	2.46	2.42	2.38	2.34	2.30	2.21
	3.25	3.15	3.05	2.95	2.89	2.84	2.78	2.72	2.60
	4.10	3.96	3.82	3.66	3.59	3.51	3.43	3.34	3.17
	6.80	6.52	6.23	5.93	5.78	5.63	5.47	5.30	4.97

分母の自由度

		分子の自由度								
	α	1	2	3	4	5	6	7	8	9
14	0.10	3.10	2.73	2.52	2.39	2.31	2.24	2.19	2.15	2.12
	0.05	4.60	3.74	3.34	3.11	2.96	2.85	2.76	2.70	2.65
	0.025	6.30	4.86	4.24	3.89	3.66	3.50	3.38	3.29	3.21
	0.01	8.86	6.51	5.56	5.04	4.69	4.46	4.28	4.14	4.03
	0.001	17.1	11.8	9.73	8.62	7.92	7.44	7.08	6.80	6.58
15	0.10	3.07	2.70	2.49	2.36	2.27	2.21	2.16	2.12	2.09
	0.05	4.54	3.68	3.29	3.06	2.90	2.79	2.71	2.64	2.59
	0.025	6.20	4.77	4.15	3.80	3.58	3.41	3.29	3.20	3.12
	0.01	8.68	6.36	5.42	4.89	4.56	4.32	4.14	4.00	3.89
	0.001	16.6	11.3	9.34	8.25	7.57	7.09	6.74	6.47	6.26
16	0.10	3.05	2.67	2.46	2.33	2.24	2.18	2.13	2.09	2.06
	0.05	4.49	3.63	3.24	3.01	2.85	2.74	2.66	2.59	2.54
	0.025	6.12	4.69	4.08	3.73	3.50	3.34	3.22	3.12	3.05
	0.01	8.53	6.23	5.29	4.77	4.44	4.20	4.03	3.89	3.78
	0.001	16.1	11.0	9.01	7.94	7.27	6.80	6.46	6.20	5.98
17	0.10	3.03	2.64	2.44	2.31	2.22	2.15	2.10	2.06	2.03
	0.05	4.45	3.59	3.20	2.96	2.81	2.70	2.61	2.55	2.49
	0.025	6.04	4.62	4.01	3.66	3.44	3.28	3.16	3.06	2.98
	0.01	8.40	6.11	5.19	4.67	4.34	4.10	3.93	3.79	3.68
	0.001	15.7	10.7	8.73	7.68	7.02	6.56	6.22	5.96	5.75
18	0.10	3.01	2.62	2.42	2.29	2.20	2.13	2.08	2.04	2.00
	0.05	4.41	3.55	3.16	2.93	2.77	2.66	2.58	2.51	2.46
	0.025	5.98	4.56	3.95	3.61	3.38	3.22	3.10	3.01	2.93
	0.01	8.29	6.01	5.09	4.58	4.25	4.01	3.84	3.71	3.60
	0.001	15.4	10.4	8.49	7.46	6.81	6.35	6.02	5.76	5.56
19	0.10	2.99	2.61	2.40	2.27	2.18	2.11	2.06	2.02	1.98
	0.05	4.38	3.52	3.13	2.90	2.74	2.63	2.54	2.48	2.42
	0.025	5.92	4.51	3.90	3.56	3.33	3.17	3.05	2.96	2.88
	0.01	8.18	5.93	5.01	4.50	4.17	3.94	3.77	3.63	3.52
	0.001	15.1	10.2	8.28	7.27	6.62	6.18	5.85	5.59	5.39
20	0.10	2.97	2.59	2.38	2.25	2.16	2.09	2.04	2.00	1.96
	0.05	4.35	3.49	3.10	2.87	2.71	2.60	2.51	2.45	2.39
	0.025	5.87	4.46	3.86	3.51	3.29	3.13	3.01	2.91	2.84
	0.01	8.10	5.85	4.94	4.43	4.10	3.87	3.70	3.56	3.46
	0.001	14.8	9.95	8.10	7.10	6.46	6.02	5.69	5.44	5.24
22	0.10	2.95	2.56	2.35	2.22	2.13	2.06	2.01	1.97	1.93
	0.05	4.30	3.44	3.05	2.82	2.66	2.55	2.46	2.40	2.34
	0.025	5.79	4.38	3.78	3.44	3.22	3.05	2.93	2.84	2.76
	0.01	7.95	5.72	4.82	4.31	3.99	3.76	3.59	3.45	3.35
	0.001	14.4	9.61	7.80	6.81	6.19	5.76	5.44	5.19	4.99
24	0.10	2.93	2.54	2.33	2.19	2.10	2.04	1.98	1.94	1.91
	0.05	4.26	3.40	3.01	2.78	2.62	2.51	2.42	2.36	2.30
	0.025	5.72	4.32	3.72	3.38	3.15	2.99	2.87	2.78	2.70
	0.01	7.82	5.61	4.72	4.22	3.90	3.67	3.50	3.36	3.26
	0.001	14.0	9.34	7.55	6.59	5.98	5.55	5.24	4.99	4.80
28	0.10	2.89	2.50	2.29	2.16	2.06	2.00	1.94	1.90	1.87
	0.05	4.20	3.34	2.95	2.71	2.56	2.45	2.36	2.29	2.24
	0.025	5.61	4.22	3.63	3.29	3.06	2.90	2.78	2.69	2.61
	0.01	7.64	5.45	4.57	4.07	3.75	3.53	3.36	3.23	3.12
	0.001	13.5	8.93	7.19	6.25	5.66	5.24	4.93	4.69	4.50
30	0.10	2.88	2.49	2.28	2.14	2.05	1.98	1.93	1.88	1.85
	0.05	4.17	3.32	2.92	2.69	2.53	2.42	2.33	2.27	2.21
	0.025	5.57	4.18	3.59	3.25	3.03	2.87	2.75	2.65	2.57
	0.01	7.56	5.39	4.51	4.02	3.70	3.47	3.30	3.17	3.07
	0.001	13.3	8.77	7.05	6.12	5.53	5.12	4.82	4.58	4.39
40	0.10	2.84	2.44	2.23	2.09	2.00	1.93	1.87	1.83	1.79
	0.05	4.08	3.23	2.84	2.61	2.45	2.34	2.25	2.18	2.12
	0.025	5.42	4.05	3.46	3.13	2.90	2.74	2.62	2.53	2.45
	0.01	7.31	5.18	4.31	3.83	3.51	3.29	3.12	2.99	2.89
	0.001	12.6	8.25	6.59	5.70	5.13	4.73	4.44	4.21	4.02
60	0.10	2.79	2.39	2.18	2.04	1.95	1.87	1.82	1.77	1.74
	0.05	4.00	3.15	2.76	2.53	2.37	2.25	2.17	2.10	2.04
	0.025	5.29	3.93	3.34	3.01	2.79	2.63	2.51	2.41	2.33
	0.01	7.08	4.98	4.13	3.65	3.34	3.12	2.95	2.82	2.72
	0.001	12.0	7.77	6.17	5.31	4.76	4.37	4.09	3.86	3.69
120	0.10	2.75	2.35	2.13	1.99	1.90	1.82	1.77	1.72	1.68
	0.05	3.92	3.07	2.68	2.45	2.29	2.18	2.09	2.02	1.96
	0.025	5.15	3.80	3.23	2.89	2.67	2.52	2.39	2.30	2.22
	0.01	6.85	4.79	3.95	3.48	3.17	2.96	2.79	2.66	2.56
	0.001	11.4	7.32	5.79	4.95	4.42	4.04	3.77	3.55	3.38
∞	0.10	2.71	2.30	2.08	1.94	1.85	1.77	1.72	1.67	1.63
	0.05	3.84	3.00	2.61	2.37	2.21	2.10	2.01	1.94	1.88
	0.025	5.02	3.69	3.12	2.79	2.57	2.41	2.29	2.19	2.11
	0.01	6.63	4.61	3.78	3.32	3.02	2.80	2.64	2.51	2.41
	0.001	10.8	6.91	5.42	4.62	4.10	3.74	3.47	3.27	3.10

(左欄: 分母の自由度)

分母の自由度		分子の自由度								
		10	12	15	20	24	30	40	60	∞
14		2.10	2.05	2.01	1.96	1.94	1.91	1.89	1.86	1.80
		2.60	2.53	2.46	2.39	2.35	2.31	2.27	2.22	2.13
		3.15	3.05	2.95	2.84	2.79	2.73	2.67	2.61	2.49
		3.94	3.80	3.66	3.51	3.43	3.35	3.27	3.18	3.00
		6.40	6.13	5.85	5.56	5.41	5.25	5.10	4.94	4.60
15		2.06	2.02	1.97	1.92	1.90	1.87	1.85	1.82	1.76
		2.54	2.48	2.40	2.33	2.29	2.25	2.20	2.16	2.07
		3.06	2.96	2.86	2.76	2.70	2.64	2.59	2.52	2.40
		3.80	3.67	3.52	3.37	3.29	3.21	3.13	3.05	2.87
		6.08	5.81	5.54	5.25	5.10	4.95	4.80	4.64	4.31
16		2.03	1.99	1.94	1.89	1.87	1.84	1.81	1.78	1.72
		2.49	2.42	2.35	2.28	2.24	2.19	2.15	2.11	2.01
		2.99	2.89	2.79	2.68	2.63	2.57	2.51	2.45	2.32
		3.69	3.55	3.41	3.26	3.18	3.10	3.02	2.93	2.75
		5.81	5.55	5.27	4.99	4.85	4.70	4.54	4.39	4.06
17		2.00	1.96	1.91	1.86	1.84	1.81	1.78	1.75	1.69
		2.45	2.38	2.31	2.23	2.19	2.15	2.10	2.06	1.96
		2.92	2.82	2.72	2.62	2.56	2.50	2.44	2.38	2.25
		3.59	3.46	3.31	3.16	3.08	3.00	2.92	2.83	2.65
		5.58	5.32	5.05	4.78	4.63	4.48	4.33	4.18	3.85
18		1.98	1.93	1.89	1.84	1.81	1.78	1.75	1.72	1.66
		2.41	2.34	2.27	2.19	2.15	2.11	2.06	2.02	1.92
		2.87	2.77	2.67	2.56	2.50	2.44	2.38	2.32	2.19
		3.51	3.37	3.23	3.08	3.00	2.92	2.84	2.75	2.57
		5.39	5.13	4.87	4.59	4.45	4.30	4.15	4.00	3.67
19		1.96	1.91	1.86	1.81	1.79	1.76	1.73	1.70	1.63
		2.38	2.31	2.23	2.16	2.11	2.07	2.03	1.98	1.88
		2.82	2.72	2.62	2.51	2.45	2.39	2.33	2.27	2.13
		3.43	3.30	3.15	3.00	2.92	2.84	2.76	2.67	2.49
		5.22	4.97	4.70	4.43	4.29	4.14	3.99	3.84	3.51
20		1.94	1.89	1.84	1.79	1.77	1.74	1.71	1.68	1.61
		2.35	2.28	2.20	2.12	2.08	2.04	1.99	1.95	1.84
		2.77	2.68	2.57	2.46	2.41	2.35	2.29	2.22	2.09
		3.37	3.23	3.09	2.94	2.86	2.78	2.69	2.61	2.42
		5.08	4.82	4.56	4.29	4.15	4.00	3.86	3.70	3.38
22		1.90	1.86	1.81	1.76	1.73	1.70	1.67	1.64	1.57
		2.30	2.23	2.15	2.07	2.03	1.98	1.94	1.89	1.78
		2.70	2.60	2.50	2.39	2.33	2.27	2.21	2.14	2.00
		3.26	3.12	2.98	2.83	2.75	2.67	2.58	2.50	2.31
		4.83	4.58	4.33	4.06	3.92	3.78	3.63	3.48	3.15
24		1.88	1.83	1.78	1.73	1.70	1.67	1.64	1.61	1.53
		2.25	2.18	2.11	2.03	1.98	1.94	1.89	1.84	1.73
		2.64	2.54	2.44	2.33	2.27	2.21	2.15	2.08	1.94
		3.17	3.03	2.89	2.74	2.66	2.58	2.49	2.40	2.21
		4.64	4.39	4.14	3.87	3.74	3.59	3.45	3.29	2.97
28		1.84	1.79	1.74	1.69	1.66	1.63	1.59	1.56	1.48
		2.19	2.12	2.04	1.96	1.91	1.87	1.82	1.77	1.65
		2.55	2.45	2.34	2.23	2.17	2.11	2.05	1.98	1.83
		3.03	2.90	2.75	2.60	2.52	2.44	2.35	2.26	2.06
		4.35	4.11	3.86	3.60	3.46	3.32	3.18	3.02	2.69
30		1.82	1.77	1.72	1.67	1.64	1.61	1.57	1.54	1.46
		2.16	2.09	2.01	1.93	1.89	1.84	1.79	1.74	1.62
		2.51	2.41	2.31	2.20	2.14	2.07	2.01	1.94	1.79
		2.98	2.84	2.70	2.55	2.47	2.39	2.30	2.21	2.01
		4.24	4.00	3.75	3.49	3.36	3.22	3.07	2.92	2.59
40		1.76	1.71	1.66	1.61	1.57	1.54	1.51	1.47	1.38
		2.08	2.00	1.92	1.84	1.79	1.74	1.69	1.64	1.51
		2.39	2.29	2.18	2.07	2.01	1.94	1.88	1.80	1.64
		2.80	2.66	2.52	2.37	2.29	2.20	2.11	2.02	1.80
		3.87	3.64	3.40	3.15	3.01	2.87	2.73	2.57	2.23
60		1.71	1.66	1.60	1.54	1.51	1.48	1.44	1.40	1.29
		1.99	1.92	1.84	1.75	1.70	1.65	1.59	1.53	1.39
		2.27	2.17	2.06	1.94	1.88	1.82	1.74	1.67	1.48
		2.63	2.50	2.35	2.20	2.12	2.03	1.94	1.84	1.60
		3.54	3.32	3.08	2.83	2.69	2.55	2.41	2.25	1.89
120		1.65	1.60	1.55	1.48	1.45	1.41	1.37	1.32	1.19
		1.91	1.83	1.75	1.66	1.61	1.55	1.50	1.43	1.25
		2.16	2.05	1.94	1.82	1.76	1.69	1.61	1.53	1.31
		2.47	2.34	2.19	2.03	1.95	1.86	1.76	1.66	1.38
		3.24	3.02	2.78	2.53	2.40	2.26	2.11	1.95	1.54
∞		1.60	1.55	1.49	1.42	1.38	1.34	1.30	1.24	1.00
		1.83	1.75	1.67	1.57	1.52	1.46	1.39	1.32	1.00
		2.05	1.94	1.83	1.71	1.64	1.57	1.48	1.39	1.00
		2.32	2.18	2.04	1.88	1.79	1.70	1.59	1.47	1.00
		2.96	2.74	2.51	2.27	2.13	1.99	1.84	1.66	1.00

4. χ^2 分布の表 (行は自由度，列は有意確率を示す)

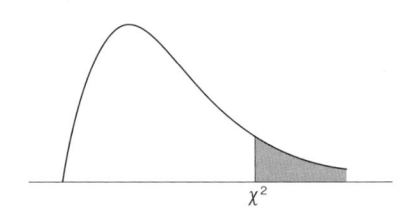

df	5%	1%
1	3.84	6.64
2	5.99	9.21
3	7.81	11.34
4	9.49	13.28
5	11.07	15.09
6	12.59	16.81
7	14.07	18.48
8	15.51	20.09
9	16.92	21.67
10	18.31	23.21
11	19.68	24.72
12	21.03	26.22
13	22.36	27.69
14	23.68	29.14
15	25.00	30.58
16	26.30	32.00
17	27.59	33.41
18	28.87	34.81
19	30.14	36.19
20	31.41	37.57
21	32.67	38.93
22	33.92	40.29
23	35.17	41.64
24	36.42	42.98
25	37.65	44.31
26	38.89	45.64
27	40.11	46.96
28	41.34	48.28
29	42.56	49.59
30	43.77	50.89
35	49.80	57.34
40	55.76	63.69
50	67.50	76.15
60	79.08	88.38
70	90.53	100.4
80	101.9	112.3
90	113.1	124.1
100	124.3	135.8

事項索引

A

AGFI　79, 121
ANOVA　153
CFA　91, 103
CFI　79, 164
Chebychev　177
CMIN　79
Correlated Uniqueness Model　142
EFA　91, 103
F 検定　2
F 値　2, 184
F 分布　2
GFI　79, 121
KH Coder　203
KMO と Bartlett の球面性検定　97
MDS　208
Minkowski　177
R　40
R^2　40, 72
　調整済み――　72
RMSEA　79, 121, 164
Text Mining Studio　203
VIF　57
Ward 法　179, 206
z スコア　177
z 得点　75

あ

アフターコーディング　205
1 次因子モデル　109
因果推論の 3 法則　51
因果の仕組み　51
因果モデル　77
因子
　――間相関　110, 141
　――共分散不変　166
　――得点　102
　――負荷量　106
　――分散・共分散不変モデル　171
　――分析　105, 106
　　　――表　99
　――平均不変　166
　――モデル　172
インパクト　150
エスノグラフィックな知識　199

エッジ　211
エティック　173
オメガ係数　111, 130

か

回帰直線　67
回帰分析　37, 77
　ロジスティック――　42
回帰平方和　39
カイザー・ガットマン基準　98
下位尺度項目　101
外生変数　78, 118
階層的クラスター分析　176, 206
カイ 2 乗（χ^2）検定　121, 164, 186
係り受け　193, 211
確証（確認）的因子分析（Confirmatory Factor Analysis）　91, 103, 106, 107, 117, 132, 161
撹乱変数　119
仮説検定　2
傾き　38, 41
活用する（capitalize）　67
間隔尺度　93, 96
頑健性　37
干渉変数　50
間接効果（indirect effect）　63, 81, 122
観測変数（顕在変数）　79, 91, 92, 105, 118
機縁法　93
基準関連的妥当性　131
既存文書（テキスト）　203-205
帰無仮説　2
逆方向の交互作用　69
共起　198, 211
共通性　106
共分散構造分析　117
共分散分析 (analysis of covariance：ANCOVA)　65, 67
共変量（covariate）　51, 67
寄与率　98
均一特異項目機能　150, 162
鎖効果　178
クラスター分析　175, 203
グラフ理論　211
クルスカルの非計量多次元尺度構成法　208
クロス集計表　186

クロンバックの α 係数　101, 130
群間平方和　4
群内平方和　4
群平均法　206
形態素解析（morphological analysis）　192, 205
計量多次元尺度構成法（Classical）　208
ケース　175
決定係数　40, 126
言語データ　189, 191, 205
検証的因子分析　107
検定統計量　3
交互作用　2, 66, 154
　――項　71
高次因子モデル　110
構成概念　129
　――的妥当性　131
構造方程式　120, 166
　――モデリング（SEM）　79, 108, 117
構文解析（syntactic analysis）　193
項目反応理論　93, 153
交絡変数　50, 81
コーディング　205
誤差　119
コサイン係数（Cosine）　206
誤差分散間　142
個人差（individual differences）　65
個人差（適性）　66
個体　175
ことばネットワーク分析　203, 211
固有値　98
コンテキスト　200, 215
困難度　150

さ

最遠隣法　206
最小 2 乗法　38, 52
最尤法　97, 109
サモンの非線形マップ　208
残差　52, 75
　――平方和　40, 69
散布図　175
識別性　124

識別問題　119
識別力　150
事後検定　4
自然言語　190
実験群　148
実験条件（処遇）　66
実験心理学（experimental psychology）　66
実験法　148
質的変数　2, 67
ジャカード係数（J）　198, 206
尺度化　108
斜交回転　98
主因子法　97
重回帰分析　67
自由回答　203, 204
自由記述　204
重決定係数　53
従属（目的）変数　2, 38, 49, 77, 122, 184
収束的妥当性　111, 131
自由度　108
主効果　2, 154
準実験法　148
順序尺度　93, 96
順方向の交互作用　69
剰余変数　50
処遇　65
ジョンソン・ネイマン法　68
シンタックス　10
信頼性　100, 191
心理尺度　105
スカラー不変　165
　　──モデル　170
スクリー基準　98
ストレス（stress）　208
　　──の「肘」　208
スパース（sparse）な状態　215
切片　38, 69
説明変数　38
潜在クラス分析　187
潜在変数　79, 91, 92, 105, 117, 118
前処理　194
全平方和　4, 39
相関
　　1次の半偏──　56
　　1次の偏──　56
　　擬似──　50
　　正の──　96
　　ゼロ次の──　56
　　──係数　36, 96
　　　　重──　40, 53, 111
　　　　スピアマン順位──　35

　　　　ピアソン積率──　35
　　　　部分──　54
　　　　偏──　55
　　　　半──　54
　　──心理学（correctional psychology）　66
　　ピアソンの──　186
　　負の──　96
　　無──　96
総合効果（total effect）　81
測定の不変性　161, 163
測定不変　165
　　──モデル　170
測定方程式　120
測定モデル　129

た
第1種の誤り（Type I error）　8, 170
第2種の誤り（Type II error）　9
対立仮説　2
多次元尺度構成法　203, 206, 208
多重共線性　57
多重比較　6
妥当性　100
　　──係数　141
多特性・多方法行列　129
多母集団確証的因子分析　162
ダミー変数　73, 80
探索的因子分析（Exploratory Factor Analysis）　91, 103, 106, 118
単純主効果検定　8
逐次モデル　82
中間変数　122
直接効果（direct effect）　63, 81, 122
直交回転　98
定式化の誤り　57
データのクリーニング　205
適合度指標　79
テキスト　189, 190
　　──のクリーニング　192
　　──マイニング　189, 190, 203
適性　65
　　──処遇効果作用（aptitude treatment interaction：ATI）　65
テスト理論　147
テューキー法　6
デンドログラム　182, 206
統制群　148
等値制約　168

同値モデル　83
特異項目機能　147, 150, 162
独自性　106
特徴分析　204, 213
独立（説明）変数　2, 38, 49, 77, 122, 184
都市ブロック　177

な
内生変数　78, 118
内的整合性　111, 115
内容的妥当性　131
2次的変数　50
2要因分散分析　2
ネストモデル　163
ノード　211

は
バイアス　148
　　概念的──　149
　　項目的──　149
　　方法──　132
　　方法論的──　149
媒介・中間変数　51
媒介変数　81
配置不変　164
　　──モデル　169
バイポーラ尺度　92
パス　80
　　──解析　78, 80, 117
　　──係数　80
　　──図　80, 91, 118
外れ値　37, 179
バリマックス回転　98
反復回数　109
非階層的クラスター分析　176
非構造化データ　190
比尺度　93
非逐次モデル　82
標準化　177
　　──係数　80
標準回帰係数　42
標準偏回帰係数　53
非類似行列　181
非類似度　176, 208
ブートストラップ法　85
不均一特異項目機能　150, 162
複合信頼性　111
不適解（improper solution）　109
部分因子不変性　166
プレコーディング　205
プロマックス回転　98
分散　177

――説明率　55
　　――分析　2, 184
　　――法（ANOVA）　151
ヘイウッド・ケース（heywood case）　109, 124, 136
平均構造・多母集団同時分析　162
平均分散抽出（AVE）　111, 141
平均への回帰　43
平方ユークリッド距離　177
平方和　4, 69, 179
β値　42, 53
偏回帰係数　52, 69
変数　175
弁別的妥当性　111, 131

補完類似度　213
母集団　187
補償する（compensate）　67
ボンフェローニの修正　170

ま
ミックス法（mixed methods）　215
無向グラフ　211
無作為抽出法　93
無作為化の原則　148
無作為配置　51
黙従反応傾向　94
目的変数　38
モデルの識別　108

や～わ
有意区間　65, 68
有意抽出法　93
ユークリッド距離（Euclid）　177, 206
有向グラフ　211
尤度比検定　139, 163
ユニポーラ尺度　92
抑制変数　57
量的変数　67
臨界値　2
類似度　208
分かち書き　192
割当法　93

人名索引

A
足立浩平　80, 83, 108, 111
Aiken, L. S.　40, 51, 56
Anderson, J. C.　120
安藤寿康　66, 67
Angoff, W. H.　131
Arabie, P.　208, 209
Arbuckle, J. L.　85
Arrindel, W. A.　94
浅野良輔　163

B
Bacon, D. R.　111
Bagozzi, R. P.　136
Baily, M.　136, 142
Bakhtin, M. M.　194
Baumgartner, H.　165, 166
Bazana, P. G.　133
Bohrnstedt, G. W.　82
Brown, T. A.　132, 133, 142
Byrne, B. M.　133, 135, 136, 141, 162, 166

C
Campbell, D. T.　51, 129, 131
Cappella, J. N.　128
Carroll, J. D.　208, 209
Chan, D.　162, 166
Cheung, G. W.　139
Cohen, J.　40, 51, 56, 61
Cohen, P.　40, 51, 56
Cook, T. D.　51
Craven, R.　136

Cronback, L. J.　65, 66

D
DeSarbo, W. S.　208, 209
Diaconis, P.　85
土居健郎　173

E
Efron, B.　85
Embretson, S. E.　162
Ende, vander. J.　94
遠藤健治　36
Everitt, B. S.　177, 178

F
Ferreres, D.　162
Fidell, L. S.　54
Field, A.　20, 22
Fisher, R. A.　1, 148
Fiske, D. W.　129, 131
Fornell, C.　111, 141, 144
Fox, J. A.　76
藤井美和　190, 191, 200
福沢周亮　35
船越理沙　166

G
Gerbirg, D. W.　120
González-Romá, V.　162
Gosset, W.　19
Grayson, D.　132, 136, 140, 142, 143, 145

H
南風原朝和　22, 56
萩田紀博補　213
Hara, K.　122, 164, 166
服部兼敏　214
服部　環　5
林　知己夫　93
林　雄亮　177, 178
Hernández, A.　162
樋口一辰　154
樋口耕一　191, 193, 194, 196, 199, 205, 206
平井洋子　36, 120, 131
平山修平　180
Hofstede, G.　103
Holtgraves, T.　161, 164
星野崇宏　164

I
市川雅教　36, 91
市川伸一　22
今泉　忠　208, 209
稲葉光行　190, 192, 200, 215
井上孝代　191
石井　敏　121
磯　友輝子　18, 19, 51
伊東一郎　194
いとうたけひこ　191

J
Johnson, P. O.　68
Jöreskog, K. G.　106

K
抱井尚子　215
鎌原雅彦　154
狩野　裕　53, 91, 117, 121
加藤隆勝　35
Kerlinger, F. N.　68
金　明哲　190, 192
桐木建始　5
岸田麻里　84
北　琢磨　9, 112
Kline, R. B.　41, 108, 110, 114, 144
Knoke, D.　82
小杉考司　39, 163, 190, 191, 200
神津友武　215
向後千春　92, 93
河野康成　191, 211, 213
Kruskal, J. B.　206, 208, 209
栗原伸一　148

L
Laffitte, L. J.　162
Larcker, D. F.　111, 141, 144
Landau, S.　177
李　政元　190, 191, 200
Leese, M.　177
Leung, K.　148-150, 154, 160
Levin, J　76
Lomax, R. G.　78

M
前田忠彦　77, 164
前川真一　91
Marsh, H. W.　132, 136, 140, 142, 143, 145
松尾太加志　97
松永正樹　187
Mauro, R.　58
Mayers, A.　20, 22
McCroskey, J. C.　112
Meredith, W.　165
Messick, S.　131
Mill, J. S.　51, 56
Millsap, R. E.　120
三浦麻子　53, 117, 121
三浦　梓　83
守口　剛　208, 210
守﨑誠一　18, 52, 103, 112
森　敏昭　41
本山美希　154
Mulaik, S. A.　120
村上　隆　56, 63
村上宣寛　101, 106, 130, 131

室橋弘人　126
Muthén, B.　166
Myers, R. H.　57

N
中村知靖　97
中山厚穂　206
並木　博　66, 67
奈須正裕　65, 66
Neyman, J.　68
二ノ宮卓也　94
西田英郎　178
野森耕爾　215

O
小田利勝　179
大井忠賢　213
岡田謙介　164
岡太彬訓　208-210
Oliver, M. B.　110
長田友紀　215
小塩真司　98, 121, 180

P
Pedhauzur, E. J.　55, 66-69
Potthoff, R. F.　68
Pugh, R. H.　162

R
Raju, N. S.　162
Reise, S. P.　162
Rensvold, R. B.　139
Rogosa, D.　69
Romesberg, H. C.　178

S
斎藤堯幸　208, 209
Sammon, J. W.　209
佐藤嗣二　178
Sauer, P. L.　111
澤木美奈子　213
Schmelkin, L. P.　66-68
Schumacker, R. E.　78
Shavelson, R. J.　166
清水直治　154
清木裕士　85
潮村公弘　166
繁枡算男　91
申　知元　9, 70, 83, 112
Snow, R.　66
Spearman, C. E.　106
Steepkamp, J.　165, 166

住本　隆　93
鈴木淳子　84
鈴木則夫　49, 53, 56, 57

T
Tabachnick, B. G.　54
高橋　都　197
高橋淳一　38
高野清純　35
高野陽太郎　51
竹林由武　187
竹原卓真　9
竹内光悦　38, 213
田中あゆみ　71
田中　敏　18-20, 22, 28
辰野千寿　35
田崎勝也　2, 9, 51, 76, 94, 112, 119, 130, 131, 148, 150, 163, 166
Tomás, L.　162
富永敦子　92, 93
豊田秀樹　77, 80, 82, 88, 109, 124
豊田弘司　84

U
内田　治　190

V
Van de Vijver, F.　148-150, 154, 160

W
和田さゆり　102
脇田貴文　93
West, S. G.　40, 51, 56
Widaman, K. F.　132, 133, 135, 139, 162
Willig, C.　191
Wright, S.　91

Y
山際勇一郎　18-20, 22, 28
山口和範　37, 38, 52
山口生史　103
山内弘継　71
山内光哉　2, 20, 22
柳井晴夫　77, 91
八尾瑞希　83
宿久　洋　208, 209
吉田寿夫　2, 6, 18, 20
Young, M.　111
Yusoff, M. S. B.　111

【著者一覧】（五十音順，＊は編著者）

石井英里子（いしい　えりこ）
上智大学大学院総合人間科学研究科教育学専攻博士後期課程単位取得満期退学（2011）
現在，鹿児島県立短期大学文学科准教授
担当：第2章，第5章

岡部大祐（おかべ　だいすけ）
青山学院大学大学院国際政治経済学研究科国際コミュニケーション専攻博士後期課程修了（2014）
博士（国際コミュニケーション）
現在，フェリス女学院大学他非常勤講師
担当：第14章，第15章

河野康成（こうの　やすなり）
立教大学大学院社会学研究科応用社会学専攻博士課程後期課程単位取得退学（2003）
現在，立教大学リーダーシップ研究所　客員研究員
担当：第7章，第15章

申　知元（しん　じうぉん）
青山学院大学大学院国際政治経済学研究科国際コミュニケーション専攻修士課程修了（2012）
現在，同大学大学院博士後期課程在学中
担当：第5章，第6章，第8章

田崎勝也（たさき　かつや）＊
米国ハワイ大学大学院教育心理学研究科博士課程修了（2001）Ph.D.
現在，青山学院大学国際政治経済学部国際コミュニケーション学科教授
担当：第3章，第4章，第10章

仲野友子（なかの　ともこ）
青山学院大学大学院国際政治経済学研究科国際コミュニケーション専攻修士課程修了（2014）
現在，国際教育交換協議会（CIEE）日本代表部勤務
担当：第1章，第5章

原　和也（はら　かずや）
青山学院大学大学院国際政治経済学研究科国際コミュニケーション専攻博士後期課程修了（2014）
博士（国際コミュニケーション）
現在，明海大学外国語学部英米語学科准教授
担当：第9章，第12章

平山修平（ひらやま　しゅうへい）
青山学院大学大学院国際政治経済学研究科国際コミュニケーション専攻博士後期課程修了（2010）
博士（国際コミュニケーション）
現在，青山学院大学国際政治経済学部非常勤講師
担当：第13章

本山美希（もとやま　みき）
青山学院大学大学院国際政治経済学研究科国際コミュニケーション専攻修士課程修了（2014）
現在，市場調査会社勤務
担当：第6章，第11章

コミュニケーション研究のデータ解析

2015年9月1日　初版第1刷発行	（定価はカヴァーに表示してあります）

　　　編著者　田崎　勝也
　　　発行者　中西　健夫
　　　発行所　株式会社ナカニシヤ出版
　　　〒606-8161　京都市左京区一乗寺木ノ本町15番地
　　　　　　　　Telephone　075-723-0111
　　　　　　　　Facsimile　075-723-0095
　　　　　Website　http://www.nakanishiya.co.jp/
　　　　　Email　iihon-ippai@nakanishiya.co.jp
　　　　　　郵便振替　01030-0-13128

装幀＝白沢　正／印刷・製本＝亜細亜印刷
Printed in Japan.
Copyright ©2015 by K. Tasaki
ISBN978-4-7795-0969-8

◎ Amos, Excel, LINE, LISREL, SAS, SPSS, Text Mining Studio など，本文中に記載されている社名，商品名は，各社が商標または登録商標として使用している場合があります。なお，本文中では，基本的にTMおよびRマークは省略しました。

◎本書のコピー，スキャン，デジタル化等の無断複製は著作権法上での例外を除き禁じられています。本書を代行業者等の第三者に依頼してスキャンやデジタル化することはたとえ個人や家庭内の利用であっても著作権法上認められておりません。